1861年

改革與試煉的時代

歷史的轉換期 IX

1861年
改革と試練の時代

Turning Points in World History

小松久男
KOMATSU HISAO
|編|

吉澤誠一郎、佐佐木紳、青島陽子、麓慎一、北村曉夫——著
李彥樺——譯

出版緣起

在空間的互動中解讀歷史，在歷史的纏繞中認識世界

中央研究院近代史研究所助研究員、「歷史的轉換期」系列顧問　陳建守

歷史是什麼？來自過去的聲音？人類經驗的傳承？還是帝王將相的生命史？個人有記憶，所以人類也有集體記憶。表面上這些記憶是由事件及人物所組成，更往下分疏縷析，則風俗、習慣、語言、種族、性別等，無不在背後扮演重要的角色。而由這些基點延展開來的歷史研究，則有社會史、文化史、宗教史、性別史、思想史等不一而足的研究取徑。正因為人類無法忘卻過去的一鱗半爪，我們才有了「歷史」（history）。

上個世紀六〇年代英國著名史家卡爾（E. H. Carr）推出的《何謂歷史？》（*What is History?*）迄今剛好屆滿一甲子。卡爾當年「何謂歷史？」的鏗鏘命題，不僅是歷史學者在其漫長的從業生涯中無法迴避的提問與質疑，直至今日，我們仍與之不斷地進行對話。然而六十年過去了，我們現在對「何謂歷史？」這個問題提出的解答，與卡爾提供的答案已經有很大的不同，唯一相同的是「歷史是過去與現在永無止盡的對話」。雖然隨著討論的課題與人們討論方式的改易，對話的本質可能已

經改變，但這樣的對話至今仍不斷地在進行。

與卡爾當年身處的情境不同，現今歷史學研究的興趣從探究因果關係轉向對意義的追尋，由解釋轉向理解。近年來更出現兩項重大的轉向：第一，在過去十年，以全球史為名的出版品有逐漸增加的趨勢，相關研究書文不斷地出現在各大期刊的篇目當中。基於全球史取徑的興起，觀看歷史的視角也從歷時性轉為空間的共時性（from time to space/ place）。第二，大眾史學的出現，歷史做為大眾文化與市民生活的元素，與民眾日常切身相關的歷史研究蔚為風潮，也培養出一群重視在地連結與歷史感的閱讀大眾。

全球史取徑的意義在於打破單一的國族和語言，展現跨地區的相遇（encounter）和連結，同時也直接挑戰了預設地理疆界的「方法論國族主義」。將研究對象置於全球視野之下，一方面可以解構所謂的「歐洲中心化」概念，另一方面則可以指出一個歷史交纏打造的世界。全球視野下的歷史研究跳脫了歐洲中心普世論與國族主義特殊論的二元對立，將視角置於區域發展的自身脈絡以及整體歷史變遷上。至於大眾史學，強調的則是「歷史感」的課題，意圖帶領讀者感受歷史影響我們生活的諸般方式；透過瞭解與參與歷史，我們終將更加了解自己與身處的世界。

呈現在讀者眼前的這套「歷史的轉換期」叢書，就是從這兩大面向切入，編輯而成的套書。整套叢書共計十一冊，是臺灣商務印書館繼二〇一七年推出「中國．歷史的長河」系列套書後的又一鉅作，目的是提供臺灣讀者不同觀點的世界史。其中挑選我們熟知歷史大敘事中的關鍵年分，將之視為探索的起點，卻不囿於時空的限制，而是以一種跨地域的比較視野，進行橫切式的歷史敘事。

過往的世界史往往是各國按照年代時間序列組合而成的宏大敘事，全球史的敘事則是要將時空的框架重組，既有縱向的時代變遷，又有橫向的全球聯繫。這正與當前一〇八歷史課綱所提出的理念不謀而合，亦即注重空間（區域）的歷史思考，非常適合做為第一線中學教師補充一〇八歷史課綱的知識點。特別值得一提的是，這套叢書採取與日本同步的翻譯速度，希望能夠在最短的時間內，將最新的研究成果推送到臺灣讀者手中。

歷史學的地貌會改變，新的歷史斷層地圖也會隨之產生。讀者可以發現，專業歷史知識生產已然轉變，大一統的歷史書寫文化業已瓦解。「歷史是過去與現在永無止盡的對話」，自從卡爾為歷史下此定義之後，過去與現在之間彷若有了一條光亮的通道。而這套「歷史的轉換期」叢書，正是另一道引人思索的靈光乍現。

內文左方註釋為譯者或編者註，特此說明。

導讀

一八六一年：意義非凡的年代

輔仁大學歷史學系兼任教授　周雪舫

一、從現代敘事到後現代敘事

唐朝史家劉知幾說：「夫史之稱美者，以敘事為先。」[1]義大利史家和哲學家克羅齊（Benedetto Croce, 1866-1952）更是說：「沒有敘事，就沒有歷史。」[2]荷蘭史家雷納（C. J. Renier, 1892-1962）說：「歷史是有關生活在文明社會中人們經驗的故事」[3]，亦即歷史就是故事。美國史家史東（Lawrence Stone, 1919-1999）指出「史學家總是在說故事」。[4]根據《美國傳統英語詞典》說明「敘事（narrative），是一個故事；以故事的方式將現實世界的事件聯繫起來。」[5]《劍橋詞典》也說明「敘事（narrative），是一個故事，或是一系列事件的描述。」[6]自古以來，史家記載過去所發生的事情，就像講故事一樣娓娓道來，不同的是史家講的故事須有憑據，不能信口開河。

李歐塔（Jean-Francois Lyotard, 1924-1998）於一九七九年出版《後現代狀況：關於知識的報告》書中指出現代主義依靠「宏大敘事」（grand narrative）使知識合法化，把對後設敘事（meta-narrative）的懷疑看作是「後現代」[7]，此即對宏大敘事的普遍性，其以某種統一的原則進行敘事和解釋是令人懷疑的。以歐洲為中心的視野來寫歷史，以歐洲的進步史觀貶抑非歐洲的歷史，此種歐洲人解釋世界史的「宏大敘事」須要破除。

打破傳統歷史編纂學，史家以「全球史」取代傳統僅是國別史綜合的「世界史」，主張跨越國家、民族的界線，以新的視野重新認識和理解歷史。強調人類是一個整體，關注不同民族和人民之間的互動，以及文化之間的相互影響。不再以歐洲為中心解釋人類歷史，促進歐洲進步的因素不能奉為圭臬而貶抑其他地區發展的獨特性。全球史破除傳統以民族國家為單位的敘事，重視跨越國界的事件對人類的影響，可發現文化交流的正面影響，但也會因此碰撞而產生衝突。傳統敘事關注歷史解釋，新的敘事以文本為重，因而有了新的視角回顧歷史，強調理解勝過解釋。

傳統史家以時間先後為主軸敘述歷史事件，此為「歷時性」，是縱向的伸展；本書加上「共時性」的視野切入，是橫向的伸展，探討同一年代不同空間的國家發生的事件，但不會忽略事件的前因後果，亦即能兼顧時間與空間，將時間空間化和空間時間化。此種敘事可看出事件的來龍去脈，又可觀察到各地區橫向的交流與互動，目的是將世界史統合與完整的呈現。是故，我們可以察覺時代的趨勢，改革是多個國家都在進行，讀者可以比較各國如何進行改革與接受考驗。此跳脫傳統世界史的歷史敘事，要以全球史的視野撰寫新的世界史。

二、歷史轉換期的改革與試煉

本書挑選一八六一年這個具有特殊意義的年代，它是個改革與試煉的年代，是「歷史轉換期」的重要年代。改革後該國能否經得起考驗，也就是現代化能否成功，能否從「近世」*邁入「現代」的關鍵年代。作者選擇中國的清朝、鄂圖曼帝國、俄羅斯帝國、日本、義大利等五國在一八六一年進行的改革或如何接受試煉，其足以影響後來該國歷史的發展。當然，某一事件不可能只發生在某一年，作者勢必尋找前因與其後造成的影響，所以往前回溯必不可缺，也會延伸後續的發展。

為何要改革？主要是攸關國家的獨立自主與生存而不得不改革。要改革甚麼？如何改革？綜觀歷史上的改革，成功的例子少見。當溫和漸進式的改革始終無法達成目標，有可能導致激烈的革命方式摧毀專制政體，建立共和政體以利改革。歐洲列強工業化後國力強盛，為了開拓海外市場，或以自由貿易之名逼迫尚未工業化的國家開放港口，如清朝與日本；或經由外交途徑迫使其改革，如鄂圖曼帝國；或因戰敗自身不得不進行改革，如俄國；義大利則是國內移民海外人口數量過於龐大，思考富國強兵的改革，建立殖民地以容納移民。

* 本書所稱之「近世」一詞為日本史學界專有用詞，概念相當於英文的 early modern，臺灣較通用的譯詞有「近代早期」、「近古」等等。為忠實呈現編者對日本史學界時代分期的討論脈絡，本處沿用日文用詞，特此說明。

本書採用的資料除了官方第一手資料外，大量使用自傳、回憶錄、日記、私人書信、調查報告等，因此在敘事上可以看到對人物細膩的描述、令人對事件的感受銘心刻骨、嗅出事件的弦外之音。如太平天國東王李秀成在獄中寫的《自述》，可看出洪秀全初期的傳教已在藤縣傳開，居民接受基督教認為可以消災解厄。李鴻章對於英、法軍隊和華飛烈領導的「常勝軍」擁有新式武器喻為神技，此在寫給曾國藩的信中有生動的描述。同樣在獄中寫自傳的米德哈特·帕夏（Ahmed Sefik Midhat Pasha, 1822-1884），在《訓誡》（自傳上冊的書名）中說明鄂圖曼帝國憲法能夠在短短的兩個多月完成並頒布的原因。又如義大利移民者的心聲只能從調查報告時作口述訪談或少數的書信中得知，返國定居的移民者發現國內生活條件差，希望有機會再移民。類似的敘事在此不多作引述，讀者自行享受閱讀的愉悅，細心琢磨體會，與感受人的內心感情的流露。後現代主義荷蘭史家安克斯密特（Frank Ankersmit, 1945-）說道：「啟蒙運動和『理論』導致了一種冰冷的形式，……在思考歷史和歷史寫作時，讓我們回到至少是人類心靈溫度的水準吧，讓我們重溫靈魂深處的回聲吧。」[8] 本書的敘事能達到此要求。

三、改革與試煉後的轉向

經過改革後，試煉的結果為何？本書敘述的五個國家於一八六一年面臨歷史轉換期，改革是必要的，實際上改革在此之前已展開，至此腳步加快且改革的項目增多。可以發現清朝、鄂圖曼和俄羅斯三個帝國經歷一八六一年的改革皆未成功轉型，實則需有下一波更完善的改革。在帝國體制下皇帝享有無限權力，改革者不是擁護皇權且考慮到帝國的整體性，就是受到皇權的阻礙，無法改變政體也就無法像歐洲諸國落實君主立憲與設立正常運作的國會，這樣的現代化是有缺陷的，核心點無法突破也就無法邁入「現代」。即使如此，經過眾多項目的改革的確使國家較以往強盛，能夠延長帝國的生命半世紀之久，但也因為改革無法達到目的，改革者失去信心與能耐，紛紛走上激進的革命之途，最後三大帝國皆亡於革命。

日本經過「波薩德尼克號事件」的試煉，成功地抵擋俄國勢力的擴張，其後的明治維新改革讓日本一躍為亞洲強國，與西方列強並列。日本獲得臺灣、庫頁島南半部、大韓帝國的領土、在中國天津等五個城市擁有租界，成為「日本帝國」。其後加入協約國參與第一次世界大戰，獲勝，朝向擴張主義與軍事化之途。義大利於一八六一年建立了統一的義大利王國，此時面臨如何建造義大利人「國民意識」的問題，然而持續有大量人民移民國外，如何建造義大利人呢？在無法阻止移民的情況下，加速工業化，建立強大的帝國獲得殖民地是解決移民主要的方法之一。此促使義大利加速工業化、強化軍備，走上擴張之路。義大利獲得非洲殖民地後成為帝國，也加入協約國參與第一次世界大戰，獲勝，但沒有獲得想要的領土，其後走上極端的法西斯主義之途。

一八六一年對清朝、鄂圖曼帝國、俄羅斯帝國、日本、義大利等五國來說是個關鍵年代，三大帝國改革未成功，其後經歷革命而覆滅；日本和義大利則從單一國家變成帝國，走上擴張與軍事化之途。這五個國家於一八六一年面臨歷史轉換期，其後分別遭遇政權覆滅或一躍為帝國的不同命運。一八六一年，是個意義非凡的年代。

註釋

1 白壽彝、啟功等主編，《文史英華》（長沙：湖南出版社，1993年12月第1版），第七卷，李秋媛主編，《史論卷》，〈史通：敘事〉，頁113。

2 轉引（美）海登．懷特著，董立河譯，《形式的內容：敘事話語與歷史再現》（北京：文津出版社，2005年5月第1版），頁37。

3 Gustaaf J. Renier, *History: Its Purpose and Method* (New York: Harper & Row, Publishers, 1965), p. 38. 書中的第一章標題即「（歷史）就是故事」（Nothing But A Story），引言亦出自第一章。

4 勞倫斯．史東著，古偉瀛譯，〈歷史敘述的復興：對一種新的老歷史的反省〉，《歷史：理論與批評》，第一期，2001年5月，頁21。

5 參見 *The American Heritage Dictionary of the English Language*, “narrative” https://web.archive.org/web/20160415113142/https://www.ahdictionary.com/word/search.html?q=narrative.（2022/08/10 擷取）。

6 參見 *Cambridge Dictionary*, “narrative” https://dictionary.cambridge.org/zht/%E8%A9%9E%E5%85%B8/%E8%8B%B1%E8%AA%9E-%E6%BC%A2%E8%AA%9E-%E7%B9%81%E9%AB%94/narrative.（2022/08/10 擷取）。

7 李歐塔著，車槿山譯，《後現代狀況：關於知識的報告》（臺北：五南圖書出版股份有限公司，2012年5月初版一刷），頁23-24。

8 F．R．安克斯密特著，楊軍譯，《崇高的歷史經驗》（上海：東方出版社，2011年9月第1版），頁8。

導讀

改革、擴張與衝突：全球史視野下的十九世紀中期

中央研究院歷史語言研究所副研究員　藍弘岳

被本書挑選為開啟改革與試煉之象徵性年度，不是鴉片戰爭發生的一八四〇年，也不是「黑船來航」的一八五三年，或是「大政奉還」的一八六七年，而是一八六一這一年。從東亞史的觀點來看，一八六一年似乎不那麼具象徵性，但從全球史的角度而言，或從本書編者小松久男的專業領域中央歐亞史來看，一八六一年誠然極具象徵性意義。

首先，十九世紀是海權國家／海洋帝國代表大英帝國，與陸權國家／陸地帝國代表俄羅斯展開「大博弈」（The Great Game）的時代，也是本叢書上一卷《一七八九年．追求自由的年代》的代表年度一七八九年發生的法國大革命，及其後的拿破崙戰爭之效應席捲歐洲乃至整個世界的歷史時期。本書共收錄五篇文章，每篇文章各自討論受法國大革命和拿破崙戰爭衝擊後的世界，闡述下列幾個國家如何展開近代政治制度改革，及民族國家的建構。第一章〈危機中的清朝〉討論大清帝國；第二章〈站在十字路口上的坦志麥特改革〉討論鄂圖曼帝國；第三章〈陸軍大臣米留廷的回

憶〉討論俄羅斯帝國；第四章〈波薩德尼克號事件的衝擊〉討論德川日本，第五章〈義大利統一與移民〉則討論義大利的歷史。這五篇文章的內容在表面上看似是互不相關的國別史研究，實則在國際政治方面息息相關。其中又如本書編者小松久男所論，以俄羅斯帝國，及其歷史人物伊格那提耶夫（Nikolay Pavlovich Ignatyev, 1832 - 1908）為貫通本書的歷史主角。

對大清帝國而言，一八六一年是重要的一年。咸豐皇帝於該年病死在熱河離宮，其後則發生辛酉政變，開啓慈禧太后長達半世紀掌握政權的時代。會造成此結果，和第二次鴉片戰爭（英法聯軍之役，1856 - 1860）英法聯軍攻入北京有密切關係。在俄羅斯帝國伊格那提耶夫的調停下，其結果簽定《北京條約》，清朝政府割讓香港界限街以南的九龍半島給大英帝國，同時也正式承認《璦琿條約》，並使原先規定為中俄共管的烏蘇里江以東的土地歸屬俄羅斯帝國。也因如此，俄國勢力正式進入滿洲和太平洋，進而與日本發生衝突。另一方面，就大清帝國內部情況而言，《北京條約》致使曾國藩、李鴻章和左宗棠等人開始展開洋務運動。不久後，大清帝國也開始與新興的日本帝國，針對臺灣問題展開政治上的對話。大清在面臨東北邊境問題之後，也必須開始處理東南沿海的邊界問題。

俄羅斯帝國於一八五〇年代將注意力轉移至東北亞，與其和鄂圖曼帝國在一八五三至一八五六年間發生的克里米亞戰爭有關。在法、英兩國的介入下，俄國戰敗，故暫時中斷俄國在歐洲的勢力擴張。第二章討論的內容，便是鄂圖曼帝國的改革歷史。鄂圖曼帝國是以伊斯蘭教為正統性支柱、穆斯林為多數派的多民族多宗教國家，十六世紀建立橫跨歐亞非三大陸的帝國，然其後慢慢走向衰退。其於一八三九年開始推行「坦志麥特改革」（Tanzimat），該改革又約以一八六一年前後為分岐點，分為前期與後期，後期的主導人物是米德哈特．帕夏（Ahmed Şefik Midhat Paşa, 1822 - 1883）。一八六一年，米德哈特．帕夏就任就任尼什省（Naissus）總督，並主導坦志麥特改革。他擔任過大宰相、司法大臣等職位，並於一八七六年發布「米德哈特憲法」。一般而言，該憲法被認為是鄂圖曼帝國在西歐國家壓力下所制定的，然本章作者認為該憲法的導入，有其內在的歷史脈絡。然而不久後米德哈特．帕夏便失勢，憲政改革也因此受挫。鄂圖曼帝國於一八七七年再次發生俄土戰爭。這次，鄂圖曼帝國戰敗，失去許多巴爾幹半島上的領地。反之，俄羅斯帝國更進一步將勢力擴張到東歐。

本書第一、二章討論的內容皆關乎俄羅斯帝國的擴張，第三章則直接以俄國歷史為主軸進行討論。克里米亞戰爭對俄羅斯帝國的衝擊無疑是巨大的，除了改變其對外政策外，也導致國內制度的改革。俄國自十六世紀第一位沙皇伊凡四世（Ivan IV Vasil'evich, 1530 - 1584）即位之後，就不斷向東方與南方擴張與殖民。然而克里米亞戰爭卻使黑海中立化，一時無法再往南擴張，又因戰爭動員，使俄國內部的農奴問題浮上檯面，故在一八六一年開始實施解放農奴政策，開啓「大改革時代」的濫觴。本書第三章，便是以德米特里．米留廷（Dmitry Alekseyevich Milyutin, 1816-1912）的回憶錄講述這段歷史。米留廷擔任過俄羅斯帝國陸軍大臣，被認為是開明官僚的代表人物。大改革的範圍包括地方自治制度、司法制度和軍事制度等等，影響層面廣大。

綜合上述，可見大清帝國的洋務運動、鄂圖曼帝國後期的坦志麥特改革，以及俄羅斯帝國的大改革皆始於一八六一年。職是之故，這一年被選為代表「改革與試煉的時代」開始的象徵性年度。這些改革皆參照了西歐諸國的制度，但也都是為強化傳統君主專制制度而為。其後，在二十世紀革命的浪潮中，這些亞歐大陸的老舊大帝國皆被革命後的新政權取而代之。

在這一過程中，位於亞歐大陸東方海上的島國日本，當然也受到衝擊，故進行了一連串改革，史稱「明治維新」。日本與上述三個於二十世紀初期殞落的陸地帝國相比，至少有兩點不同之處：第一點，日本的國土不直接與這些陸地帝國接壤，主要是將自身打造為東方的海洋帝國和立憲君主制國家；第二點，日本帝國並未在二十世紀的革命浪潮中被淹沒。反之，日本在日俄戰爭中擊敗俄羅斯帝國，使其天皇制國家體制得以存續並進一步壯大，直到二戰結束才得到更徹底地進行民主化政治改革的機會。在諸種力量的作用下，日本即使戰敗，天皇制也續存下來，對照戰勝國的大英帝國王室而言，日本皇室的留存在世界史上應具相當特殊的意義。

再回到十九世紀中期的全球史脈絡，《北京條約》簽定後，俄、英間的「大博弈」也在太平洋展開，即如第四章所述，俄國的《波薩德尼克號》於一八六一年占據對馬島的事件。對馬這個依賴日韓貿易與外交的小島，也成為俄、英覬覦的對象。在英國的介入下，該事件也國際問題化，從而得到解決。這件事讓當時的德川政府與知識人理解光靠自身力量已無法解決這類外交危機，從而認知到有更進一步進行改革之必要。其次，從國際外交史的角度來說，該事件也讓日本越發意識到俄國的威脅，進而後來將帝國勢力擴張到朝鮮半島乃至中國東北，希望在日本本島之外築起防波堤。同樣的思維，往南望去，臺灣自然成為日本帝國勢力擴張的對象。

在歐洲，一八六一年也發生了一大事件，那就是由薩丁尼亞國王主導的義大利統一運動。該運動使義大利半島和其周邊的西西里島等地，自西羅馬帝國崩落後約經一千四百年，又再度由單一國家統治。這個義大利統一民族國家的建構工程，是「復興運動」(Risorgimento) 的結果。拿破崙戰爭結束後，歐洲各國於一八一四年召開維也納會議，重新劃定歐洲大陸，義大利也被分為薩丁尼亞王國、兩西西里王國等幾個國家，一般認為「復興運動」也大約始於此時期。之後在薩丁尼亞王國主導下，一八六一年正式成立義大利王國。

有趣的是，十九世紀以後的義大利歷史發展過程實與日本類似，有著平行發展的關係。從一八六一年義大利的國家統合與一八六七年開始的明治維新，到二十世紀初期兩國議會主義的發展與挫折，及一九二〇年代極權體制的興起和同盟關係乃至戰敗，及二戰後的民主化等等，日、義間歷史發展的相似性，或與兩國過去皆歷經封建體制，及相較於法、英，乃為後進的近代化國家有關。這一點，兩國又與德國類似，莫怪乎這三國在二戰時會結盟。但再強調一遍，只有日本的皇室存活下來。

總而言之，本書的五篇文章提供我們從全球史視野，來理解十九世紀主要的大國在面對來自於西歐國家之經濟、政治和軍事力量衝擊時，如何各自展開改革，及其挫折和轉進的過程。其中，本書又將重心放在與大英帝國展開「大博弈」的俄羅斯帝國的改革與擴張，中國和日本乃至朝鮮半島的歷史發展皆與之緊密相關。正是在這一意義上，除對歐洲史有興趣的讀者外，本書更值得有志於東亞史的學人一讀。本書讓我們更注意到，清朝中國與德川日本除了需要面臨來自海洋帝國的威脅之外，更需擔心陸地帝國的擴張。

從海洋與陸地對立的視角來說，本書內容明顯偏向傳統陸地帝國的改革問題。然若我們更進一步地從全球史角度來看，則會注意到一八六一年其實也是南北戰爭爆發的一年，或許本書再加入一章來討論美國史會更加完善。在美國史視角的延伸下，將聯想到法裔美籍的南北戰爭英雄李仙得（Charles W. Le Gendre, 1830－1899）為何來到臺灣，也將會理解一八七〇年代的牡丹社事件本就不僅是臺灣的歷史，而是在改革與試煉的時代中，意欲進行近代制度改革、確定疆界的諸種國家力量衝撞的結果。

牡丹社事件的結果是簽定《北京專約》，雖然日本帝國在最後並沒有如其所願，領有臺灣的「無主之地」，但確實促使琉球更進一步被納入日本帝國的領土。稍後，日本於一八七七年與俄國簽定《樺太千島交換條約》，其北方的邊界也暫時確定下來。然而在此之後，不論在臺灣、琉球、樺太(庫頁島)和千島群島、朝鮮半島乃至克里米亞半島等等，疆界的主權衝突依然持續不斷。即使革命的時代到來，依然無法解決。我們不禁要問：改革與試煉的時代真的已過去了嗎？不管如何，對臺灣而言，從來都無法避免身處於這些帝國間的勢力競爭。在十九世紀是如此，現今亦然。

寫在前頭

今日，諸如「全球史」等從廣闊視野出發、多面向思考世界歷史的史學日益盛行，我們希望能夠立足於最新的學術知識，針對各個時期的「世界」，提供一種新的剖析方式——本叢書就是依循這樣的思維而開展的企畫。我們列舉了堪稱世界歷史重大轉換期的年代，探討該年代各地區的人們過著怎樣的生活、又是如何感受著社會的變遷，將重點放在世界史的共時性來思考這些問題。此即本叢書的核心主旨。

從全球視野來嘗試描繪世界史的樣貌，在今天已經不是什麼稀奇的事，可以說本叢書也是歷史學界在這方面集結努力的其中一環。既然如此，那在這當中，本叢書的目標及特色又是什麼呢？在這篇〈寫在前頭〉中，我們將從幾個面向來試著敘述。

首先要討論的是「轉換期」*一詞代表的意義。若從現在這個時間點回顧過去，每一個時期在「轉換」上的方向性，看起來都會是十分明確的；雖然因為地區不同，而有或早或晚的時間差異及個別的特色，但歷史應該還是會往一定的方向發展吧……？然而，這樣的看法卻很容易讓後來時代的人們在回顧歷史時，陷入認知上的陷阱。對於熟知後來歷史動向的我們而言，歷史的軌跡自然是「只會朝這個方向前進」；既然如此，那如果「不從今天來回顧當時的社會」，而是嘗試「站在當

* 配合各冊敘述需要，會斟酌譯成轉換期、轉捩點、轉換關鍵等詞。

時社會的立場來看未來」，情況又會變得如何呢？今天的我們，若是論起預測數十年後或數百年後的世界，應該沒什麼人有自信吧！這點對過去的人們來說，也是一樣的。綜觀當時世界各地人們的生活便會發現，儘管他（她）們深切感受到「世界正在經歷重大變化」，卻又無法預測這股推著自己前進的潮流將通往何處，因此只能在不安與希望當中，做出每一天的選擇。將這種各地區人們的具體經驗相互積累、結合後，歷史上的各個「轉換期」，便會在我們面前呈現出一副比起從今日視點出發、整齊劃一的歷史更加複雜，也更加活潑生動的姿態。

第二是世界史的「共時性」。本叢書的每一冊，都以一個特定的西元年分做為標題。對於這種作法，讀者理所當然會湧現疑問：儘管在這一年的前後數十年甚至數百年間，世界各地呈現了巨大變化，某種程度上也可看出一定的關聯性，但這樣的轉變會是在特定的某一年一口氣突然爆發出來的嗎？就算有好幾個地區同時產生了重大變革，其他地區也不見得就有變革吧？特別是，姑且不論日益全球化的十九、二十世紀，針對古代和中世紀世界史的「共時性」（synchronicity）進行推論，真的有意義嗎？當然，本叢書的編者與作者並不是要強硬主張所謂「嚴密的共時性」，也不是要對每一冊各章的對象僅就該特定年分的狀況加以論述。不僅如此，諸如世界史上的「交流」與「衝突」這類跨地域的變遷，以及在這之中肩負起重要任務的那些人，我們也不特別著墨；畢竟至少在十八世紀以前，絕大多數的人們對於自己生活的地區與國家之外發生了什麼事，幾乎是一無所知。而本叢書的許多章節裡，就是以這樣的普通人為主角。儘管如此，聚焦在特定年分、以此眺望世界各地狀況的作法，仍有其一定的意義——它開創了某種可能性，也就是不以零星四散的方式，而是透過宏觀的視野，針對當時各地區人們直接面對的問題，及其對應方式的多樣性與共通性進行分析。像是大範圍的氣候變遷與疫病，各個地區在同一時期，也可能直接面對「同樣的」問題。不只如此，也有像資訊與技術的傳播、商品的流動等，有著時間差而對世界各地產生影響的現象存在。然而，儘管問題十分類似，各地區的對應方式卻不相同；甚至也有因某些地區的對應，導致相鄰地區做出截然不同的對應態度。此外，面對類似的狀況，某些地區的既有體系因此產生了重大的動搖，但其他地區卻幾乎不受影響，這樣的情形也是存在的。當我們看到這種迴異的應對方式，從而思考為何會這樣的時候，便會對各個社會的特質產生更深一層的理解。儘管將生活在遙遠分離的地區、彼此互不相識的人們稱為「同時代人」，似乎不是件普通的事，但他（她）們確實是生活在同一時間、同一個「當代」（contemporary）的人們；我們所做的，就是讓讀者試著感受箇中的醍醐味。

第三個問題是，「世界史」究竟是什麼？今日，打著「全球史」名號的著作多不勝數；儘管它們都有著超越「國史」框架的共通點，採用的方法卻林林總總、不一而足。有的將氣候變遷、環境與疫病等自然科學方法納入研究取徑，來處理大範圍的歷史；有的利用比較史或系統論方法，將重點放在亞洲，對歐洲中心主義進行批判；此外，還有運用多語言史料的海域交流史，這種有時也被叫做「全球史」。雖然本叢書秉持「世界史的視野」，卻未必會使用「全球史」一詞，而是讓各位作者按照自己的方法執筆，在選擇探討對象上也抱持著開放態度。雖然稱為世界史，但本叢書並未採取將某個年代的世界分成好幾塊、然後對各塊分別撰寫概述的作法，而是在狹窄的範圍內，盡可能提供鮮明生動的實例。因此在每一冊中，我們並不見得徹底網羅了那個年代的「世界」樣貌。乍看之下，這樣的做法或許會讓人覺得是好幾個零星主題胡亂湊在一起，然而，我們也請作者在執筆時不將各冊各章的對象框限在一國或一地區之中，而是以面向世界的開放脈絡來處理它們。「世界」並不是像馬賽克一般集結拼湊，而是像漣漪一般，以具體事例為中心，不斷往外擴散又彼此重合；描繪出這些漣漪彼此碰撞接觸的軌跡，就是本叢書的特色。「世界史」並不是一大堆國別史綁在一起的集合物，也不是事先就預設出一個所謂「世界」這樣的單一框架；相反地，我們認為它是紮根於各個地區的觀點彼此碰撞、對話，而展現出的活潑鮮明姿態。

透過以上三點，我們簡略陳述了本叢書的概念。歷史的宏觀脈動，是上至大政治家和學者，下至庶民，由各個階層的人們共同摸索與選擇所形成的。本叢書的視野雖是全球性的，但並非從超越個別眾人經驗的制高點來鳥瞰世界史的全貌，而是試著從廣泛的、同時代的視野，去比較、檢討那些跟今天的我們一樣，面對不可預測的未來不斷做出選擇的各時代人們的思考和行動方式，從而以這樣的視角，對世界史上的「轉換期」加以重新思考，這就是我們關心的所在。透過這種嘗試，本叢書希望能將歷史發展中宏觀、微觀視角的交錯，以及橫向、縱向伸展的有趣之處，介紹給各位讀者。

本叢書的各冊構成如下：

第1冊　前二二〇年　帝國與世界史的誕生
第2冊　三七八年　崩解的古代帝國秩序
第3冊　七五〇年　普遍世界的鼎立
第4冊　一一八七年　巨大信仰圈的出現
第5冊　一三四八年　氣候不順與生存危機
第6冊　一五七一年　白銀大流通與國家整合
第7冊　一六八三年　近世世界的變貌
第8冊　一七八九年　追求自由的時代
第9冊　一八六一年　改革與試煉的時代
第10冊　一九〇五年　革命的浪潮與團結的夢想
第11冊　一九一九年　邁向現代的摸索

各冊除了每一章的主要敘述外，還收錄了簡短的補充說明「專欄」，開頭也編入概觀全書樣貌的「總論」。除此之外，扉頁設有地圖，書末附有參考文獻，希望能對各位讀者有所幫助。

「歷史的轉換期」叢書監修　木村靖二・岸本美緒・小松久男

專欄

歷史的
轉換期
09

1861年
改革與試煉的時代
改革と試練の時代

Turning Points in World History

總論　改革與試煉中的一八六一年

小松久男

俄羅斯與中亞

一八六一年，聖彼得堡（Saint Petersburg）的報紙《北方蜜蜂》上刊登了一篇文章，文章的一開頭是這麼寫的：

> 中亞的遼闊平原，曾經是馬其頓的亞歷山大大帝（Alexander the Great）及帖木兒（Timur）的戰爭舞臺，亦是古代席捲歐洲的諸部族搖籃之地。而如今，她正遭到俄羅斯及英國瓜分，雙方都肩負了振興這世界最古老土地的使命。雖然雙方應該不會在這塊土地上直接起衝突，但不久後的將來，雙方勢必會靠著通商的手段，在這片名為圖蘭*的土地上建立自己的影響力。事實上，站在俄羅斯商業發展的立場來看，中亞的城市及聚落就像是一片廣大的獨占市場。雖然阿姆河（Amu Darya）以南的市場已經充塞著英國的商品，但他們要滲透到圖蘭北部的城市並沒有那麼容易。

＊ Turan，圖蘭為波斯語對中亞的稱呼。

圖總 -1　喬坎・欽吉斯諾維奇・瓦利漢諾夫
(Shoqan Shynghysuly Walikhanov)

光從這段文章，便可看出作者對於這片在古代被稱作圖蘭的中亞土地有著淵博的歷史知識。但更重要的一點，是作者已經在這片中亞土地上看出了俄羅斯與英國在廣大的歐亞大陸上所進行的勢力之爭，也就是所謂的大博弈（The Great Game）。不僅如此，作者更把觀察的範圍擴大至南方的印度。

為何這麼說？因為這塊土地上的亞洲人政府及居民，都害怕這裡遲早會像印度一樣屈服於大英帝國，成為其屬地。這裡的人既不信任英國，也不信任其代理人。針對英國人在印度的所作所為，穆斯林激進分子的誇大描述已經挑起了中亞人對法蘭吉人（Farangi）、也就是歐洲人的反感。

在當時的印度，印度人傭兵反叛所引發的大暴動（一八五七～一八五九年）才剛被鎮壓，繼承了帖木兒王朝的蒙兀兒帝國（Mughal Empire）徹底滅亡（一八五八年），進入英國直轄統治時期。從文中看得出來，印度穆斯林這段期間的遭遇經由各種不同路徑傳到了中亞，有時內容還會被加油添醋。作者在強調了中亞人對英國的反感之後，又寫道：

> 由此可以看出，能夠為突厥斯坦（Turkestan，或稱土耳其斯坦）提供必需商品的俄羅斯，比起英國更容易在這塊土地上建立影響力。關鍵在於俄羅斯選擇了什麼樣的手段及方法，而這些方法能否切中這塊土地及居民的全體特質。當然，征服不在討論範圍之內，那根本不是應該討論的議題。除了地理上的屏障之外，這塊土地周圍還有著乾旱的克茲勒固姆沙漠（Kyzylkum Desert）及卡拉庫姆沙漠（Karakum Desert）。如果要對這塊土地發動遠征，我們勢必得耗費龐大的資源，卻得不到等值的回報。

作者所要表達的意思，簡言之就是俄羅斯在中亞的優勢地位已毋庸置疑，但必須採取適當的手段才能建立影響力，而武力征服是絕對不能採行的做法。那麼，作者認為應該怎麼做才好呢？

> 建立及強化我們俄羅斯在中亞的影響力，未來必定能為我們帶來龐大利益。要實現這一點，就必須採用通商發展的手段。（中略）想要強化我們與中亞諸國的通商，或是透過這些國家與其

南方或東南方諸國進行中繼貿易，我們俄羅斯必須要在〔希瓦（Khiva）、布哈拉（Bukhara）、浩罕（Kokand）〕這三個國家設置常駐或臨時的代理人。這些代理人將能夠建立該地君主及顯貴對我們俄羅斯的信賴感，提供對將來通商有利的訊息，而且還能夠維護俄羅斯商人的利益。

——《瓦利漢諾夫著作集》（*Собрание сочинений*）

作者的言下之意，即俄羅斯想要確保在中亞的影響力，唯有發展通商。這篇文章的標題是〈中亞諸汗國——希瓦、布哈拉、浩罕與俄羅斯的關係〉，作者名叫喬坎·欽吉斯諾維奇·瓦利漢諾夫（一八三五～一八六五年）。從其父名可以看出，他應該是成吉思汗的後代子孫，一個擁有高貴血統的哈薩克人。

在瓦利漢諾夫小時候，廣大的哈薩克草原（即現今哈薩克共和國的領土）絕大部分已被俄羅斯掌控。他的祖先代代繼承了有資格統治哈薩克遊牧民族的汗國權力，但如今這權力也成了過往雲煙。瓦利漢諾夫身為名門之後，有一個方法可以獲得不使其血統蒙羞的地位，那就是從軍。因此他從小就進入西伯利亞陸軍幼年士官學校就讀，成為一名俄羅斯軍官。他精通中亞諸語言，對這片土地相當熟悉，曾經前往伊犁（Ili）、喀什（Kashgar）等地進行考察，製作地理誌及蒐集軍事資訊，對過去不為人知的中亞地理、歷史及民族學上有著極大的貢獻。因為這些功績，他得以成為俄羅斯帝國地理學會的正式會員。此外，他與當時遭流放至西伯利亞的杜斯妥也夫斯基（Fyodor

Mikhailovich Dostoevsky）有著深厚交情。一八六一年，瓦利漢諾夫任職於聖彼得堡的參謀本部及外交部亞洲局，照理來說，他應該很清楚俄羅斯軍方及政府的動作才對。那為什麼他會寫下前面這些文字？

鐵腕外交官

一八六一年，俄羅斯政壇有兩個人物就任重要職務，其一是陸軍大臣*德米特里・米留廷（Dmitry Milyutin），其二是外交部亞洲局局長尼古拉・伊格那提耶夫（Nikolay Ignatyev，一八三二～一九〇八年）。†關於米留廷的事蹟將會在第三章詳述，這裡只回顧伊格那提耶夫的政治生涯。他在本書的許多章節中都被提及，可說是橫貫各事件的關鍵人物。

* Minister of War，嚴格來說應該稱戰爭大臣，是俄羅斯帝國戰爭部（Ministry of War of the Russian Empire, 1802-1917）的最高首長。戰爭部是負責陸軍事務的國務機構，近代多數國家也以陸軍部稱之，但二戰後多半改稱國防部。本冊日文原文使用「陸軍大臣」及「陸軍省」，故沿用之。

† 本冊的鄂圖曼帝國及俄羅斯帝國都還屬於帝制（專制）國家，雖推動改革但未正式立憲，因此在論述鄂圖曼與俄羅斯的章節，多數時候會以「朝廷」來取代「政府」，以「百姓」來取代「人民」，以「大臣」來取代「部長」。至於日本，「朝廷」一詞的意義較特殊，代表的是相對於幕府將軍的天皇及貴族，因此不使用以免造成誤解。

伊格那提耶夫出生於軍人之家，他的名字是俄國皇帝尼古拉一世（Nicholas I，一八二五～一八五五年在位）所取的。伊格那提耶夫在二十歲加入禁衛隊，他在這裡接到的第一項任務是學習土耳其語。長久以來，俄羅斯帝國一直有個心願，那就是從黑海貫通博斯普魯斯海峽（Bosphorus）及達達尼爾海峽（Dardanelles），直抵地中海。但這片要衝之地是由鄂圖曼帝國（Ottoman Empire）所掌控，因此與鄂圖曼帝國的交涉工作，對俄羅斯的外交來說至關重要。年輕的伊格那提耶夫也參與了外交交涉工作，但交涉過程並不順利，雙方還是爆發了克里米亞戰爭（The Crimean War，一八五三～一八五六年）。

在這場戰爭中，俄羅斯帝國敗給了鄂圖曼帝國與英法聯軍。戰後締結《巴黎和約》（Treaty of Paris），俄羅斯被迫解除黑海地區的武裝，從此不能派軍艦通過博斯普魯斯海峽及達達尼爾海峽，前進地中海的美夢當然也破碎了。伊格那提耶夫出席了這場在巴黎舉行的和平會議，他靠著對巴爾幹半島的淵博知識，駁斥了奧地利帝國的割地要求，讓俄羅斯帝國的失地降低到最小的程度。當時他的立場幾乎等同於俄羅斯代表。但戰敗的打擊實在太大，讓許多原本存在於俄羅斯內部的問題浮上檯面。在新皇帝亞歷山大二世（Alexander II，一八五五～一八八一年在位）的主導下，俄羅斯帝國開始推動「大改革」（The Great Reforms），內容包含解放農奴（一八六一年）及軍制改革等等。米留廷及伊格那提耶夫都是這場大改革的推手。

伊格那提耶夫的能力獲得賞識，之後就任俄羅斯駐英武官，移居至倫敦領事館（一八五六～一八五七年）。他在這裡獲得了實地研究英國軍事及政治意圖的機會。在這段期間，他察覺英國有

圖總 -2　1861 年前後的尼古拉 · 伊格那提耶夫

攻擊俄羅斯的意圖，因此不斷向本國發出警訊，指稱英國可能會自南方的波斯灣或東方的阿富汗一帶向俄國發動攻擊。回國後，他將自己對外交大臣亞歷山大 · 戈爾恰科夫（Alexander Gorchakov）等人說過的話彙整如下：

倘若與英國斷交，亞洲將成為我們的一線生機。平素英國在亞洲引發的種種問題，以及我國對俄、英兩國國界中間諸國的影響力，將成為我國與英國維持和平的最佳保障。

亞洲是我們唯一還能從事通商的地區，因為我國的產業實在太落後，根本沒辦法與英國、法國、比利時、美國及其他各國競爭。

——伊格那提耶夫，《使節行》（轉譯自英譯版 *"Mission of N.P. Ignat'ev to Khiva and Bukhara in 1858"*，英文譯者為 John L. Evans）

俄國在近東地區完全不是英國的對手，這一點已在克里米亞戰爭中獲得印證。既然如此，俄國只能退而求其次，設法在亞洲搶得優勢，並以此做為恫嚇的手段。在這樣的策略下，伊格那提耶夫主張對中亞地區及中國採取強硬手段。一八五八年四月，外交部亞洲局派遣伊格那提耶夫做為使者前往希瓦汗國及布哈拉汗國，這絕不只是偶然。在皇帝裁示下，伊格那提耶夫此次出使有以下三個目的：①將中亞地區的複雜局勢調查清楚；②強化俄羅斯對希瓦及布哈拉的影響力，擴大兩國對俄通商，並改善通商條件；③排除企圖滲透中亞的英國勢力對兩國的箝制及干涉。伊格那提耶夫的使節團在出發時，還有一支鹹海（Aral Sea）的小型艦隊隨行。雖然俄國船能否在阿姆河上航行還是未知數，但如果順利成功的話，不管在通商層面還是軍事層面，俄羅斯的影響力都能往前推進至上游的阿富汗地區。值得一提的是，俄國戰艦為了測量阿姆河水深而連續開砲，搞得驚天動地，甚至讓沿岸的居民以為世界末日來了。

伊格那提耶夫分別在希瓦及布哈拉各待了六個星期，但這段期間的交涉並沒有成功締結正式協議。結束了長達七個月的使節任務之後，伊格那提耶夫回到俄國，作了個結論。後來伊格那提耶夫在回顧這段使節任務的著作中，寫下了這麼一段話：

> 一八五八年中亞使節團的主要成果，是撥開諸汗國與俄羅斯朝廷之間的濃霧，同時讓政府理解我們與希瓦、布哈拉的「外交關係」的真正價值。使節團所蒐集到的訊息，打破了過去我們對諸汗國所抱持的「幻想」，這迫使我們必須明確地改變過去我們對這些不忠、不信的鄰居所秉

持的態度。我們的使節行動讓我們能夠更精準地理解及分析汗國的權力基礎，也必定能讓我們在未來採取更加正確的應對方式。

——伊格那提耶夫，《使節行》；謝爾蓋耶夫（Evgeny Sergeev），《大博弈》（*The Great Game*）

雖然是後來的著述，但顯然伊格那提耶夫已在這趟出使中亞的行動中，依據實際經歷及蒐集來的資訊，作出了「俄羅斯想要在中亞建立影響力，外交已無法做為有效手段」的判斷。這樣的想法，也獲得了陸軍大臣米留廷、中亞以北的奧倫堡（Orenburg）總督及西西伯利亞總督等人的支持。到了一八六三年，波蘭的民眾叛亂引來英國、奧地利及法國介入調停，諸國要求俄羅斯中止軍事行動並承認波蘭的自治權，引發視波蘭問題為內政事務的俄國朝廷及輿論強烈反彈。這樣的局勢當然刺激了早已虎視眈眈、想要侵略中亞南部綠洲地區的軍方。一八六三年夏天，切爾尼亞耶夫（Chernyaev）上校在上級長官的默許之下，攻占了浩罕汗國北方邊境的蘇扎克（Suzak）要塞。這個時期米留廷一再告訴駐倫敦的俄羅斯大使：不論俄羅斯對中亞發動什麼樣的攻擊，你都不必對（英國）首相道歉；他們占領海外城市及島嶼時從來不曾告知我們，我們也從來不曾過問。

從中可以看出，前述一八六一年瓦利漢諾夫所寫的論述，其實是為了聲援基於維護俄英關係而設法阻止軍方對中亞發動攻擊的外交大臣戈爾恰科夫。到了一八六四年，切爾尼亞耶夫進軍中亞南部，瓦利漢諾夫也隨軍而行。此時切爾尼亞耶夫所接到的指令為「不必拒絕對方的議和，事

尼布楚條約邊界線
恰克圖條約邊界線
基於璦琿條約而占領
基於北京條約而占領
白令海
勒那河
海參崴
鄂霍次克
堪察加彼得巴夫洛夫斯克
俄羅斯帝國
雅庫次克
鄂霍次克海
外興安嶺
葉尼塞斯克
黑龍江（阿穆爾河）
庫頁島
濱海邊疆區
烏蘇里江
貝加爾湖
尼布楚
額爾古納河
璦琿
根室
伊爾庫次克
恰克圖
維科揚斯克
泰山脈
蒙古高原
清
日本
北京
對馬
N
0
500km

哥本哈根
斯德哥爾摩
芬蘭
赫爾辛基
華沙
聖彼得堡
波蘭
基輔
莫斯科
窩瓦河
烏拉山脈
愛第尼
伊斯坦堡
頓河
鄂畢河
克里米亞半島
黑海
鄂圖曼帝國
托波爾斯克
奧倫堡
塔拉
鄂木斯克
托木斯克
額爾濟斯河
裏海
鹹海
錫爾要塞線
塞米巴拉金斯
新西伯利亞要塞線
哈薩克草原
希瓦汗國
錫爾河
巴爾喀什湖
希瓦
蘇扎克
土庫曼諸部族
克茲勒固姆沙漠
阿姆河
浩罕汗國
卡拉庫姆沙漠
伊犁
布哈拉
塔什干
浩罕
撒馬爾罕
伊朗(卡扎爾王朝)
喀什
布哈拉汗國
阿富汗
赫拉特

1861 年前後的俄羅斯帝國

先與當地居民進行和平交涉」。瓦利漢諾夫此時的身分為參謀上尉，上頭特地派他隨行，就是為了要他負責交涉工作，因為他是個「學識淵博的亞洲人，而且擅長俄羅斯語及韃靼語」。然而瓦利漢諾夫等一群軍官因為看不慣指揮官的虐殺行為而脫離了前線。瓦利漢諾夫因肺結核過世的兩個月後，一八六五年六月切爾尼亞耶夫開始進攻中亞最大商城塔什干（Tashkent）。這裡後來發展為俄羅斯統治下的突厥斯坦地區，取代美國南部，成為俄羅斯的棉花原料供應地。美國南北戰爭時期（一八六一～一八六五年），俄羅斯曾陷入無棉花可進口的窘境，對俄羅斯的棉花工業來說，擁有可生產棉花的領地是非常重要的一件事。

北京條約

就在伊格那提耶夫因出使中亞的功績而晉升陸軍少將的時候，東方的清朝如同本書第一章所述，正面臨了來自兩個方面的威脅。其一是進逼上海的太平天國軍隊，其二則是第二次鴉片戰爭（又稱英法聯軍之役，一八五六～一八六〇年）的英法聯軍。俄羅斯也正注意著清朝的動靜，伊格那提耶夫的前一任外交部亞洲局局長葉戈爾．科瓦列夫斯基（Yegor Kovalevsky，一八五六～一八六一年在任）曾提出以下觀點：

我國（對於中國）的關心程度，與其他歐洲大國的關心程度截然不同。（中略）歐洲人占領北京，就跟英國人占領赫拉特一樣，對我們來說是相當敏感的事情。無論在任何情況下，我們都無法袖手旁觀。因為前者阻擋了我國對太平洋及阿穆爾河沿岸所懷抱的野心，而後者會讓整個中亞落入英國的掌控之中。

——謝爾蓋耶夫，《大博弈》

事實上，靠著東西伯利亞總督尼古拉．穆拉維約夫—阿穆爾斯基（Nikolay Nikolayevich Muravyov-Amursky）的積極行動，俄羅斯在阿穆爾河（黑龍江）以北的利益迅速擴張，一八五八年五月的《瑷琿條約》更讓俄羅斯獲得阿穆爾河以北的廣大土地。中俄關係研究者吉田金一亦指出，「在一六八九年（這一年簽訂《尼布楚條約》，當時為康熙朝）與一八五八年間，中俄的實力優劣出現逆轉，這時清朝在瑷琿屈服於俄羅斯的壓力」。《瑷琿條約》中亦規定烏蘇里江以東直到海岸的濱海邊疆區暫時為兩國共管，這對俄羅斯在遠東地區的發展極為有利，朝鮮已是近在咫尺。

既然已在清朝北方邊境打下了勢力基礎，俄羅斯認為接下來有必要援助清朝，以避免清朝屈服於英國勢力。由皇帝下令組成的「遠東問題特別委員會」提議，向清朝提供步槍一萬把、大口徑大砲五十門，及五名軍事顧問的軍事援助。此時剛從中亞歸來的伊格那提耶夫，獲任命率領此軍事使節團前往中國。要從聖彼得堡運送這麼多的軍需物資前往中國，本身就是一項相當艱鉅的任務。一八五九年四月，伊格那提耶夫率領由七百六十四匹馬所拉的三百八十輛載貨馬車，抵達了伊爾庫次克。伊格那提耶夫在這裡與穆拉維約夫會合，一同前往位於邊境的恰克圖。但他們在這裡接到消息，原來《瑷琿條約》並沒有獲得清朝皇帝的同意。俄方以「如果不同意《瑷琿條約》，我們就不提供軍事援助」做為要脅，但清朝並未屈服，也不肯接受武器援助。俄羅斯所打的如意算盤霎時成了泡影，伊格那提耶夫決定靠外交交涉來打開僵局，於是動身前往北京，身邊僅帶著少許隨從。

在第二次鴉片戰爭中，俄羅斯並沒有參與英、法兩國的軍事行動，僅與清朝交涉了修約事宜。在前一年的一八五八年，英法聯軍進逼天津時，俄國也趁機從清朝手中拿到了開啟上海等處海路通商、最惠國待遇、領事裁判權等好處。伊格那提耶夫剛抵達北京時，原本想要跟清朝一次釐清《瑷琿條約》、《天津條約》中的所有問題，但由於這時清軍剛以大沽口砲台擊退英法聯軍，清廷派來與伊格那提耶夫交涉的重臣肅順（一八一五～一八六一年）堅稱《瑷琿條約》無效，一步也不肯退讓。交涉的過程持續長達一年的時間。在這段期間，伊格那提耶夫是唯一滯留在北京的歐洲外交官，除了北京的俄羅斯東正教傳教團之外，幾乎是孤立無援。但隨著英法聯軍再度發動猛攻，局勢也發生變化。清廷希望俄國居中調停，俄羅斯外交大臣戈爾恰科夫也要求伊格那提耶夫扮演仲裁者的角色。然而一旦英、法大使抵達北京，雙方進入直接交涉，伊格那提耶夫的重要性就會降低。因此伊格那提耶夫在一八六〇年五月離京前往上海，搶先一步與英、法全權大使交涉。由於伊格那提耶夫帶著關於清朝的最新消息，因此英、法大使對他相當重視。

一八六〇年八月，英法聯軍以兩萬兵力占領天津，進逼北京。他們威脅清廷承認兩年前交涉的《天津條約》，遭清廷拒絕。英法聯軍於是進攻北京，焚毀圓明園。如同第一章所述，此時咸豐帝被迫與肅順等重臣一同逃往熱河離宮。在這動盪局勢下，英、法兩軍雖然進逼北京，卻找不到可以交涉的對象。他們也希望伊格那提耶夫能夠居中協調，於是伊格那提耶夫早一步進入北京。另一方面，咸豐帝的弟弟恭親王留在北京，肩負起對外交涉的責任。為了避免發生英法軍隊占領北京的嚴重事態，他希望伊格那提耶夫能代為出面，與英法軍隊議和，並同意讓清廷答應俄羅斯的要求做為回報。此時伊格那提耶夫充分盡了仲裁者的職責，一方面說服英法軍隊撤出北京，一方面讓清廷答應與英、法簽訂《北京條約》。此條約為原本《天津條約》的擴充條約，增加了天津、漢口等處的開港、外交使節常駐北京、鴉片貿易合法化等項目。由於承認了對等的外交禮儀，清朝再也無法維持將外國皆視為「夷」的體制，但至少清朝並沒有覆滅，李鴻章等人得以開始推動改革。

伊格那提耶夫在順利調停之後，於一八六〇年十一月代表俄羅斯與清廷簽訂了《北京條約》。內容除了承認《璦琿條約》之外，更進一步讓俄羅斯取得了烏蘇里江以東的濱海邊疆區土地。除此之外，條約也劃定了中亞方面的西方邊界線，並同意讓俄羅斯在核心城市喀什設置領事館（但後來受西北地區大規模回變等事件影響，直到一八八二年才有第一位總領事彼得羅夫斯基〔Nikolai Petrovsky〕到任）。後來伊格那提耶夫在回憶起這件事時，曾如此表示：

老實說，我們俄羅斯需要（英、法）同盟國採取強硬的行動。說得更明白一點，就是讓中國人徹底恐懼，讓他們的自大與頑固受挫好一陣子，讓他們想起我們俄羅斯的好處。軍隊必須攻下一部分城牆，但不能馬上進入市區。在這樣的情況下，我才能進入北京，找到最好的時機幫中國人一點忙，讓邊境問題以我們所期盼的方式獲得解決。

——謝爾蓋耶夫，《大博弈》

事實上，這次簽訂的條約讓俄羅斯得到了非常龐大的利益。俄羅斯獲得遠東沿岸的廣大領土後，立即在一八六〇年著手興建海參崴海軍基地。姑且不談該如何評價伊格那提耶夫這名外交官，至少可以肯定的一點，是簽訂《北京條約》的這幾年，正是他仕官生涯的巔峰時期。在第二次鴉片戰爭當下，他冷靜地分析局勢，讓俄羅斯得到的好處更勝英國。

駐君士坦丁堡大使

在北京立下顯赫功勞的伊格那提耶夫，接著被任命為隨行武官，在一八六一年首次前往鄂圖曼帝國首都君士坦丁堡（Constantinople，即伊斯坦堡），祝賀新蘇丹（Sultan）阿卜杜勒阿齊茲（Abdulaziz）即位。到了這一年的八月，正如同前文所述，他就任外交部亞洲局局長。上任後首先面臨了兩道難題：第一道是如何迴避英國的抗議，拓展俄羅斯在中亞的勢力；第二道則是如何擺脫《巴黎條約》的限制，在東方問題上確保及擴張俄羅斯的權益。在這段期間，他想必累積了一些關於鄂圖曼帝國的知識。他的能力獲得賞識，在一八六四年就任駐君士坦丁堡大使。接下來有很長一段歲月，他一直擔任這個職務，居住在君士坦丁堡這個東方問題的要衝之地，直到一八七七年。而這段期間，也剛好是俄羅斯全力施壓鄂圖曼帝國的時期。鄂圖曼帝國一邊對抗俄羅斯，一邊推動內政改革，其主要人物正是第二章將介紹的米德哈特·帕夏（Midhat Pasha）。

一八六一年，米德哈特·帕夏就任多瑙河南岸的尼什省（Naissus）總督。這裡是受俄羅斯煽動的盜匪集團橫行之地，在治理上頗有難度，米德哈特巧妙地推動各種社會及經濟政策，成功恢復了地區的安定。到了一八六四年，尼什省與鄰近的兩個省合併，形成了巨大的多瑙省（Danube Vilayet）。米德哈特獲任多瑙省總督，這時他再度推動高明的行政改革，不僅為這塊土地帶來了安定，他也獲得了正在積極推行「坦志麥特改革」（Tanzimat）的中央政府高度評價。然而像這樣局勢穩定的鄂圖曼帝國直轄地區，看在以斯拉夫諸民族保護者之姿大力推動南進政策的俄羅斯眼中，是個極大的阻礙。如同本書第二章所述，新任俄國大使伊格那提耶夫於是拉攏了主張與俄國和睦相處的馬哈茂德·奈迪姆·帕夏（Mahmud Nedim Pasha）等政府要人，企圖解除米德哈特·帕夏的職務。

對於後來成為大宰相＊的米德哈特·帕夏，伊格那提耶夫的評價相當辛辣。他在《回憶錄》中如此寫道：「整體來說，米德哈特·帕夏不習慣做大事的程度比我的預期更糟，他沒辦法發揮其肩負職責的真正價值。就算他在地區行政上展現出了過人的資質，但要擔任大宰相還是不夠的。」

＊ Sadr- Azam，又稱大維齊爾（Grand vizier），蘇丹底下的最高級大臣，可統領其他維齊爾（相當於議員）參與國家事務。

除此之外，他還寫了這麼一段耐人尋味的話：

> 我成功讓蘇丹睜開了眼睛。說得更明白一點，我讓蘇丹發現他的首席大臣是個戴著面具的革命分子，滿腦子只想限縮蘇丹的權力。蘇丹這才察覺如果讓這個人繼續統管諸事，俄羅斯與土耳其的關係將會陷入危機。
>
> ——伊格那提耶夫，《回憶錄》(*Записки графа Н. П. Игнатьева (1864-1874 г.)*)

米德哈特·帕夏擔任蘇丹阿卜杜勒阿齊茲的大宰相，時間相當短，只從一八七二年七月做到了十月。其背後的原因，應該就是蘇丹聽從了伊格那提耶夫的「建議」吧。

一八七五年，波士尼亞與赫塞哥維納（Bosnia and Herzegovina）爆發民眾叛亂，隔年保加利亞（Bulgaria）又爆發獨立革命，巴爾幹半島頓時陷入危機。在這段期間還發生了伊斯蘭教非正規士兵殘殺保加利亞人的事件，事件被誇大渲染，在各國之間傳開，引發了歐洲各國對土耳其（鄂圖曼帝國）的強烈反感。對於高喊解放斯拉夫民族的俄羅斯泛斯拉夫主義者而言，這可是趁虛而入的絕佳機會。例如曾經在攻打塔什干時聲名大噪、後來卻因擅自行動而被調回本國的切爾尼亞耶夫，就為了向塞爾維亞人（Serbs）提供軍事指導而不顧俄羅斯當局的制止，前往了貝爾格勒（Belgrade）。不僅是塞爾維亞的革命軍，就連俄羅斯的民族主義者也因他的舉動而倍受鼓舞。

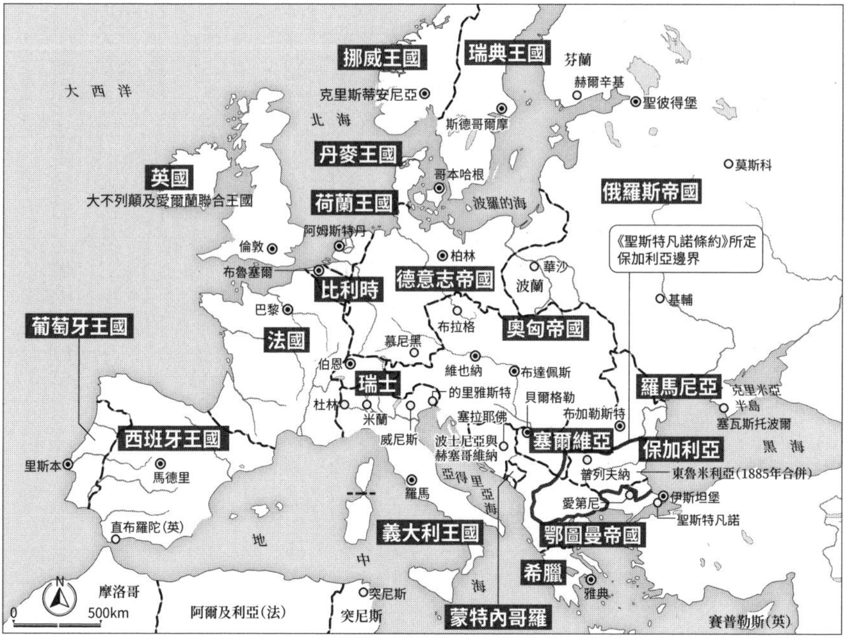

柏林會議（1878 年）時期的鄂圖曼帝國關係圖

柏林會議包含以下決議：

（1）承認塞爾維亞、羅馬尼亞及蒙特內哥羅獨立。
（2）保加利亞成為鄂圖曼帝國內的自治國。
（3）由奧匈帝國占領波士尼亞與赫塞哥維納，行政權歸其所有。
（4）由英國占領賽普勒斯，行政權歸其所有。

就在塞爾維亞的戰火稍見平息之際，俄羅斯堅持要求鄂圖曼帝國對巴爾幹半島的統治政策進行改革。一八七六年十二月，在伊格那提耶夫的主導下，各國在伊斯坦堡針對巴爾幹問題舉行了一場列國會議。十二月二十三日，就在會議進行到一半時，外頭突然傳來了一百零一聲砲響。各國代表都嚇了一跳，不曉得發生了什麼事。這時鄂圖曼帝國的外交大臣解釋，那是為了慶祝新蘇丹阿卜杜勒哈米德二世（Abdul Hamid II）頒布新憲法而施放的禮砲。根據外交大臣的描述，這套新憲法對於鄂圖曼帝國境內的伊斯蘭教徒及基督徒一律平等對待，而且為了改革雙方待遇，接下來還會採取一連串政策，因此各國已沒有必要透過這場會議向鄂圖曼帝國提出改革提案或獎勵措施。這時再度當上大宰相的米德哈特·帕夏，為了讓各國再也無法以催促改革巴爾幹施政為藉口干涉鄂圖曼帝國的內政，因而特地挑選在這個時機點，公布了他精心構思出來的新憲法。

然而俄羅斯並不買單。這時伊格那提耶夫再度展現了過人的外交手腕。他前往柏林、巴黎、倫敦、維也納等地，向各國說明俄羅斯的巴爾幹問題調停方案。在此同時，聖彼得堡不斷收到來自君士坦丁堡大使館的鄂圖曼帝國軍隊相關情報，正如火如荼地準備發動戰爭。一八七七年四月，俄羅斯向鄂圖曼帝國正式宣戰，俄土戰爭就此爆發。當初在中亞攻打浩罕汗國時立下顯赫戰功的斯科別列夫（Mikhail Dmitriyevich Skobelev）將軍，也在這波渡過多瑙河進軍的俄國軍隊中。他的部隊攻打了由猛將奧斯曼·帕夏（Osman Nuri Pasha）所鎮守的普列夫納（Plevna）要塞之後，繼續往前推進至耶希爾科伊（Yeşilköy，即聖斯特凡諾〔San Stefano〕），該地距離帝國首都已是近在咫尺。

戰爭期間，身為帝國議會成員的伊格那提耶夫一直待在皇帝身邊。停戰後不久，伊格那提耶夫立即動身前往阿德里安堡（Adrianople，即土耳其語的愛第尼〔Edirne〕），以俄羅斯全權代表身分參與《聖斯特凡諾條約》的交涉工作。這份於一八七八年三月締結的條約，內容相當苛刻，讓鄂圖曼帝國幾乎喪失了巴爾幹半島上的所有領土。保加利亞接受俄羅斯庇護，擁有高度自治權，而且獲得從多瑙河到愛琴海的廣大領土。羅馬尼亞、塞爾維亞及蒙特內哥羅等諸公國也獲得完全獨立。除此之外，鄂圖曼帝國還必須將安納托力亞（Anatolia）東部割讓給俄羅斯。乍看之下，俄羅斯的南進政策似乎相當成功。然而歐洲列強不願看見俄羅斯過於強大，便立刻強行干涉，以號稱「公正仲裁者」的俾斯麥（Otto von Bismarck）為主席，召開柏林會議，大幅削減俄羅斯的利益。俄羅斯只好對列強妥協，失意的伊格那提耶夫則於同年五月辭去職務。後來他在《回憶錄》中提及，如果俄土戰爭期間他的提案能獲得採納……

> 土耳其軍的潰滅及我軍在土耳其境內的進駐一定能震撼世人，包含英國在內的歐洲列強將會這麼勸告土耳其：如果想讓俄國的常勝軍停止進攻，最好接納俄國在最後通牒中的要求。如此一來，我們就不會陷入長期的毀滅性戰爭，也不會有後來的柏林會議。俄羅斯在東方的光輝及影響力不僅能完全恢復，甚至還能達到顛峰。
>
> ——伊格那提耶夫，《回憶錄》

死裡逃生的鄂圖曼帝國，接下來將進入阿卜杜勒哈米德二世的專制統治期，但改革的步伐並沒有停止。雖然此時政壇上已看不見米德哈特·帕夏的身影，但邁向土耳其共和國的道路已然成形。

幕末的日本與義大利

俄羅斯與英國之間的大博弈，在北太平洋也能窺得一二。一八五四年，東西伯利亞總督穆拉維約夫認為英國在北太平洋的圖謀，應該是占領堪察加半島（Kamchatka Peninsula）或是破壞半島上的港口，令俄羅斯的勢力無法深入遠東地區。如此一來，英國就能將中國及日本的沿海土地納入掌控。事實上，在克里米亞戰爭期間的一八五四年，英法艦隊確實曾攻擊堪察加半島上的彼得羅巴甫洛夫斯克（Petropavlovsk）港。著名的葉菲米·普佳京（Yevfimiy Putyatin）提督率領艦隊造訪日本，應該就是俄羅斯為了對抗英國而構思出的一次戰略行動。他曾經是俄羅斯駐北京的外交官，伊格那提耶夫可說是他的繼任者。在俄羅斯靠《北京條約》取得了濱海邊疆區土地後，俄羅斯海軍在遠東地區變得極為活躍。一八六一年，俄國軍艦《波薩德尼克號》（*Posadnik*）占據日本對馬海岸的事件，就是在這樣的局勢下發生的。

如同第四章的說明，日本幕府沒有能力自行處理這件事，只能委由俄羅斯及英國進行交涉來解決。但如果因為這樣而過度看輕負責此事的日本幕臣的能力，似乎也不太恰當。《幕末外交談》的作者田邊太一，就在書中提到了該時代的兩名幕臣。首先關於小栗忠順，他是這麼說的：

小栗英明果斷且才能出眾，曾經出使美國，是見識過外國世面的人物。他與岩瀨肥後守、水野筑後守合稱為幕末三傑。沒想到他竟然無法解決這芝麻小事，就這麼毫無作為地返回江戶。

顯然連田邊也不明白，為什麼小栗的表現會如此失常。接著是書中所提及的另一名幕臣安藤信正。

自從發生這件事之後，安藤閣老就很擔心外國軍艦趁著我國守備薄弱之際恣意妄為，也曾經向美、英等國公使抗議其軍艦航行於下關以內中國地方海岸的不法行徑。當時正值幕府雇用荷蘭醫師西博德（Siebold）為顧問，安藤亦曾讓西博德以這件事蒐集西洋國際上的例子。可惜安藤在任期間，此事終究沒有獲得解決。

田邊對安藤的評價相當高，認為他致力於不讓外國軍艦進入瀨戶內海，是早於明治人士的「國防上的周到準備」。從田邊的評價，可以看出明治初期負責外交工作的舊幕臣的心情。另外，田邊也提到了一八六二年在俄羅斯接見幕府使節、議定樺太（庫頁島，俄羅斯稱薩哈林島，Sakhalin）國界的亞洲局局長伊格那提耶夫。根據田邊的說法，松平石見守等人與伊格那提耶夫這位曾在交涉《北京條約》時展現高超手腕的「高明外交家」進行談判時表現得可圈可點，但當時的幕府根本沒有善加活用其外交成果的見識及餘力。

就在發生波薩德尼克號事件的一八六一年，如同第五章所述，義大利隨著薩丁尼亞王國(Kingdom of Sardinia)的勢力擴大而統一。但這不是結束，而是一個新的開始。當時有一句標語說「我們已經創造了義大利，現在我們必須創造義大利人」，可想而知，當時的義大利正面臨了國民與國家的形成問題。在外交上，義大利打從進入薩丁尼亞王國時期之後，就與英、法一同參與克里米亞戰爭，一八七八年舉行柏林會議時也曾列席，但一直還處於持續努力統合國民的階段。此時義大利有個明顯的特徵，那就是隨著國家的統一，許多義大利人都移民到外國去了。北義大利居民大多移民到其他歐洲諸國，而南義大利居民則幾乎都移民到南北美洲。移民現象的擴大引發了各式各樣的探討，有人開始主張「應該拓展殖民地以供移民之用」。於是一九一一年，義大利對鄂圖曼帝國的北非領地（現今利比亞）發動侵略戰爭，實現了這派主張。

這段時期的義大利動向，與明治維新後的日本頗有共通之處。對於以「富國強兵」及「殖產興業」為目標的明治期日本來說，如何培養國民意識也是一個重要的課題。雖然規模不像義大利那麼大，但是日本在明治初期同樣有許多人移民到夏威夷及南北美洲；隨著範圍的擴大，後來更有許多人移民到了朝鮮、臺灣、滿州、俄羅斯遠東地區、東南亞及南洋群島。兩國最明顯的共通點，在於急速的帝國化。義大利將侵略目標鎖定在非洲地區，而日本則在甲午戰爭及日俄戰爭時覬覦東亞土地。原本連對一艘俄國軍艦的蠻橫行徑都束手無策的日本，半個世紀後竟然搖身一變，成為擁有海外殖民地的帝國。

本書的主角，是呼吸著一八六一年時代氣息的一群人。他們還不知道接下來的歷史將會如何轉變。本書的主要舞臺，是清朝、鄂圖曼帝國及俄羅斯帝國。這三大帝國雖然後來都因革命而覆滅，但在這個時期都還有著至少能維持半個世紀的生命力。至於日本及義大利，則是正朝著走在前面的帝國急起直追。一八六一年，世人才剛走到「漫長的二十世紀」的起點而已。

第一章　危機中的清朝

吉澤誠一郎

1　太平天國及其勁敵

時代的俯瞰

一八六一年八月二十二日清晨，咸豐帝病逝於熱河離宮。熱河位在北京東北方的長城之外，曾經是康熙帝及乾隆帝的避暑之地。咸豐帝的祖父嘉慶帝，也是在滯留熱河期間過世的。

但咸豐帝來到熱河，並不是為了避暑。他是在前一年的九月，從北京逃到了這裡。當時英法聯軍已經攻到了北京，此即後世所稱的第二次鴉片戰爭。外國的軍隊竟然打到了皇帝所居住的北京，這可說是破天荒的大事。

不過除了英法聯軍之外，此時的清朝還面臨了另一個巨大的敵人，那就是以江南為主要根據地的太平天國。一八六一年前後，太平天國的西側雖然遭到清朝的反擊，但在名將李秀成的主導下，太平天國在江南地區的東側不斷攻城掠池，勢力已逼近上海。

這一年的清朝，可以說是面臨了危急存亡之秋。而且在咸豐帝過世後，即位的皇帝年紀尚幼，為了接下來該由誰掌權及政權如何運作的問題，宮廷內不斷持續著嚴重的權力鬥爭。

不過，清朝雖然面臨了危機，卻還是能加以克服且重新建立體制，並未因此衰亡。例如在二十年後，也就是一八八〇年代，清朝還是能跟法國打得轟轟烈烈，也能夠跟想將霸權勢力深入朝鮮的日本一較高下。此外，清朝還與俄羅斯簽訂條約，取回伊犁，並設置新疆省，成為分割中亞的勢力之一（中亞的伊斯蘭教勢力因而受到阻撓，沒有辦法組成國家）。的確，清朝沒辦法取回過去在中亞所號稱的最大疆域，中法戰爭最後也是以法國的勝利收場。但我們不能因此而忽略了清朝成功收復原本逐漸喪失的突厥斯坦大部分土地，而且在中法戰爭的陸戰中，清軍的英勇表現更逼使法國第三共和政府的茹費里（Jules Ferry）政權垮台。

到底是什麼原因，讓清朝的體制重建獲得了某種程度上的成功？

要在有限的字數內確實回答這個大哉問，絕對不是一件容易的事。但是，我們可以在清朝順利化解一八六一年前後那些危機的過程中，看出一些蛛絲馬跡。

李秀成的風采

太平天國是一個以顛覆清朝為目標的國家，首領洪秀全參考了基督新教的教義，建立起一套不同於以往宗教的信仰。一八五〇年，太平天國在廣西省舉兵，勢力迅速擴張，先後進軍湖南、湖北、安徽各省，在一八五三年攻陷江蘇省的南京。天國定都於此，改名天京。

圖 1-1　李秀成

林黎在其著作中公開的兩張李秀成肖像畫（頭上所戴之物不同）。
或許有些美化，但與文章中的描述大致上是一致的。

其後太平天國便以江南為根據地，持續與清軍交戰。到了一八六一年前後，太平天國開始積極往東發展，攻下了蘇州、寧波等重要城市，指揮官就是太平天國的忠王李秀成。

英國冒險家林黎（Augustus Frederick Lindley，又譯呤唎）曾在一八六〇年前後見過李秀成，他在著作中提及了對李秀成這個人的印象：

> 他大約三十五歲年紀，或許是因為身心操勞，不僅有些憔悴，而且看起來年紀更大一些。他的舉止輕盈靈活，宛如柔韌的鋼鐵，可說是英姿颯爽，但身高比一般的中國人還要矮了一截。他的儀態高貴而充滿威嚴，走起路來步伐俐落且昂首闊步。相貌與眾不同且充滿感情，雖然俊美，但並非中國人眼

裡的美男子。他的長相較接近歐洲人，並非中國人所喜歡的五官。以中國人而言，他的鼻樑算是相當挺，嘴小而纖細，下巴的整體形狀及端正的雙唇流露出勇敢與果毅。雖然膚色微黑，但眉目之間展現出「非凡男子」的氣概。那是因為除了他的額頭特別寬厚之外，眉毛跟眼睛也不像一般中國人那樣斜吊。他的兩眼幾乎呈一直線，唯有眼皮的形狀像中國人。眉毛距離眼睛很遠，幾乎是呈水平狀，內側的尾端微微上翹而非外側。除了他之外，我從未見過特徵如此明顯的中國人。雖然我見過幾個湖南人的相貌也有些類似，但以忠王這樣的相貌，實在不像一般的中國人。

許多學者都曾指出林黎的冒險故事不能盡信，何況林黎讚美李秀成是偉大的「太平天國革命」(Ti-Ping Revolution) 的指揮官，對他的描寫或許有些過度美化。而且，他拿李秀成的容貌與歐美詼諧畫中的「眼睛斜吊的中國人」比較，這樣的對比是否恰當也令人存疑。不過以下的描述，還是包含了相當犀利的個人觀察。

他那碩大的雙眸總是閃爍著光輝，眼皮隨時都在顫動著。從他那充滿精力的臉孔，以及永遠停不下來的身體動作，實在很難想像他在戰場上能夠完全保持冷靜（他的身體隨時都有一部分在動著。一下子翹腳，一下子放下，一下子舉腳踢地，一下子雙手交握，一下子放開，一下子輕輕擺動身體，一下子突然做出動作）。雖然他乍看之下很容易陷入亢奮狀態，但根據我對他的

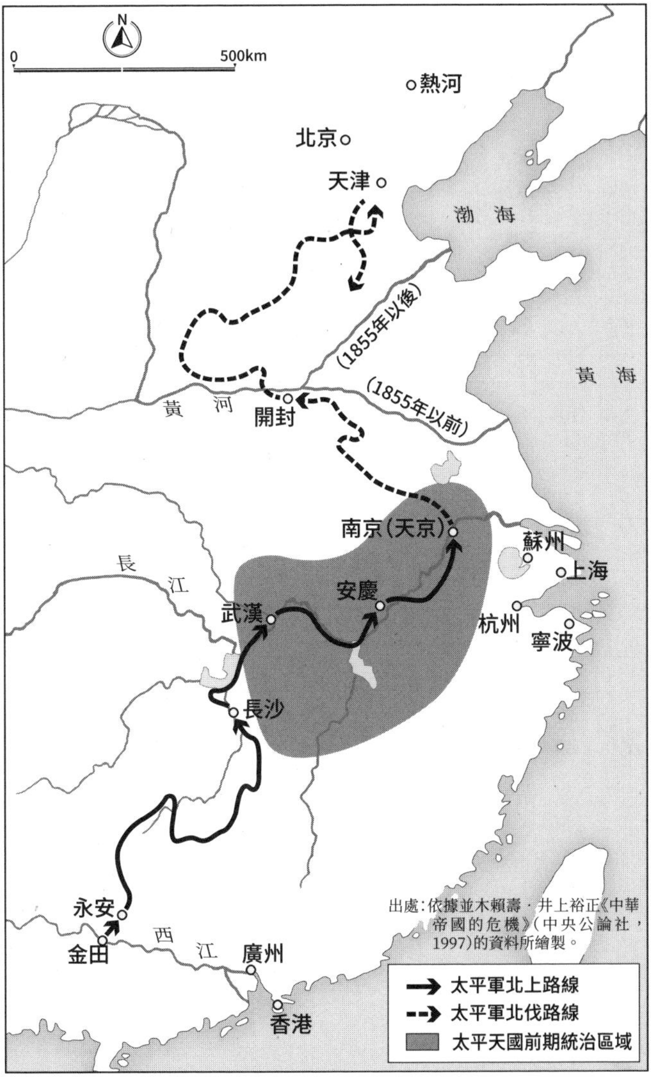

出處：依據並木賴壽．井上裕正《中華帝國的危機》(中央公論社，1997)的資料所繪製。

太平天國的勢力擴大

1850 年信眾集結於廣西省的金田村，為太平天國軍事活動的起點。李秀成的故鄉在金田與永安之間。太平軍經湖南一路往北，大致上沿著長江前進，直抵南京。其後太平軍繼續朝北京進軍，但這場軍事行動最後以失敗收場。

觀察，他非常有自制力，總是能保持沉著。當在危急的時候，他的口氣會變得快速而堅定，但除此之外，他的聲音幾乎不會有任何改變（他的嗓音一直是低沉而輕柔的，說話聲就像音樂聲一樣。不過在一八六〇年的八月，他在上海附近遭英國的榴彈碎片擊中，這個傷對他的聲音造成了一些影響）。

對於林黎的故事進行了批判性考證的學者羅爾綱，也在其對李秀成自傳的相關研究著作卷首引用了前述文章。林黎的這段描寫，著實有一種栩栩如生的魄力。

李秀成的成長過程

關於林黎，後文還會再提及，此處先談一談李秀成的成長過程。最重要的參考文獻，是他自己所寫的《李秀成自述》。不過這篇自述是在相當特殊的狀況下寫出來的。一八六四年六月，太平天國的最高首領洪秀全去世，政權的瓦解只是時間早晚的問題。李秀成帶著洪秀全的兒子逃亡，被清兵所擒。李秀成的這篇自述是在獄中寫成的。

自述的一開頭，有幾句說明文字是「又蒙老中堂（即曾國藩）駕至，訊問來情，是日逐一大概情形回稟，未得十分明實，是以再用愁心，一一清白寫明」。由此可知，這篇文章是李秀成根據自己的記憶，向清方供述太平天國的興亡過程。雖是自述，但狀況特殊，並不是一般的自述。這也是為何內容是從他並沒有親自參與的太平天國舉兵初期說起。

基於此特殊性，這份史料很可能會包含一些記憶上的錯誤，甚至是基於各種意圖或顧忌而遭到篡改的內容，必須特別注意。此外，這篇自述在閱讀上還有一個難處，那就是詞句使用了各種特殊的代用字及方言，因此本文的論述只能仰賴針對此份史料進行了多年研究的羅爾綱所整理出的見解及註釋。

李秀成的故鄉位於廣西省山區的藤縣。根據其記述，太平軍舉兵之際，分成陸路及水路，朝著永安州進攻：

> 此時我尚在家中，得悉旱路兵皆由我家中經過，是梧州藤縣五十七都大黎里而上永安。在家貧寒，父母養我兄弟二人，弟李明成。家堂兄堂弟堂叔多名，未便細寫，將大概來由寫呈。家中之苦，度日不能，度月格難，種山幫工就食。自八、九、十歲，隨舅父讀書。十歲之上，俱自與我父母尋食度日而已。是廿六七歲，方知有洪先生教人敬拜上帝。自「拜上」之後，秋毫不敢有犯，一味虔信，總怕蛇虎傷人。（中略）西王、北王帶旱兵在大黎里屯紮五日，將里內之糧穀衣食等，逢村即取，民家將糧谷盤入深山，亦被拿去。西王在我家近村鄉居駐，傳令凡拜上帝之人不必畏逃，全家食飯，何必逃乎？我家寒苦，有食不逃。臨行營之時，凡是拜過上帝之人，房屋俱要放火燒之。家寒無食之故而隨他也。

這一段敘述了李秀成加入太平軍的經過。其內容首先觸及了一個前提，那就是因洪秀全等人的初期傳教活動，敬拜上帝的思想早已經在藤縣傳開了。許多居民決定入教，是因為相信這麼做可以消災解厄，甚至可以不被蛇、虎咬傷。

在基督教中，蛇具有相當特殊的象徵意義。例如《創世紀》裡，正是蛇引誘了夏娃。就算撇開這個部分不談，對於在山區做雜役工作的窮人來說，蛇跟老虎本來就是可怕的威脅，除此之外還有各種的疾病及災厄會令他們的生活陷入危機。根據李秀成的描述，百姓是為了從這些危險中獲得解救，才接納了洪秀全的上帝信仰，其自述中亦指出：「是以一人傳十，十傳百，百傳千，千傳萬，數縣之人，亦有從之者，亦有不從。每村或百家或數十家之中，或有三五家肯從，或十家八家肯從，亦有讀書明白之士子不從，從者俱是農夫之家，寒苦之家，積多結成聚眾」。

就這樣，太平天國的軍隊偶然經過李秀成的住家附近，徹底改變了他的人生。太平軍沿途會掠取必要物資，對於生活窮苦的李秀成來說，加入太平軍是活下去的必要手段。李秀成的證詞，在一定程度上可以說明洪秀全所宣揚的信仰為何能在山區迅速擴散，以及舉兵之後的太平軍聲勢為何能夠迅速壯大。

太平天國的軍隊一邊與清軍交戰一邊轉移陣地，最終定都於南京。李秀成在軍隊中逐漸嶄露頭角，再加上太平天國的一些初期領袖陸續死於戰鬥或內部鬥爭，李秀成因而一路晉升為指揮作戰的司令官。

討伐太平天國

與太平天國經歷過無數次惡鬥的曾國藩是湖南人，現在我們將時代稍微回溯，看看曾國藩是如何肩負起這個重責大任。

曾國藩於一八三八年參加科舉，中了進士，成為朝廷的菁英官僚。一八五一年，咸豐帝才剛即位不久，曾國藩立即上奏，指出清廷不僅有著財政危機，而且士兵素質過低，這是國家整體的重大問題。針對軍隊的實際狀況，曾國藩提出了以下見解：

兵伍之情狀各省不一。漳、泉悍卒以千百械鬥為常，黔、蜀冗兵以勾結盜賊為業，其他吸食鴉片，聚開賭場，各省皆然。大抵無事則游手恣睢，有事則雇無賴之人代充，見賊則望風奔潰，賊去則殺民以邀功。章奏屢陳，詔旨屢飭，不能稍減錮習。

——曾國藩，《議汰兵疏》

根據曾國藩的說法，朝廷正是因為養了太多這種無用之兵，才造成了財政上的沉重負擔。因此他提議減少士兵人數，將軍隊重新縮編為精銳部隊。

這篇疏文中雖然也提到了太平軍與清軍在廣西省的戰況，但此時的曾國藩應該還沒有想到自己會實際帶兵打仗。因此，即便他在疏文中確實點出了當時的軍隊弊端，但難免被當作是朝廷官僚的紙上談兵。

到了隔年，也就是一八五二年，曾國藩出差到江西省舉辦科舉，途中接到了母親過世的噩耗。根據清朝規定，官員的父母過世必須在一定期間內解官服喪。曾國藩要直接回湖南家鄉奔喪，所以他寫了一封信給留在北京家中的兒子曾紀澤，吩咐他一些自己不在家期間的處理事宜：

> 余行抵安徽太湖縣之小池驛，慘聞吾母大故。余德不修，無實學而有虛名，自知當有禍變，懼之久矣。不謂天不隕滅我身，而反災及我母，回思吾平日隱慝大罪不可勝數，一聞此信，無地自容。（中略）一出家輒十四年，吾母音容不可再見，痛極痛極！不孝之罪，豈有稍減之處。

曾國藩經常說出像這種強調品德操守的言論。儒家觀念認為居上位者的德行會對社會風氣造成影響，曾國藩看待此事極為認真。但在現實生活中，他經常做出違反道德標準的行為，因此日記裡經常出現反省的語句。

在後來曾國藩寫給兒子曾紀澤的書信中，提到曾國藩巴不得早日趕回家鄉，但他沒有選擇返鄉的最短路線，理由就在於太平軍的勢力已延伸到湖南，為了避免在途中遇上，返鄉路線的選擇必須十分謹慎小心。

好不容易回到了故鄉，曾國藩還是沒有辦法安心服喪。因為咸豐帝給曾國藩下了一道命令，要他協助湖南巡撫進行團練。

所謂的團練，指的是由各地仕紳招募鄉民組成自衛用的武裝鄉兵。據說在十九世紀初期，四川省等地發生白蓮教之亂時，團練制度在鎮壓叛軍上發揮了不小的功效。而且在爆發鴉片戰爭時，更有傳聞指出團練的鄉兵在廣東省的三元里擊敗英軍，因此朝廷打算以這種方式讓各地擁有自衛的能力。

但是曾國藩在接到命令後所想要做的並不是單純的團練，而是建立起一支全新的軍隊。他應該是認為單靠地方上的自衛能力，並沒有辦法對抗太平軍吧。在他上奏的文章中，有這麼一段話：

圖 1-2　曾國藩

1860 年左右由攝影師約翰・湯姆生所攝（John Thomson, circa 1860）。曾國藩為了剿討太平軍而建立湘軍時，年紀才四十出頭。

自軍興以來兩年有余，時日不為不久，糜餉不為不多，調集大軍不為不眾，而往往見賊逃潰，未聞有與之鏖戰一場者；往往從后尾追，未聞有與之攔頭一戰者；其所用兵器，皆以大炮、鳥槍遠遠轟擊，未聞有短兵相接以槍靶與之交鋒者。其何故哉？皆由所用之兵未經訓練，無膽無藝，故所向退怯也。今欲改弦更張，總宜以練兵為務。

——曾國藩，《敬陳團練查匪大概規模摺》

基於這樣的想法，曾國藩組成了一支名為「湘軍」的軍隊。「湘」是湖南省的簡稱。簡單來說，就是以湖南省的地緣關係為基礎，招募指揮官及士兵。招募的條件是只收身分可清查確認者，指揮官盡可能挑選有親故關係、值得信賴的書生（為了參加科舉而苦讀之人），而士兵則挑選沒有從軍經驗的農民。

不管是指揮官還是士兵，都挑選沒有軍旅經驗之人，光從這一點就可看出曾國藩有多麼厭惡既有的軍隊。然而曾國藩是科舉出身的官員，並沒有軍務經驗。

湘軍的奮戰

在創建湘軍的時候，曾國藩參考了明代名將戚繼光的軍隊編制。戚繼光是十六世紀的人物，當時明朝的軍事威脅為「北虜南倭」，也就是北方的蒙古軍與南方的倭寇。當然，曾國藩在參考的同時，也做了一些改良。但是三百年前的軍隊編制，為什麼還具有參考價值呢？

其理由就在於不管是陸戰還是水戰，太平天國的軍事裝備都跟十六世紀沒有太大的差異。東亞在十六、十七世紀處於戰爭時期，槍砲武器也引進了當時歐洲的技術，而且爭相進行研發。戚繼光在編制軍隊時，也是以當時最先進的軍事技術為考量依據。但十八世紀是相對和平的時代，兵器的研發也都停滯不前。因此不管是清軍還是太平軍，使用的火器都跟十七世紀沒有太大差異。

曾國藩最重視的是軍隊紀律，因此非常強調儒家道德思想。在稍後的年代，曾國藩寫了一篇《勸誡淺語》（一八六一年），以淺顯易懂的文字說明了居上位者該有的自覺。在勸戒軍隊指揮官的部分，除了提醒應該要隨時清查人數以維持軍營紀律之外，還主張軍官應該要把士兵當成自己的家人：

> 禁嫖賭、戒遊惰、慎語言、敬尊長，此父兄教子弟之家規也。為營官者，待兵勇如子弟，使人人學好，個個成名，則眾勇感之矣。

曾國藩相當重視這一類的精神教育，因為他深深感受到這正是既有軍隊的最大問題點。他認為軍官與士兵要建立感情，才能正常發揮其戰鬥組織的機能。

一八五四年，湘軍開始從水陸兩路進攻太平軍。在曾國藩所寫的檄文中，也可一窺對儒教倫理觀念的重視：

> 自唐、虞三代以來，歷世聖人持扶名教，敦敘人倫，君臣、父子、上下、尊卑秩然，如冠履之不可倒置。粵匪竊外夷之緒，崇天主之教，自為偽君偽相，下逮兵卒賤役，皆以兄弟稱之；惟謂天可稱父，此外凡民之父，皆兄弟也，凡民之母，皆姊妹也。（中略）舉中國數千年禮義人倫詩書典則，一旦掃地盪盡。此豈獨我大清之變，乃開闢以來，名教之奇變。
>
> ——曾國藩，《討粵匪檄》

不過湘軍討伐太平軍、恢復失地的過程並不順利。想要靠精神教育來維持紀律，效果也頗為有限。曾國藩好幾次在交戰中大敗。

另一方面，在太平天國內部，一八五六年在天京發生了一場武力衝突。這場由諸王的權力鬥爭所觸發的衝突，導致天國內部陷入一片混亂。在這樣的局勢下，湘軍得以逐一收復長江沿岸的武昌等城池，朝著天京進逼。

然而，此時清朝又面臨了另一個強敵，那就是英法聯軍。

2 從皇帝駕崩到政變

英法聯軍來犯

相信很多人都知道，第二次鴉片戰爭肇始於一八五六年發生在廣東的「亞羅號事件」。清兵懷疑自稱擁有英國船籍的亞羅號為海賊船，對其實施搜查，英國駐廣州巴夏禮（Sir Harry Smith Parkes）表達抗議，後來事情越鬧越大，遂演變成軍事衝突。至於法國方面，則是以另外一起天主教傳教士遭殺害事件為由，與英國一同出兵。

這場戰爭以「亞羅號事件」為開端，或許稱之為「亞羅戰爭」也不為過。但如果只將「亞羅號事件」視為單純的引爆點，那麼「亞羅戰爭」一詞反而可能會引來誤解。另一方面，將這場戰爭稱為「第二次鴉片戰爭」的人，則是認為英國其實是想要透過這場戰爭，徹底解決當初鴉片戰爭（一八三九～一八四二年）並沒有完全解決的貿易秩序重整問題。

乍看之下，第二次鴉片戰爭似乎在一八五八年簽訂《天津條約》後告一段落，但不久之後雙方爭端再起，終於導致一八六〇年英法聯軍進逼北京的事態。

一八六〇年，因病辭去高官職位後定居北京的翁心存，已屆六十九歲高齡。在這個炎熱的夏天裡，他經常感到身體不適。故鄉江蘇省常熟縣不時傳來太平軍在江南蠢蠢欲動的消息，而且英法兩國的軍隊正從天津朝著北京步步進逼。

翁心存決定暫時逃離北京一陣子。九月二十八日，他搬遷到了西南方不遠處的房山縣。十月十四日，北京的家中捎來一封信，告知目前狀況。信中稱外國的軍隊已駐紮在北京城內，但城內的大街小巷彷彿什麼事都沒有發生，店家也照常做生意。翁心存不禁在日記中感慨「奇哉，千古未有之事也」。

這個時候，翁心存的兒子翁同龢正在北京城內打探消息。十月十一日，翁同龢發現原本應該是車水馬龍的前門區，約有四、五成商店將店門關上了，顯示出氛圍不太尋常。後來翁同龢見了高官沈兆霖，得知外國與朝廷交涉的狀況。

其實早在九月二十二日，咸豐帝就已經逃離北京，搬到熱河去了。代表朝廷與英、法兩國交涉的人物，是咸豐帝的弟弟恭親王奕訢。

奕詝、奕訢兄弟

現在我們再把時間往回推，談一談咸豐帝（奕詝）與奕訢之間的關係。奕詝是道光帝的第四個兒子，奕訢則是第六個兒子，兩人的生母並不相同。

清朝的皇位繼承制度並不以長子為優先，而且做法相當特殊。從前康熙帝曾經因太子行事乖張而傷透腦筋，因此從接下來的雍正帝之後，皇帝不再公開冊立太子。皇帝的兒子裡頭哪一個是太子，就算私下已經決定，也不會對外公布，而且皇帝會暗中觀察皇子們的行為舉止是否得體。如此

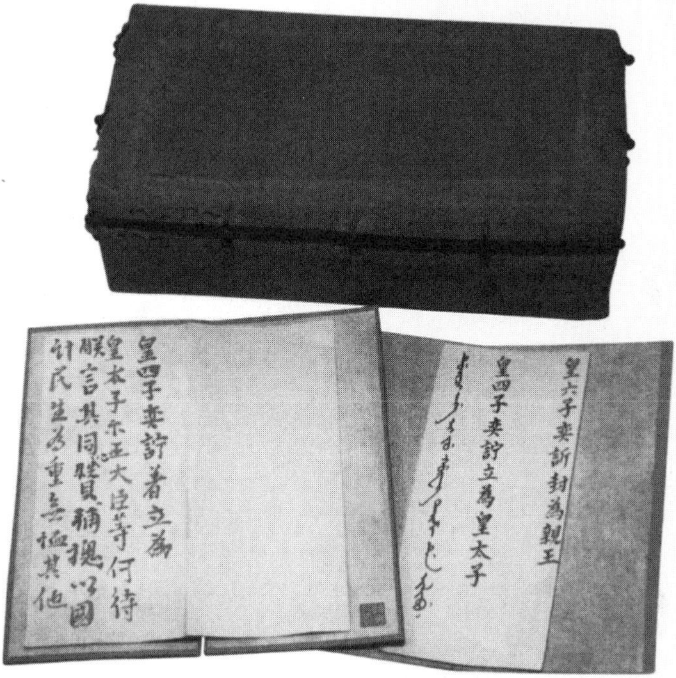

圖 1-3　道光帝的皇太子抉擇

道光帝一直拿不定主意，不曉得該讓第四個兒子奕詝、還是第六個兒子奕訢繼承皇位。直到 1846 年，他才決定立奕詝為皇太子。同時，奕訢則封為親王。這份諭旨一直放在密匣裡，直到道光帝臨死前才公布。原件藏於中國第一歷史檔案館。

圖 1-4　恭親王奕訢
1860 年簽訂《北京條約》時由攝影師費利斯 · 比特（Felice Beato）所攝。咸豐帝逃往熱河之後，英法軍隊進逼北京，比特也隨軍而行。

一來，就不會出現太子行為驕縱的問題。皇帝私下決定的太子如果行為失當，其太子的身分也會被皇帝偷偷換掉。

道光帝的做法，是將太子的名字寫在諭旨上，放入密匣保管。一八五〇年，道光帝在臨死之際宣布立奕詝為皇太子，同時打開密匣。匣中這張指名儲君的諭旨，一直保存到了今天。諭旨上除了寫明立奕詝為皇太子之外，還寫著奕訢封為親王。在指定太子的諭旨上，同時寫下奕訢封為親王，這是相當罕見的做法。由此推測道光帝可能一直無法決定要讓哪一個皇子當皇帝，最後才採用了這樣的做法。

咸豐帝奕詝即位後，重用弟弟恭親王奕訢，任命他為軍機大臣。但奕訢的生母去世時，為了該使用什麼樣的尊號問題，奕訢引起咸豐帝的不悅，因而被調離政務。由此看來，當英法軍隊進逼北京、咸豐帝逃往熱河之際，奕訢受命與外國軍隊交涉，意味著奕訢以二十七歲之齡重新回到了政治舞台。

受命面對外國軍隊的奕訢，在大臣桂良（奕訢的岳父）、文祥等人的協助下，與英、法簽訂了條約，這就是後人所稱的《北京條約》。由於這是在敵人已經攻打到首都之後才簽訂的條約，內容當然包含了如增加賠款金額等清方不樂見的內容。但即便如此，奕訢能夠順利讓英法軍隊撤離北京，恢復中央政府的機能，也算是完成了一項艱鉅的任務。在此之前，奕訢的政治經驗稱不上豐富，這一次的外交談判也因為被假意居中調停的俄羅斯使節伊格那提耶夫玩弄在掌心，或許稱不上是一場成功的談判。但在完成了這次的重要任務之後，奕訢不僅累積了個人經驗，而且在外國人的眼裡，他也成為主導清朝外交的最重要人物。

咸豐帝駕崩

逃往熱河的咸豐帝，後來又發生了什麼事呢？原本就相當活躍的重臣肅順，由於隨著咸豐帝前往熱河，更加鞏固了其皇帝親信的地位。打從在北京時，肅順就與怡親王載垣、鄭親王端華（肅順的哥哥）共掌大權。這三人都是皇親國戚。前文提到的翁心存，也是受肅順的權勢壓迫，而不得不離開政壇。

咸豐帝生了重病。從今日醫學的角度來看，他應該是罹患肺結核。即使如此，皇帝還是得每天看奏摺，對每一件事下達指示。一八六一年六月二十五日，咸豐帝向大臣表示自己身體不舒服，某一項政務想要暫時延後處理。載垣等大臣同意了，回答「伏請皇上從容披覽，可否於明後日發下，再由軍機處繕擬」。

此處參考了名為《上諭檔》的史料。這是由政權中樞機關軍機處所整理出的皇帝命令。七月二十九日還記載著載垣取得了奏摺之後，應該是與軍機大臣等人一同看了，並寫下上諭的底稿。到了八月三日，又寫著皇帝下令今天是載垣、端華與軍機大臣一同看奏摺，到明天就輪到景壽（咸豐帝的姊夫）與肅順來看，就這樣由大臣輪流看奏摺。當然在一般的狀況下，軍機處應該是遵循皇帝的指示寫出上諭。但在採取了這個特別措施之後，變成所有的奏摺都由載垣等人先過目，就連「知道了」之類的簡單回覆都是由載垣等人向皇帝提案。

咸豐帝只有一個兒子，名叫載淳，當時年紀還很小。由於咸豐帝已命在旦夕，當他駕崩後要如何維持政權運作，成了眾人關心的焦點。最後，咸豐帝將後事託付給了肅順等人。一八六一年八月二十一日深夜，咸豐帝知道自己死期已至，於是將近臣喚至床邊，宣布立載淳為皇太子，並且命載垣、端華、景壽、肅順及其他四名軍機大臣盡心輔弼，贊襄（輔佐之意）一切政務。

此時曾國藩正在遙遠的南方與太平天國廝殺。九月十四日，曾國藩在安徽省安慶接到前述上諭遺言。從發出上諭到曾國藩接到消息，中間經過二十天以上的時間，可見當時因戰亂的關係，訊息的傳遞相當困難。曾國藩在日記上寫著：「多難之秋，四海無主，此中外臣民無福，膺此大變也。」

圖 1-5　「御賞」與「同道堂」印

咸豐帝駕崩後，皇帝的上諭都是由大臣所寫，但依規定必須蓋上這兩枚印璽才算有效。上諭的開頭處要蓋上前皇后的「御賞」（圖右），結尾處要蓋上皇帝（實際上由生母掌控）的「同道堂」（圖左）。

朝廷的權力鬥爭

咸豐帝駕崩，年僅五歲的載淳即位為帝，如何具體處理政務成了一大問題。他們的做法，是由贊襄政務的八名親王及大臣先將臣子的奏摺看過一遍，然後代為決定上諭的內容。說穿了，就是由肅順等人代替皇帝做出判斷。其實打從咸豐帝病情加重之後，他們就已經這麼做了。但如果只是這樣的做法，難以判斷上諭的正當性，因此當時還有兩枚印璽，分別交由咸豐帝的皇后及小皇帝保管，凡是上諭都必須在開頭及結尾分別蓋上這兩枚印璽。

咸豐帝的皇后是鈕祜祿氏，但她沒有兒子，生下載淳的是地位僅次於皇后的那拉氏。這兩人在咸豐帝死後各自掌管一枚印璽，肩負起為皇帝上諭賦予正當性的職責（小皇帝的印璽應該是由母親那拉氏掌控）。

這種蓋兩枚印璽的特殊做法是由誰構思出來的，沒有辦法從史料上得到明確的答案。但這兩枚印璽上的刻文分別是「御賞」及「同道堂」，這透露出了一點蛛絲馬跡。如果把兩枚印璽上的字合起來，就成了「御賞同道堂」，也就是「皇上鍾愛同道堂」之意。

同道堂是紫禁城內廷（皇帝居住區域）的建築物之一，根據故宮研究員朱家溍於一九八〇年代的記述，這裡有咸豐帝生活過的跡象，「同道堂」匾額字樣也是由咸豐帝親筆所書。而且同道堂內還有另外一塊同樣由咸豐帝所寫的匾額，上頭題字是「襄贊壼儀」（對后妃等的讚美之語）。由此看來，會將同道堂與鈕祜祿氏及那拉氏聯想在一起、設計出這種充滿神祕感的印璽的人，應該就只有咸豐帝了。當然兩名太后應該也對同道堂有一定的感情，但由太后自行想出兩枚印璽的用法、並獲得採納的可能性並不高。

過去並沒有學者針對兩枚印璽上的刻字意義進行考證。如果以上的推論是正確的，這代表咸豐帝在臨死之際，除了將幼子交給肅順等人輔佐之外，也期待著鈕祜祿氏及那拉氏的「襄贊」（同贊襄）。

事實上，光靠兩名太后，或許沒有辦法對抗肅順等大臣。然而在北京還是有一些與肅順為敵的重臣，而且相當於皇叔的恭親王奕訢，雖然在北京為朝廷完成了艱鉅的外交任務，卻因遭肅順等大臣排擠而失勢。奕訢於是假借奔喪的名義前往熱河，並暗中與兩名太后商議對策。

差不多就在這個時候，一位名叫董元醇的朝廷官員，從北京送了一份奏摺到熱河。董元醇的背後多半有著反肅順的勢力在撐腰。奏摺中提議「現值天下多事之秋，皇帝陛下以沖齡踐阼，所賴一切政務，皇太后宵肝思慮，斟酌盡善，此誠國家之福也。臣以為即宜明降諭旨，宣示中外，使海內咸知皇上聖躬雖幼，皇太后暫時權理朝政，左右不能干預，庶人心益知敬畏，而文武臣工，俱不敢肆其蒙蔽之術」。簡單來說，就是認為皇帝年紀太小，希望太后垂簾聽政，其他近臣不要干預。「雖我朝向無太后垂簾之儀，而審時度勢，不得不為此通權達變之舉，此所謂事貴從權也」。除此之外，董元醇還提議除了贊襄政務的大臣外，還應該從親王中挑出適當人選一同掌理朝政，以避免權力過於集中（以上引自《清代檔案史料叢編》第一輯）。說穿了，就是提議讓恭親王進入權力中樞。這篇奏摺等於是大剌剌地當面批評肅順等人的擅權行徑，結果遭到嚴厲駁斥。畢竟小皇帝的上諭都是由肅順等人所寫的，這是打從一開始就可預期的結果。

發動政變

肅順等人或許是太大意了。咸豐帝的遺體還沒有運回北京，兩名太后已經早一步帶著年幼的皇帝回到了北京。接著太后與恭親王等人聯手發動了政變。

首先，他們發布一篇事先擬好的皇帝上諭，指稱肅順等人在咸豐帝生前施政不當，議論董元醇奏摺時有失人臣之禮，而且違背皇帝之意擅自更改諭旨內容，最後的結論是將肅順等人解任免職，並要朝廷眾臣討論接下來該如何實施太后的垂簾聽政事宜。由此看來，當初貌似沒有發揮效果的董元醇奏摺，原來是為了後來要發動政變所布下的局。

肅順等人不久後便被逮捕，進入討論如何懲處的階段。兩位太后的證詞，成了定罪的決定性證據：

（咸豐帝）彌留之際，但面諭載垣等立朕為皇太子，並無令其贊襄政務之諭。載垣等乃造作贊襄名目，諸事並不請旨，擅自主持，兩宮皇太后面諭之事，亦敢違阻不行。御史董元醇條奏皇太后垂簾事宜，載垣等非獨擅改諭旨，並於召對時有『伊等係贊襄朕躬，不能聽命於皇太后，伊等請皇太后看摺，亦屬餘多』之語，當面咆哮，目無君上，情形不一而足。且屢言親王等不可召見，意在離間。

——《上諭檔》

這些話是政變後恭親王等人向兩位太后直接問出來的，從中可感受到太后對肅順等人的強烈不滿。依照此證詞的說法，肅順等人偽造了咸豐帝的上諭，為自己捏造贊襄政務的名目。雖然這證詞本身令人存疑，但反映出了肅順等人贊襄政務一事引起的嚴重政治對立。

最後，載垣、端華、肅順被冠上了共謀大逆之罪，載垣、端華被逼自盡，肅順遭斬首。

進入新的政局體制之後，兩位太后開始垂簾聽政。原本是皇后的鈕祜祿氏被稱為「東太后」（慈安），而小皇帝生母那拉氏被稱為「西太后」（慈禧）。兩位太后之中，西太后掌控朝政的能力特別優秀，因此實際政權運作是由西太后掌握大權，輔佐年幼的皇帝（她的親生兒子）。恭親王則封為議政王，兼任軍機大臣。另外負責外交事務的總理衙門，當然也是由恭親王主導。

政務的處理方式，也有了一套新規定。所有的奏摺都必須先讓太后看過，接著才交付恭親王及軍機大臣等審議。當天恭親王及軍機大臣會謁見太后，徵詢太后的意見後以皇帝的名義製作上諭文書，隔天皇太后確認過文書後，才交付相關單位。換句話說，就是由恭親王等人與太后一同維持政權運作。

咸豐帝駕崩後，肅順等大臣將新皇帝的年號定為「祺祥」，但在政變後，太后等不喜歡這個年號，又改成「同治」。同治即「共同治理」之意，雖然朝廷沒有明確說明，但不難看出有暗喻垂簾聽政體制的意思。

肅順等人因政變遭肅清，翁心存得以重返重臣之列。一八六一年十二月十二日的日記中，記載了他先向皇帝請安後，接著謁見太后等人的狀況：

> 是日兩宮皇太后垂簾後初次召見大臣也。恭邸跪前，予次之，寶佩珩又次之。簾中天語甚低，予耳聾，幾不能對，賴恭邸傳言，乃能敷奏而退，起時兩手據地始能立，自愧衰顏，幸上不見責耳。
>
> ——《翁心存日記》

西太后的時代

前文介紹了一八六一年的政變。有些人依照被廢去的年號，將這次的政變稱為「祺祥政變」，也有些人因為政變發生在辛酉年，所以稱之為「辛酉政變」。這場政變雖然只是皇帝輪替期間發生的宮廷權力鬥爭，卻具有讓清朝政治發生巨大變化的歷史意義。

最大的理由在於，西太后正是以這場政變為起點，開始了長達將近半世紀的掌權生涯。這半個世紀之中，當然還有各種不同的政局變化，但西太后擁有洞悉政治局勢的敏銳判斷力，這一點從一八六一年政變就可窺知一二。在接下來的時代，西太后可說是把她的能力發揮得淋漓盡致。

本文無法全方位評價西太后的施政，但想簡單提出一點，那就是過去對西太后的評論都有過於負面的傾向。這些對西太后的批判，大多出自於「女人不該干政」的傳統想法。這也意味著大多數的人都認為皇帝才是應該掌握大權的人。但如果直接認定皇帝成年之後掌握實權會比西太后干政來得好，恐怕就有些太武斷了。

另外也有人把批判重點放在西太后的權力欲望過強這一點上，這也有些失當。畢竟為政者希望維持其權力是理所當然的事。我們甚至可以說，正因為西太后不斷運用權術謀略，才能夠維持朝廷體制的安定，而有了安定的朝廷，才能夠推動各種漸進式的改革。當然，從二十世紀初期革命思想的角度來看，清朝的體制本身就是萬惡的根源，西太后遭到譴責也只不過是順理成章之事。但本書是站在探討一八六一年時局的立場，因此無法認同那種革命至上主義的觀點。

在探討「祺祥政變」的歷史意義時，恭親王的掌權也是個不容忽略的重點。恭親王設立了負責與歐美諸國進行交涉的總理衙門。在此之前，清朝並沒有專門負責與歐美國家交涉的政府機關。從這一點來看，恭親王可說是大幅改變了清朝的外交關係。不僅如此，在恭親王所簽訂的《北京條約》中，還允許各國公使在北京常駐。如果是由肅順等人掌權，沒有人知道總理衙門是否還能維持其機能。至少我們可以說，正因為恭親王進入了政權中樞，總理衙門是由認同其理念的官員們負責管理，同治期的清朝才能夠較順利地與各國建立良好關係。

3 清朝東山再起

上海的攻防

差不多就在「祺祥政變」剛落幕的時候，住在北京的翁心存接到了一個噩耗。他的故鄉常熟在前一年遭太平軍占領了，而且與他交好的吳家慘遭橫禍。根據吳鴻綸寫給翁心存兒子們的書信中描述，在常熟遭攻陷之際，吳家有二十多人遭到殺害。翁心存不禁擔心上海也岌岌可危（一八六一年十一月十六日的日記）。由此可知，在一八六〇年至一八六一年之間，太平軍在江南的勢力擴張速度非常快。

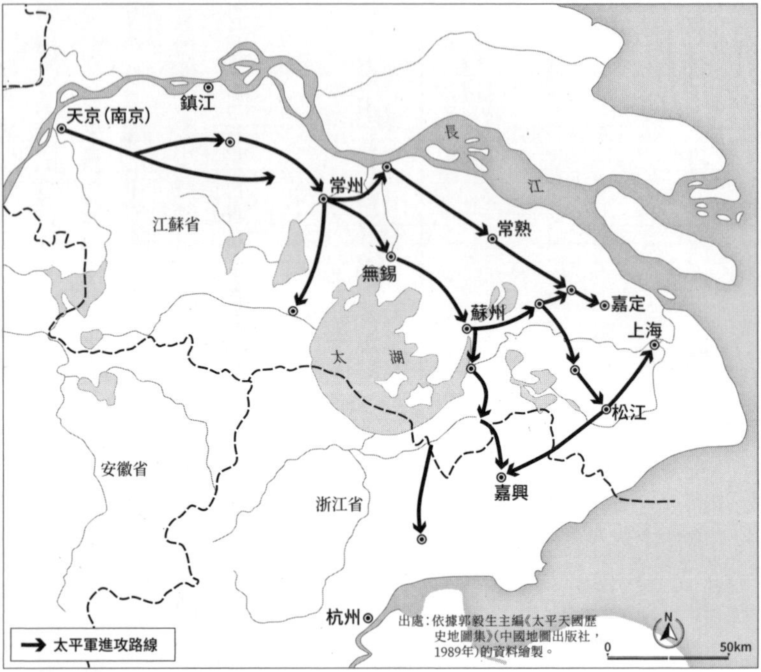

太平天國後期在江南的軍事行動

1860 年，李秀成等人積極在江南地區發動攻勢，進逼上海。這讓英國開始擔心其在上海的既得利益會受到影響。

一八六〇年，李秀成率領的太平軍占領無錫及蘇州，上海的攻防戰成為世人矚目的焦點。上海在一八四二年簽訂《南京條約》之後對外通商，迅速發展成一座貿易港。這裡劃有外國人居住區，對英國在內的諸國而言是利益集中地；從清朝財政的角度來看，上海的貿易關稅更是重要的稅收來源。因此太平天國若能攻下上海，或許能對戰況有正面幫助。

對於清朝與太平天國的戰爭，包含英法在內的諸國基本上都採取中立的態度。但他們擔心，如果太平軍占領上海，

圖 1-6　威廉 · 桑德斯，《上海灘》
居住在上海的攝影師威廉 · 桑德斯於 1870 年前後攝影。照片的時代大約是遭太平軍攻擊的十年後，可以清楚看出黃浦江沿岸的外灘景象。
William Saunders, *The Bund at Shanghai* (c.1870)
albumen print, 21.2x26.9cm. Collection of Fukuoka Asian Art Museum

貿易運作可能會被干擾而陷入混亂。偏偏駐守上海的清軍實在不太可靠。到底該怎麼做，成為英國公使、領事及軍隊司令官的一大煩惱。再加上此時第二次鴉片戰爭還沒有結束，英法與清朝基本上仍處於敵對關係。

一八六〇年八月，李秀成對上海發動攻勢，但遭英軍及法軍擊退。李秀成向英國領事送出了抗議文書，文書中指稱雙方都是基督徒，英方不應破壞友好關係，應該立刻化敵為友。

實際上，英國的立場確實讓人有些摸不著頭緒。就在同一個月內，英法軍隊才剛攻占了天津附近的大沽口砲台。但是上海的英法軍隊，卻採取了對清朝有利的軍事行動。

上海的危機持續了頗長一段時間。一八六二年，日本幕府商船《千歲丸》從長崎前往上海，長州藩的高杉晉作也在船上。上海的繁華及外國人的優勢地位在他心中留下了深刻印象。他在日記裡寫下了這麼一段話：「拂曉時刻，陸上傳來槍響，大家都說這是長毛賊與支那人交戰的聲音。我立刻暗自竊喜，如果他們說的是真的，這可是觀察實戰的好機會。」所謂的長毛賊，指的就是不綁辮子的太平軍。對軍事相當感興趣的高杉晉作，這時反而期待能實際觀摩戰爭的狀況。

華飛烈登場

英文中有個詞稱作「filibuster」，指的是率領私兵在外國採取各種軍事行動的人，中文或譯為「掠奪者」。這種人經常憑藉軍事力量介入他國內戰，有時甚至會掌握一段時間的政權。最典型的「掠奪者」，是一個名叫威廉．沃克（William Walker）的美國人。他原本在墨西哥從事軍事活動，到了一八五五年，他介入中美洲尼加拉瓜內戰，一度掌握大權，成為尼加拉瓜總統。後來沃克被逐出尼加拉瓜，但他旋即又在宏都拉斯展開軍事行動。一八六〇年，沃克遭到處刑。

統一了義大利的英雄人物朱塞佩．加里波底（Giuseppe Garibaldi）雖然不見得會被歸類為「掠奪者」，但他年輕時所採取的行動其實也有些類似。加里波底曾率領軍隊在巴西南部及烏拉圭介入領土戰爭。因此我們可以說，加里波底在統一義大利時，能夠以紅衫軍領袖的身分立下偉大功績，正是仰賴了從前帶領私兵打仗的經驗。

受雇清朝的常勝軍統帥華飛烈（正式的全名為飛特烈．湯森德．華爾，Frederick Townsend Ward），應該也可以歸類為「掠奪者」。至少支持太平天國的林黎，就認為華飛烈是個卑劣的「掠奪者」，在著作中將他痛罵了一頓。不過如果林黎真的如同他自己所描述，曾經為太平天國帶兵打仗，那麼他自己應該也算是一個「掠奪者」。

華飛烈在一八三一年出生於美國東北部的麻薩諸塞州塞勒姆（Salem）。十九世紀初期，塞勒姆曾經是東洋貿易據點，因此華飛烈會對中國抱持興趣可說是再自然也不過。但十九世紀中葉之後，繁榮的東洋貿易已成過往雲煙。這一點，從塞勒姆出身的文豪納撒尼爾．霍桑（Nathaniel Hawthorne）筆下《紅字》（*The Scarlet Letter: A Romance*）（一八五〇年）一書序章的〈海關〉中的諷刺描述可窺知一二。

圖 1-7

飛特烈．湯森德．華爾（華飛烈）

據說華飛烈很喜歡穿長外衣（frock coat）跟束腰長袍（tunic），照片中的服裝應該是屬於後者。類似日本的男學生制服，或是後來的中山裝。

華飛烈對海外軍事冒險充滿了憧憬。雖然詳情已難以求證，但據說華飛烈曾經在中南美洲參與過沃克及加里波底的軍事活動，也曾經在克里米亞戰爭時擔任法軍士官。他經常吹噓自己擁有各種近似「掠奪者」的人生歷練，雖說那些內容多半誇大不實，但他確實曾經在外國磨練過帶兵技巧。

華飛烈在一八五九年來到上海時，原本似乎打算加入太平軍。但他沒有任何門路與太平軍取得聯繫，只好先擔任上海商人的保鑣，在蒸汽船上工作。

後來華飛烈受上海大賈楊坊之託，策劃奪回遭太平天國占領的松江。他胡亂招募士兵，甚至還找來了一些外國水手。華飛烈帶著這群烏合之眾出發攻擊松江，第一次進攻以失敗收場，但他旋即又招募了一些馬尼拉人（相當於今日的菲律賓人），再雇用美國人弗雷斯塔與白齊文（Henry Andres Burgevine）為士官，再次發動攻擊，終於在一八六〇年七月攻下了松江。

當時太平天國的勢力已經延伸到了上海附近。華飛烈奪回松江的壯舉，讓他的傭兵軍隊備受期待，楊坊等商人也繼續給予經濟援助。但美國領事館則認為華飛烈的行為違反了美國人的中立場。此外，英國海軍之中有不少士兵基於對冒險的憧憬，以及希望靠掠奪一夜致富，而脫隊加入華飛烈的傭兵軍隊，這也讓英軍對華飛烈抱持反感。一八六一年五月，英國海軍的駐華司令官賀布（James Hope）逮捕了華飛烈。但華飛烈堅稱自己已經歸化為中國人，英美等國無權管轄，不久之後華飛烈趁機逃走。

在楊坊的支持下，華飛烈決定重整自己的軍隊。這次他改變了方針，大量雇用中國人，讓他們接受外國人的訓練，做為部隊中的主力（馬尼拉的那些士兵還是繼續雇用）。

接下來的局勢對華飛烈來說相當幸運，因為英軍的態度有了變化。主要的原因，就在於恭親王於北京與英、法兩國進行交涉，修復了雙方關係。英國的立場逐漸轉變為協助清朝，與太平天國為敵。一八六一年對華飛烈來說，是個相當大的轉機。

一八六二年，朝廷將華飛烈的軍隊命名為「常勝軍」。這支軍隊被正式定位為官兵，接受朝廷地方官員的監督，由楊坊及華飛烈負責指揮。華飛烈接下來持續在上海一帶及浙江與太平軍交戰，戰況一直互有輸贏。一八六二年九月，華飛烈在攻打寧波府慈溪時遭太平軍槍擊而陣亡。

李鴻章將華飛烈戰死沙場的消息回報朝廷。由於華飛烈已經是「中國臣民」，朝廷下令讓遺體穿上中國服裝，葬於松江。此外也依李鴻章的提案，在寧波及松江兩處為華飛烈建立祠堂「以慰忠魂」。

美國公使蒲安臣（Anson Burlingam）將華飛烈戰死的消息傳回華盛頓，但這件事並沒有在美國本土引起什麼討論。當時的美國正處於南北戰爭期間，美國總統林肯根本沒有心思理會華飛烈。不過或許我們可以說，正因為華飛烈參加的戰爭不是美國南北戰爭，而是率領常勝軍與太平軍交戰，才能在歷史上留名。

蒲安臣向美國回報的時候，聲稱華飛烈並沒有喪失對美國的忠誠心，但清朝則認為華飛烈不僅已歸化中國，而且還是個為國犧牲的軍人。如今我們已很難判定華飛烈到底效忠於哪個國家。

華飛烈去世後，李鴻章拔擢其副官白齊文為常勝軍的指揮官，但白齊文與李鴻章關係不好，後來竟倒戈投向太平軍。像這種行為類似「掠奪者」的歐美人在清軍及太平軍之間來來去去的情況並不算罕見，除了白齊文之外還可以找到一些其他的例子。

華飛烈投入清軍，林黎投入太平軍，剛開始或許只是偶然間做出的決定。但後來他們各自在自己的陣營內找到活躍的舞臺，產生歸屬感，這也是相當自然的事情。不過除了他們這兩個例子之外，還有一些來自外國的冒險家會單純因為待遇不佳等因素，而倒戈至其他陣營。

有了白齊文的例子後，李鴻章或許是不想再重蹈覆轍，遂決定向英國商借人才。最後擔任常勝軍指揮官的人物，是英國陸軍軍官戈登（Charles George Gordon）。

引進外國武器

鴉片戰爭期間，英軍所使用的武器發揮了極為強大的威力。例如英軍的大砲能夠相當精確地瞄準攻擊目標清軍，改良自印度火箭的康格里夫火箭（Congreve rocket）也能對易燃的戎克船（junk）造成極大的傷害。但是英軍能夠將清軍打得毫無招架之力，並非僅依賴精良的武器。英軍在訂定作戰計畫之前，必定先確實掌握清軍的軍備狀況，以及戰場的地形特徵。

例如以銅版畫聞名於世的《復仇女神號》（*Nemesis*）蒸汽船，在運用上必須配合地勢，才能將優勢發揮得淋漓盡致。在廣東的珠江三角洲一戰中，由於沒有風，英軍決定以蒸汽船來拖曳主力戰艦（帆船）。這場自長江逆流而上、封鎖大運河入口的軍事作戰，可說是令清朝屈服的決定性戰役。如果沒有蒸汽船的話，英軍想必無法獲得這樣的戰果。相較之下，堪稱十九世紀前期最大規模海戰的特拉法加海戰（Battle of Trafalgar，一八〇五年），英、法雙方能夠以配備數十門大砲的帆船艦隊為主力武器，那是因為艦隊所交戰的地點是在遼闊的大海上。而鴉片戰爭時，清軍的基本戰略是以沿海及河口附近的據點砲台及軍艦抵禦英軍，因此英軍如果只有大型帆船，是完全派不上用場的。英軍早在第一次英緬戰爭（一八二四～一八二六年）時，就曾經以蒸汽船順著大金沙江（伊洛瓦底江）逆流而上，累積了類似經驗。

現在讓我們把焦點拉回鴉片戰爭。事實上，這場戰爭並沒有讓清朝的官員開始注重軍事。當然清朝也有如魏源之類的西洋軍事技術研究者，但整體而言，朝廷的危機意識相當稀薄。鴉片戰爭的敗北，只讓朝廷體認到必須對英國做出一定程度的讓步，但幾乎沒有人認為這是政治體制的重大危機。事實上，即便是這個時期的英國，基本的意圖也只是推動通商交流而已，並沒有顛覆清朝政治體制的企圖，清朝的為政者當然也不會認為朝廷與英國簽訂的條約會造成多大的威脅。在日本的幕末時期，還有像薩摩藩、長州藩這種因幕府外交政策失當而打算奪權的勢力，但清朝內部並不存在這樣的勢力。

從締結《南京條約》算起，不到十年的時間就爆發了太平天國之亂。不過初期的太平軍使用的，還是傳統的槍砲及船隻，而對抗太平軍的湘軍所使用的裝備也大同小異。

但就在一八六〇年前後，狀況有了明顯的改變。如前文所述，太平軍在李秀成的指揮下，自江南發動攻勢，進逼上海。從這個時期之後，太平天國可以依靠像林黎這樣的西洋冒險家，從上海等地取得外國的武器。

一八六二年十月，英國海軍司令官賀布在提交給母國的報告中，描述太平天國正利用某美國公司偷渡取得武器彈藥。英國海軍發現該公司的船疑似在上海附近進行走私活動，便派人登船搜索，發現了過去的交易紀錄簿。上頭記載著兩千七百八十三把鳥槍（musket）、三百一十一萬三千五百個雷管等大量火器及彈藥。除此之外，還發現了李秀成的部下發行的通行許可證。

雖然是外國製的武器，但不見得是最新型。很有可能是一些在歐美即將遭到淘汰的過時武器，才會被賣到上海來。但清朝自十八世紀後期之後，就一直維持著和平狀態，因此槍砲技術研發幾乎是停滯狀態。就算是有些過時的歐美槍砲，也比清朝的傳統槍砲優秀得多。而且十九世紀的歐美槍砲技術發展非常快速，例如利用雷管進行點火、在槍（砲）管內刻出螺旋狀的膛線，以及從前膛裝填改成後膛裝填以利連發等等，不斷有最新的改良型式問世，相信遭到大量拋售的舊型武器也很多。

前述美國公司所走私的鳥槍，應該也是歐美國家改用新型恩菲爾德步槍（Enfield Rifle Musket）之後的淘汰武器。像這類中古武器的市場規模，很難從文獻上看出端倪，但日本幕末時期大量輸入日本的槍砲，應該也是來自於類似的管道。

重視外國武器的李鴻章

一八六一年，就在北京發生「祺祥政變」的時候，曾國藩正以長江的安徽省安慶為據點，與太平軍打得如火如荼。此時的曾國藩已是管轄江蘇、安徽、江西三省的兩江總督，原本應該坐鎮南京，但此時的南京依然是太平天國的首都「天京」。

朝廷的權力鬥爭當然是曾國藩心中的擔憂之一，但在這件事情上，他完全無能為力。因此曾國藩內心最大的煩惱，應該是湘軍已逐漸喪失當初剛成軍時的清新風氣及堅強戰意。而且經過這些年在湖南省招兵買馬，如今湖南省境內已經很難找到優秀的人才。

既有的清軍組織也完全幫不上任何忙。一八六二年，日本的高杉晉作在觀察了鎮守上海的清軍之後，寫下了這樣的見解：

> 其兵法有戚南塘（明代戚繼光）之風，卻是空有其形。槍隊以金鼓為號，或擊之而退兵，或擊之以進軍，此外毫無變化。槍砲皆是中國製，毫無精巧可言。兵法、器械皆不似南洋，唯軍營使用南洋之物。

江南的鄉紳自從居住地遭太平軍占領後，大多逃到了上海。一些有志之士見太平軍步步進逼，擔心上海的守軍無法抵敵，因而向曾國藩求援。曾國藩於是決定在安徽省另外組織一支軍隊，派往上海對抗太平軍。這就是所謂的「淮軍」。曾國藩將這個任務交給安徽省出身的幕僚李鴻章。李鴻章是科舉合格的進士，原本有機會成為中央官員，但在這非常時期的局勢下，他受命待在安徽省協助對抗太平軍。

一八六二年，一艘在上海受雇的英國船在安慶載了淮軍，自長江順流而下，回到上海。途中雖然經過緊鄰長江的天京，但由於太平軍不會攻擊英國船，因此船隻得以順利通過。李鴻章率領淮軍抵達上海後，駐紮於上海郊外。

英、法軍隊及常勝軍所擁有的新式武器，在李鴻章心中留下了深刻印象。李鴻章認為當務之急是趕緊為清軍配備新式武器，卻無法獲得曾國藩的認同。歷史學家羅爾綱曾針對此點發表過論述，以下根據其研究成果，試著分析雙方的不同立場。

李鴻章在與太平軍交戰的過程中，一直得到外國軍隊的幫助。他在寫給曾國藩的信中（一八六二年四月三十日），提到了新式武器的威力令他大為震驚。「連日由南翔進嘉定，夷兵數千，槍砲並發，所當輒靡，其落地開花炸彈真神技也」。榴彈（內部塞著火藥，落至地面會爆炸的砲彈）是當時歐洲砲兵隊所不可或缺的主力武器，但清軍從未見過。

不久之後，李鴻章便向曾國藩提議購入這類武器（一八六二年九月八日的書簡）：

> 至華爾（指華飛烈）打仗實系奮勇，洋人利器，彼盡有之。鴻章近以全神籠絡，欲結一人之心，以聯各國之好。渠允為我請外國鐵匠制炸彈，代購洋槍。若學得一兩件好處，於軍事及通商大局皆有小益，均意以為可否？

但曾國藩在寫給李鴻章的書信（一八六三年一月二十日）裡，對購入新型武器一事表現出不以為然的態度：

鄙人嘗疑用兵之道，在人而不在器。忠逆（指忠王李秀成）之攻金陵官營，亦有炸砲，亦僱洋人在內，官軍亦不因此而震駭。舍弟（指曾國荃）亦還以炸砲御之，彼亦不因此而動。

——《曾國藩全集》

曾國藩不僅在書信中提到了太平軍裡有使用新式大砲的西洋人，而且對其評價相當低。但是李鴻章依然嘗試說服曾國藩，並沒有輕言放棄（一八六三年二月二日的書簡）：

用兵在人不在器，自是至論。鴻章嘗往英法提督兵船，見其大砲之精純，子藥之細巧，器械之鮮明，隊伍之雄整，實非中國所能及。其陸軍雖非所長，而每攻城劫營，各項軍火皆中土所無，即浮橋、雲梯、砲臺，別具精工妙用，亦未曾見，獨未能扎營住帳房，又臨敵審慎，膽氣多歉，此則不及中國好兵耳。忠逆雇去洋人乃系流氓，亦無從購覓真正炸砲。金陵、龍游軍中所用炸彈亦恐未盡美善之處，夷酋僉云，該兩國君主禁炸砲、大砲入中國。英酋前與鴻章辦常

——《李鴻章全集》

勝軍事云，不令伊國派員會帶，即將外洋火器取回，恐此軍亦歸無用。蓋常勝軍粗立戰功，僅賴幾件砲火，阿伯、華爾等拼湊而成，其勇並非精強也。常熟投誠之賊，陸續來滬求救，但求撥洋兵數百，炸砲數尊，賊必解圍而去，是賊亦徒震於炸炮之名也。鴻章亦豈敢崇信邪教求利益於我？唯深以中國軍器遠遜外洋為恥，日誡諭將士，虛心忍辱，學得西人一二祕法，期有增益而能戰之。

——《曾國藩全集》

從以上的書信往來，可以看出曾國藩注重的是軍隊的團結與士氣，而李鴻章注重的是現實層面的軍事技術，兩人的方向截然不同。不過，這或許是因為上海附近的戰鬥使用較多從外國輸入的武器，才產生了這樣的地方性差異。總之可以確定的一點，是李鴻章對歐美的武器讚不絕口，極度希望能夠讓自己的軍隊也擁有這樣的武器。

淮軍在編制上模仿湘軍，因此這兩支軍隊有著許多共通點。兩軍最大的不同處，在於淮軍是以西洋的火器為標準裝備，而且在訓練上，淮軍雇用外國人來教導士兵如何管理及使用這些武器。事實上這是參考了常勝軍的做法。

即使是在成功消滅太平天國之後，李鴻章依然對西洋的兵器及船艦裝備表現出極強的渴望。十九世紀後期，正是各種武器技術突飛猛進的時代。他不僅積極購買廉價的舊型武器，也為了趕上西洋的新技術而購買一些新武器，在清朝國內嘗試自行製造。

不過曾國藩認為軍隊必須擁有信念才能團結一致、紀律分明的這種想法，倒也不能說一定是舊時代的陳腐觀念。到了二十世紀初期，從湖南前往日本陸軍士官學校留學的蔡鍔，也曾經參考曾國藩的理念，重新省思軍隊的組織架構。不過當時他所探討的主題，是如何藉由培養民族意識來追求現代軍隊的組織化。

李秀成的遺言與林黎的分析

天京在一八六四年遭攻陷，李秀成在逃亡途中遭擒，這點已在前文提過。李秀成在自述中，除了詳述太平天國的崛起過程及自身經歷之外，還向曾國藩提案，勸降太平軍殘黨。

除此之外，針對清朝的軍備，李秀成也陳述了意見：

> 今天朝之事此定，不甚費力，要防鬼反為先。此是真實之語。今其未動，老中堂早定計去廣東，先行密中多買其天炮回，先有其炮，其藥其碼子全貯多多，防在要隘。炮位要大，要買其洋鬼炮架，有其炮，無其炮架不能。

此處所稱的洋鬼炮架，指的應該是能夠自由旋轉、瞄準不同方位的裝置。李秀成建議不僅要購買這些外國武器，而且還要設法自行製造。

李秀成自述的最後一段話，是「今已被拿在禁，非因天意使然，我亦不知我前世之來歷，天下多少英雄才子，何不為此事而獨我為，實我不知也。如知（無後文）」。這種莫名其妙的結束方式，引來了後人的無數揣測。當然也有可能只是單純因為自述的最後一頁有缺損，結語已逸失。

一八六四年八月六日，曾國藩讀完了《李秀成自述》，並親自訊問李秀成。到了隔天，李秀成就被處死了。曾國藩花了數天時間修潤李秀成的自述（這也算是一種竄改），重新抄寫造冊，送往北京的軍機處。至於自述的原始版本，曾國藩收藏了起來。這份自述就這麼由曾國藩的後代子孫傳承下來，直到今天依然完好保存。

視李秀成為英雄豪傑的林黎則回到英國，出版了一部著作。這是一部以自身經歷為基礎的著作，卻加油添醋地放入了許多虛構的冒險情節。不僅如此，林黎還站在擁護太平天國的立場，蒐集了許多英國議會文書及英文報紙的報導文章做為佐證。因此這可說是一部隱含著強烈政治主張的著作，書名為《太平天國──包含作者個人冒險故事的太平革命歷史》（*Ti Ping Tien Kwoh: The History of the Ti-Ping Revolution, Including a Narrative of the Author's Personal Adventures*）（一八六六年），分成上下兩冊。

林黎認為太平天國是一個秉持著基督教精神、能夠開放對外貿易的政權，卻因為英國介入內戰，協助腐敗的清朝，導致太平天國衰亡。

在著作的最後一章，林黎還分析了當時的國際局勢。他不僅批評英國的亞洲政策大錯特錯，而且還警告俄羅斯將會掌控中亞，將其勢力延伸至印度一帶：

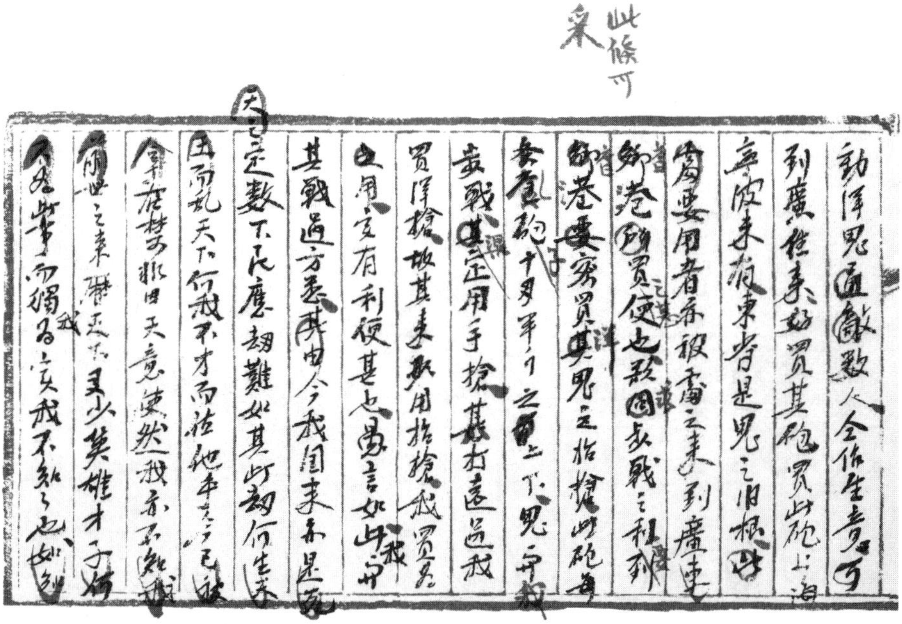

圖 1-8　《李秀成自述》

據說是李秀成在獄中親筆所寫。上頭的紅字則應是出自曾國藩之手。紅字除了修潤字句之外，有時還會竄改內容。上方欄外的「此條可采」應該也是曾國藩的筆跡。

即使英國再怎麼不願意，也無法阻止俄羅斯（往印度方面）南進。但如果英國沒有害太平天國滅亡，太平天國或許能發展為亞洲大國，如此一來，或許太平天國能成為英國最強而有力的朋友、夥伴。可惜英國採取了任性、腐敗且短視近利的策略，因而喪失了在亞洲協助建立一個巨大基督教帝國的光榮機會。而且基於以下的理由，更可以看出英國的策略有多麼魯莽。如果英國願意援助太平天國，將能夠阻止俄羅斯不斷對東洋地區蠶食鯨吞，建立起勢力平衡，還能夠獲得一個鄰近英屬印度的強大友好國家。

當然這一切只是林黎的想像。事實上英國所採行的是穩紮穩打策略，只要協助清朝政府恢復政局安定，就可以順利推動兩國之間的貿易。而且清朝方面也有恭親王主導的總理衙門，以及雇用了英國人羅伯特．赫德（Robert Hart）擔任總稅務司的海關等新設機構，逐漸建立與諸國之間的溝通聯繫管道。此外也有曾國藩、李鴻章等地方重臣持續鎮壓捻亂之類的叛亂事件，恢復地方秩序。

不論結果為何，清朝藉由上述做法，至少在某種程度上成功化解了一八六一年前後的危機，重新建立起體制。正是在這樣的前提下，清朝才會在一八八〇年代介入朝鮮政局，與日本形成對峙關係。清朝的決策，展現出的反而是一種企圖往鄰近國家延伸勢力的野心。

清朝在甲午戰爭時的主力部隊，是李鴻章培訓的淮軍及北洋艦隊。這場戰爭的敗北，促成了康有為的戊戌變法，也讓軍隊重整成為清朝的重大課題。

第二章　站在十字路口上的坦志麥特改革

佐佐木紳

1　米德哈特．帕夏的時代

從近世到近代

一道人事命令，讓這個國家就此進入轉換期。一八六一年二月，鄂圖曼帝國首都伊斯坦堡發行的報紙頭版上，刊登了這麼一則新聞：

> 因尼什省總督、幸運的奧斯曼．帕夏閣下離職之故，前高等法制審議會首席書記官米德哈特．阿凡提（Midhat Efendi）閣下敘任前述省總督兼二等官宰相。
>
> ——《時事通信》（*Cerîde-i Havâdis*）第七十一號

圖2-1　艾哈邁德．舍菲克．米德哈特．帕夏

這裡的「尼什省」，指的是當時鄂圖曼帝國在巴爾幹半島的行政區之一。由於首府為尼什（相當於現今塞爾維亞東南方的尼什市，塞爾維亞語稱為 Niš），所以省也使用了相同的名稱。「高等法制審議會」指的是設置於一八三八年的國政諮詢會議。該審議會同時統轄立法、行政與司法，自隔年起成為鄂圖曼帝國現代化改革政策「坦志麥特改革」（土耳其語的「重整」、「重建」之意）的指揮中樞機關。新聞中獲任命為尼什省總督的「米德哈特・阿凡提」，指的正是站在坦志麥特改革的第一線，在一八七六年制定有「米德哈特憲法」之稱的新憲法，為鄂圖曼帝國建立憲政體制的改革派官員兼政治家艾哈邁德・舍菲克・米德哈特・帕夏（Ahmed Şefik Midhat Pasha，一八二二～一八八四年）。

本章將「一八六一年」視為鄂圖曼帝國「歷史的轉換期」，並把焦點放在米德哈特・帕夏就任尼什省總督這件事情上。為什麼這道人事命令足以讓鄂圖曼帝國進入歷史的轉換期？要理解這個問題，首先得明白當時的鄂圖曼帝國正面臨著時代的巨大轉捩點；在這轉變過程中，「一八六一年」正是坦志麥特改革來到十字路口的關鍵時刻。

西元一三〇〇年前後的安納托力亞西北部，誕生了鄂圖曼侯國。這個侯國到了十五世紀後期穆罕默德二世（Mehmed II）統治期間，已發展為地中海地區數一數二的區域大國。進入十六世紀，在明君蘇萊曼一世（Suleiman I）的統治下，這個國家更成為橫跨歐亞非三大陸的巨大帝國，進入「黃金時期」。但一般人的看法，都認為鄂圖曼帝國自這個時期之後就開始走下坡。

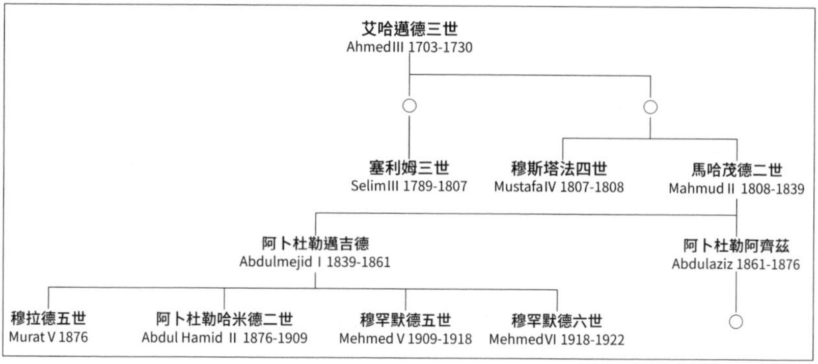

鄂圖曼王朝世系圖（數字為在位期間）

過了「黃金時期」之後的十七、十八世紀，也就是在進入「近世」(early modern period) 之後，鄂圖曼帝國內部經歷了各種君主廢立事件及「耶尼切里軍團」(Janissary，禁衛常備步兵軍團) 的叛亂事件。與歐洲諸國之間的戰爭也大多只能採取守勢，領土亦不斷縮小。中央政府人心各異，地方社會則自十八世紀之後，便開始出現一些地方首領 (derebey)。種種跡象彷彿都在見證著鄂圖曼帝國的「停滯」、「衰退」及「沒落」。

然而近年來有一些學者並不認同這種「衰退史觀」，他們開始深入探討與研究近世鄂圖曼帝國的真實狀況。例如鄂圖曼帝國近世史研究者巴基・特茲坎 (Baki Tezcan) 就認為，這個時期發生的一些君主廢立及叛亂事件，只是「烏理瑪」(Ulama，伊斯蘭世界對法學者的稱呼) 及耶尼切里軍團企圖牽制想提高權力的蘇丹，因而引發的極端現象。這就跟基督教世界在近世時期處於革命及復古之間的搖擺狀態一樣，近世的鄂圖曼帝國只是處於「絕對主義」與「立憲主義」的勢力拉鋸局面罷了。

舉例來說，在十八世紀末期即位的塞利姆三世（Selim III）的廢黜事件中，亦可觀察到這種勢力拉鋸的結構。塞利姆三世曾經推動過一場名為「新秩序」（Nizam-I Cedid）的軍制、行政及財政改革，一般被認為是鄂圖曼帝國現代化改革風潮的先驅。但在近世鄂圖曼帝國的既得利益者眼中，這樣的改革無異是極權君主的蠻橫行徑。因此在一八〇六年，巴爾幹半島的地方首領大舉進行示威活動，到了一八〇七年，伊斯坦堡又爆發「耶尼切里軍團」叛亂事件，塞利姆三世不僅遭廢黜，隔年更被暗殺。由此可看出，即便是身為鄂圖曼帝國現代化先驅的塞利姆三世，最後也在近世鄂圖曼的政治體制內丟了性命。

為這種近世政治體制劃下句點的，是塞利姆三世的堂弟馬哈茂德二世。馬哈茂德二世為了不重蹈堂哥塞利姆三世的覆轍，他相當謹慎地等待時機，先設法削弱地方首領的勢力。緊接著，他在一八二六年廢除「耶尼切里軍團」。不久後，他又靠著將「瓦合甫」（waqf，伊斯蘭教的宗教捐獻）改為由國家統一管理，使得長期以此為經濟基礎的烏理瑪不得不屈服。近世鄂圖曼帝國所延續的立憲主義傳統就此斷絕，君主及輔佐大臣開始掌握大權。正因為處在這種從近世進入近代（modern）的劇變環境之中，開始於一八三九年的坦志麥特改革才能夠順利推行。以下我們將探討在這巨大轉換期之中推動的坦志麥特改革，是一場什麼樣的改革。

站在十字路口上的改革

土耳其語中的「坦志麥特」一詞，源自於阿拉伯語中的動詞「拿薩瑪」（排列、整頓之意），引申為對「尼薩姆」（同樣源自於「拿薩瑪」，為「秩序」及「制度」之意）的重建。一八三九年十一月，蘇丹阿卜杜勒邁吉德發布《花廳御詔》（*Edict of Gülhane*），正式宣布開始坦志麥特改革。該詔文一開頭所強調的改革基本方針，正是重建「尼薩姆」，亦即以法治主義為基礎進行秩序重整：

> 眾所周知，朕的崇高國家（指鄂圖曼帝國）自開國以來，一直恪遵《古蘭經》（*Quran*）的教誨及以伊斯蘭教法（沙里亞，Sharia）為基礎的諸般法律，朕的至高政權威信與權勢、全體臣民的安寧與繁榮才得以臻至顛峰。然而近一百五十年來，因為諸般內憂外患及不同因素，導致神聖的伊斯蘭教法及高貴的諸般法律不再受到遵奉，國家的威信與繁榮也轉為脆弱與貧困。如果不採用以伊斯蘭教法為基礎的諸法來統治，國土將難以長治久安，這是眾人皆知的道理，（中略）今後為了妥善治理朕的崇高國家及神護國土，制定一些新的法律不僅有其必要，而且極其重要。這些必要法律的基本內容包含保障生命、保護名譽及財產、課賦租稅，以及不可或缺的徵兵方式及服役期間等相關規定。
>
> ——帝國官報第一八七號

這篇強調「建立法律體制」的《花廳御詔》發布的同時，蘇丹、「烏理瑪」及政府高官皆向神發誓，必定會在尊重法治主義的前提下推動改革。這代表什麼意義？前文已經提到，鄂圖曼帝國的立憲主義傳統在此時已經隨著耶尼切里軍團的廢除而斷絕，君主的權力開始壯大。對於支持改革的官員而言，這可說是極大的威脅。因此可以說，這篇經過君主與臣子共同向神發誓的《花廳御詔》，其用意是讓君臣之間建立起共識，共同為了推動「坦志麥特」（重建）而立下誓言，其精神包含了抑制君權過度擴張的理念，以及法治主義與立憲主義的原則。

實際上在後來的改革過程中，實際掌握主導權的既不是君主也不是平民百姓，而是改革派的官員。而且從一八二〇年代的希臘獨立戰爭及一八三〇年代的敘利亞戰爭（鄂圖曼帝國朝廷與埃及為了敘利亞問題而爆發的戰爭）就可以明顯看出，當時鄂圖曼帝國的內政問題很容易演變成「東方問題」框架下的國際問題。在這樣的局勢下，負責對外進行聯繫交涉的外交官員地位當然也跟著水漲船高。《花廳御詔》的起草者為當時的外交大臣穆斯塔法·雷希德·帕夏（Mustafa Reşid Pasha，一八〇〇～一八五八年），這一點絕非偶然。

然而，坦志麥特改革在起步之後一直推動得不太順利。這場改革從一八三九年持續到一八七六年，大致上以克里米亞戰爭（一八五三～一八五六年）為界線，區分為兩個時期。在一八三九年剛開始推動改革的「坦志麥特改革前期」，主要重點在於為確保改革資金而推動的稅制改革及地方行政改革。朝廷為了促進財政的集權化而廢除徵稅責任制，改為由朝廷派遣徵稅官，並設置地方評議會。但這項施政在根本上缺乏資金支持，因此難以找到有能力的官吏來執行，再加上得不到地方首領的支持，最後以失敗收場。一起步就跌跤的坦志麥特改革前期，接下來的施政也都沒辦法上軌道，可說是走得相當辛苦。

到了克里米亞戰爭期間，狀況有了變化。開戰隔年的一八五四年，鄂圖曼帝國朝廷為了籌措戰爭經費，決定發行外債。這項做法延續到了戰爭結束後，朝廷斷斷續續地對外發行債券，因此「坦志麥特改革後期」都是以借來的錢做為改革資金。但除了改革資金之外，朝廷就連償還借款也想靠借款來解決，這樣的作法當然會導致債台高築。

克里米亞戰爭期間，同時也是鄂圖曼帝國政界世代輪替的時期。主導坦志麥特改革前期的穆斯塔法．雷希德．帕夏及薩迪克．里法特．帕夏（Sadik Rifat Pasha，一八〇七～一八五八年）等「第一代」政治家皆退居幕後，由「第二代」的阿里．帕夏（Ali Pasha，一八一五～一八七一年）、福阿德．帕夏（Fuad Pasha，一八一五～一八六九年）掌握政治實權。坦志麥特改革後期正是由這群「第二代」政治家所主導。阿卜杜勒邁吉德在一八六一年駕崩，其弟阿卜杜勒阿齊茲繼位，這也是一個重要的轉折點。

另一方面，一八五六年公布的《改革御詔》（*Imperial Reform Edict*）承認基督教臣民所享有的權利，造成了鄂圖曼帝國內部穆斯林與非穆斯林之間的緊張對立。一八五九年，帝國首都伊斯坦堡發生了一起以回歸伊斯蘭教法為訴求的政變，所幸事跡敗露，並沒有造成太大危害。到了隔年，黎巴嫩山區及大馬士革等地又爆發穆斯林與基督徒之間的大規模暴力衝突。民眾首先以暴力的手段，表達了對改革的不滿。

不過在這個時期，有些人也開始走另外一條路，那就是透過當時逐漸興盛的報紙及雜誌，以語言的力量來表達自身訴求。一八六〇年創刊的《局勢解說者》(*Tercüman-ı Ahvâl*)，正是第一份使用鄂圖曼土耳其語（Osmanlıca，以阿拉伯文書寫的土耳其語，使用於鄂圖曼帝國時期至土耳其共和國初期）的正式民間報紙。

時代進入「一八六一年」，鄂圖曼帝國面臨了從近世轉入近代的最後關頭，坦志麥特改革也正站在從前期轉入後期的十字路口上。本章的主角，在這一年就任尼什省總督的米德哈特・帕夏，正是一位置身於坦志麥特改革最前線的人物。

2 一八六一年，尼什

米德哈特的自述

在鄂圖曼帝國的歷任大宰相之中，米德哈特・帕夏是第一位寫下自傳的人物。他因涉及一八七六年蘇丹阿卜杜勒阿齊茲遭廢黜事件而遭判刑，在一八八一年被送進了阿拉伯半島西部的塔伊夫（Ta'if）監獄。從這一年到一八八四年死於非命為止，他一直在監獄裡書寫自傳。

現在能夠閱覽的鄂圖曼土耳其語《米德哈特·帕夏自傳》（*Midhat Paşa : hayat-ı siyasiyesi, hidematı, menfa hayatı*），是其子阿里·海達·米德哈特（Ali Haydar Mithat，一八七二～一九五〇年）為挽回父親名譽，而於一九〇九年以上下兩冊形式出版。就在前一年七月，阿卜杜勒哈米德二世長達三十年的專制政治因「青年土耳其黨人革命」（Jön Türk Devrimi）而宣告結束。米德哈特·帕夏自傳的出版，剛好碰上憲政體制重建一周年，民眾自然高度關注這位「鄂圖曼憲政之父」米德哈特·帕夏的自傳。

上冊題名為〈訓誡〉（Tabsıra-i ibret），內容是米德哈特在一八二二年至一八八一年這六十年間的經歷及相關資料。下冊題名為〈驚奇之鏡〉（Mir'at-ı hayret），內容則是阿卜杜勒阿齊茲廢黜事件的敘述及審判相關紀錄。本章引用的史料大多來自於上冊的經歷部分。

自傳的編纂者阿里·海達在上冊一開頭的序言中提到，米德哈特·帕夏在監獄裡完成自傳的原始版本之後，將其中一部分寄給當時住在伊茲密爾（Izmir）的家人。阿里·海達利用這些手稿出版了父親的傳記，還分別譯成了英文版本（*The Life of Midhat Pasha*, London, 1903）及法文版本（*Midhat Pacha; sa vie, son oeuvre*, Paris, 1908）。至於原始版本剩下的部分，則在米德哈特死前遭沒收，被送往帝國首都伊斯坦堡。根據鄂圖曼帝國近代史學者羅德里克·戴維森（Roderic H. Davison）的研究，在爆發青年土耳其黨人革命之後，阿卜杜勒哈米德二世所居住的耶爾德茲宮（Yildiz Palace）遭到搜索，當時搜出了一些米德哈特的個人物品、書簡及疑似部分自傳的手稿。

根據編纂者阿里・海達的說法，米德哈特在生前還為自傳抄錄了兩部抄本，其中一部寄給某友人，但這部抄本最後並沒有送到當事人手上。另外一部抄本則寄給另一名友人，這部抄本後來被藏入「鉛盒」裡，深埋在地底下，直到青年土耳其黨人革命之後才重見天日。編纂者雖然沒有明言，但這上下兩冊的自傳應該就是以這部抄本為底稿。

米德哈特・帕夏的自傳就這麼流傳了下來，成為後人研究米德哈特生涯事蹟的第一級史料。做為一部坦志麥特改革主導者的回憶錄，米德哈特・帕夏的自傳可說是彌足珍貴。然而在解讀這部自傳時，還是有幾點必須注意。最重要的一點，在於米德哈特是因涉及阿卜杜勒阿齊茲遭廢黜事件而遭判刑，他或許是為了強調自己的清白，在記錄的內容上顯然經過刻意挑選。

例如在自傳裡，米德哈特一再強調自己與前蘇丹阿卜杜勒阿齊茲及撰寫自傳時的蘇丹阿卜杜勒哈米德二世都有著非常良好的關係。另一方面，當初與米德哈特共同建立鄂圖曼帝國憲政體制的穆斯林知識分子集團「新鄂圖曼人」，米德哈特在著作中則完全沒有提到隻字片語。就連直接參與制憲過程的奈米克・凱末爾（Namik Kemal，一八四〇～一八八八年）、齊亞・帕夏（Ziya Pasha，一八二九？～一八八〇年）等人，在自傳裡同樣連名字都沒有被提及。這應該是米德哈特為了避免招來無謂的誤解，才在自傳中刻意避免提及這些人事物。這說起來也很合理，畢竟阿卜杜勒哈米德二世向來是個喜歡由自己掌控改革主導權的人。他非常討厭立憲派人物，不僅刻意將他們排除在政權之外，而且在一八七七年鄂圖曼帝國與俄羅斯爆發戰爭（也就是所謂的俄土戰爭）時，他還封鎖了議會，停止憲法運作。

米德哈特在自傳裡除了再三強調自己推動改革的成果之外，還毫不留情地批判那些令改革成果受損的政敵及其後繼者。就連提及前蘇丹阿卜杜勒阿齊茲時，他也嚴詞批評阿卜杜勒阿齊茲的行徑過於放蕩與擅權。但是對於阿卜杜勒哈米德二世，他的評論則相當平和而保守。這顯然也是考量到了阿卜杜勒哈米德二世是現任君主的緣故。

米德哈特在序文中提到，這部自傳是自己在監獄裡完全靠著記憶寫出來的，所以對時間、日期、地點及數量的描述或許會有所訛誤。然而若對照其他史料及研究文獻，會發現自傳中提及的年代及數量等等幾乎完全正確。這或許代表米德哈特有著過人的記憶力，但也不能排除文章內容經編纂者修潤過的可能性。不過整體而言，編纂者還是盡可能忠實呈現了自傳的原文，這點無庸置疑。畢竟阿里·海達出版父親的自傳是為了洗刷父親汙名，倘若胡亂竄改內容，反而會損及父親的名譽。

基於以上幾點，可知這部自傳不僅受了作者執筆時期處境的不小影響，還帶有一些疑似遭編纂者修改過的痕跡。在解讀自傳的過程中，必須特別留意這些可能造成偏見的要素。但倘若有這樣的認知，僅把此自傳視為近代鄂圖曼帝國官員、政治家的「自述史料」，相信能夠在字裡行間發現一些米德哈特當年所見，坦志麥特改革不為人知的一面。因此，以下將以「自傳內容修改程度極小」的假設為前提，盡可能忠實呈現自傳內的描述，藉此回顧米德哈特的生平事蹟。

從阿凡提到帕夏

一八二二年十月，米德哈特・帕夏出生於伊斯坦堡，父親是一名「卡迪」（qadi，伊斯蘭世界的法官）。米德哈特的本名（Ism）是艾哈邁德，雅號（Mahlas）是舍菲克。童年時期，因為父親工作之故，他經常隨著家人來往於保加利亞北部的維丁（Vidin）、洛維奇（Lovech）與伊斯坦堡之間。一八三四年，他靠關係進入了最高樸特（Babıali，英文為 Sublime Porte，由大宰相統管的鄂圖曼帝國中央機關），擔任實習書記官。不久後，他的工作表現備受肯定，才獲得了「米德哈特」這個新雅號，意思是「神的讚美者」。自這個時期起，外人在稱呼他的時候會加上「阿凡提」（Efendi，對官員或學者的敬稱），稱他為「米德哈特・阿凡提」。

米德哈特・阿凡提一邊在清真寺學習伊斯蘭教的諸般學問，一邊擔任公務員，逐漸累積書記官經驗。曾有一段時期，他為了貼補家用而轉任收入較穩定的地方官，搬遷到敘利亞、安納托力亞等地。後來的米德哈特對於巴爾幹半島及阿拉伯地區進行了大刀闊斧的改革，沒想到在他小時候及剛任公職的時期竟然住過這些地方，想起來實在是相當耐人尋味的事情。一八四七年，米德哈特回到伊斯坦堡，並且結了婚。到了隔年，米德哈特受到薩迪克・里法特・帕夏提拔，轉調至高等法制審議會。

米德哈特雖然升遷快速，但也因為鋒芒盡顯而容易樹敵。其中最嚴重的一件事，是他惹火了克普魯斯里・穆罕默德・艾明・帕夏（Kibrisli Mehmed Emin Pasha，一八一三～一八七一年）。對於剛進入官場的米德哈特而言，這堪稱是他人生的第一場考驗。事情的肇因，在於米德哈特告發了當時擔任駐大馬士革第五軍總司令官的艾明的惡行惡狀，使其遭革職。雖然這件事讓穆斯塔法・雷希德・帕夏對米德哈特讚不絕口，卻也令艾明對米德哈特恨得牙癢癢。自此之後，艾明便一直找米德哈特的麻煩。

例如一八五四年，艾明擔任大宰相，當時正值克里米亞戰爭期間，由於巴爾幹山區盜賊猖獗，艾明便指派米德哈特前往剿捕。他心中的算盤，是故意交付米德哈特一個艱難的任務，等到米德哈特失敗之後，就可以追究責任。沒想到米德哈特在短短半年內就完成了任務，名聲反而水漲船高。

再舉一個例子。一八五五年，擔任大宰相的阿里・帕夏為了交涉克里米亞戰爭的媾和條件而離開伊斯坦堡，艾明成為代理大宰相，此時他又想出了一條鬥垮米德哈特的計謀。他誣指米德哈特違反了公務員不得參與徵稅工作的規定，還召集國家重要官員，舉行了一場臨時審判。沒想到米德哈特在審判中證明了自身清白，反而是艾明遭揭穿暗中指使證人作偽證，這場陰謀就這麼以失敗收場。

然而，米德哈特的考驗並沒有就此結束。克里米亞戰爭結束後，不斷有風聲傳出錫利斯特雷（Silistre，即現今保加利亞境內的錫利斯特拉〔Silistra〕）及維丁省的總督以苛政欺壓百姓，米德哈特受雷希德・帕夏及阿里・帕夏之託，前往調查真相。經過米德哈特的一番努力，當地的百姓生活有了改善，但在過程中遭到懲處的官員當然會心生怨懟。這些官員於是透過宮廷侍從府（Mabeyn-i Humayun）向當時的蘇丹阿卜杜勒邁吉德提出抗議。雖然事後證明米德哈特採取的措施並無任何不當之處，但是政界及官場這種互相扯後腿的文化，還是不禁讓米德哈特搖頭嘆息。後來米德哈特把當時的心情寫進了自傳裡。值得一提的是，米德哈特在自傳裡是以第三者的角度來描述自己的往事：

雖說「真理為至高無上，無以復加」（引自先知穆罕默德）是千真萬確的事，但上述遭遇還是讓米德哈特・阿凡提感到無比沮喪。再加上雷希德・帕夏在這時過世了，更讓米德哈特・阿凡提下定決心前往歐洲旅行，調適一下心情。於是米德哈特・阿凡提向新任大宰相阿里・帕夏告假，於伊斯蘭曆一二七四年（西元一八五八年）啟程前往歐洲。

——〈訓誡〉（以下本章引文均出自此）

就這樣，三十六歲的米德哈特首次踏上了異國土地。坦志麥特改革時期的觀念認為，鄂圖曼帝國必須與歐洲諸國建立良好關係，才能夠順利推動國內改革。因此，精通外語（尤其是法語）的外交官員不僅肩負外交工作，也往往在國內政務上扮演了舉足輕重的地位。雷希德．帕夏與阿里．帕夏正是這種外交官員的典型例子。相較之下，米德哈特並非外交官員，也沒有學習法語的機會，因此這次的旅行雖然只有半年的時間，他還是緊緊把握住機會，走遍了法國、英國、奧地利、比利時等國，努力學習語言。

不過這次出遊能帶來多大的成果，頗令人存疑。相較於年輕時就在駐外公館累積實地經驗的雷希德．帕夏，以及在翻譯局（相當於外交官員的集中培訓機構）接受過訓練且同樣擁有豐富駐外經驗的阿里·帕夏，米德哈特的這次出遊能獲得的經驗實在是微不足道。或許就像米德哈特自己在自傳中所說的，他只是為了暫時逃離紛爭不斷且充滿壓力的官場生活，才決定出國遊覽。不過，米德哈特的官宦生涯並沒有就此劃下句點。隔年他一回國，立刻獲任為高等法制審議會的首席書記官。

尼什改革

俄羅斯帝國在克里米亞戰爭敗北後，雖然不再明目張膽地推動「南進政策」，但還是持續煽動部分塞爾維亞人及保加利亞人，滋擾多瑙河南岸的鄂圖曼帝國領地。當時擔任大宰相的艾明親自前往最前線，督治尼什、維丁、魯斯齊克（Rusçuk，即現今保加利亞境內的魯塞〔Ruse〕）等地區，並在一八六〇年任命奧斯曼·帕夏為尼什省總督，但事態完全沒有好轉。到了隔年，奧斯曼·帕夏就被解除職務。

接棒成為尼什省總督的人物，正是米德哈特。這道人事命令當然引發了各方的臆測與討論。甚至有人對米德哈特提出警告，直指艾明必定不安好心。但當事人米德哈特對這件事卻有不同的看法。他在自傳中如此寫道：

> 然而，根據熟悉克普魯斯里·穆罕默德·艾明·帕夏的想法及為人的相關人士透露，他不僅是個誠懇正直的人，而且一心為國，期盼國家能繁榮興盛。只是他有著太容易相信別人、以及容

易發脾氣的缺點。換句話說，他對米德哈特‧阿凡提所做出的種種過分行徑，其實全是身邊親信的惡意讒言所導致。因此當他得知真相且恢復理智之後，他當然會採取公正且寬大的行動，來彌補自己所犯下的過錯。這樣的推論想來合情合理得多。

米德哈特獲任總督的時期，與寫下自傳的時期大約相差二十年。他這段話表現出一派豁然大度，彷彿是在緬懷昔日的死對頭。但這是否正確傳達出了「事情的真相」，如今已無從求證。總之在一八六一年二月，米德哈特就任尼什省總督。從此之後，大家在他的名字後面加上了對文武高官的美稱「帕夏」，改叫他「米德哈特．帕夏」。

成為「帕夏」之後的米德哈特來到尼什省，首先做的第一件事情是動員軍隊，嘗試恢復地方安定。然而盜賊集團實在太過神出鬼沒，以軍隊圍剿的效果不彰。於是米德哈特召集當地居民領袖，聆聽意見並蒐集相關資訊。結果得知當地治安惡化的背後原因，其實是農村陷入了慢性窮困狀態。此時米德哈特認為，當務之急是建立起全省的交通網絡。事實上當地正是因為交通不便，導致難以從事經濟活動，才有那麼多居民被迫靠借錢度日。甚至有不少人越過邊界，逃往塞爾維亞。米德哈特理解了問題的本質之後，一方面持續派兵剿滅盜賊集團，一方面著手修築省內各地的道路及橋梁。他在自傳裡對其成果有著以下描述：

巴爾幹地區簡圖（十九世紀後期）

有了便利且安全的道路，居民才能將產物（尤其是大量生產的葡萄酒）銷往席拉尼基（Selanik，即現今希臘的塞薩洛尼基〔Thessaloniki〕）、莫納斯提爾（Monastir，即現今馬其頓的比托拉〔Bitola〕）及菲里貝（Filibe，即現今保加利亞的普羅夫迪夫〔Plovdiv〕），擴大商業活動。過去不管是旅人還是貨品，要經多瑙河從歐洲或幸運之都（伊斯坦堡）到尼什，或從尼什到那些地方，都必須繞過塞爾維亞境內。而如今開通了丘普雷內（Chuprene）的道路，商業的流動都轉移到了這邊來。短短的時間之內，狀況就有了變化，每個人都開始懷抱希望，許多從前移居塞爾維亞的人都回來了。

以上這一連串的施政，包含當地的民生調查、維持治安、建立交通網絡等等，正與後來米德哈特在帝國各地推動改革時的第一步「重建基礎」大同小異。下一節要介紹的米德哈特的改革套路，可以說是在尼什省的改革工作中建立了雛形。

完成了「重建基礎」之後，米德哈特又推動了一些個別政策，包括為正規軍建造新的軍營，以及興建新的監獄。道路鋪築完成後，米德哈特更設立了馬車運輸公司，藉此促進物流，提升旅行的方便度。另外也開闢新的水路，解決了流經尼什市內的尼沙瓦河（Nisava）水患問題；設立名為「中央局」的常設機關，每天接受居民的請願；編組保安隊，強化治安維持機制。

除了這些施政之外，值得一提的是米德哈特還創設了名為「善導院」（Islahhane）的孤兒機構。這是一種教育設施，幫助無家可歸的孤兒學習一技之長。關於設施名稱，自傳裡提到了這麼一個耐人尋味的典故：

> 這種設施在我國是新的構想，過去並沒有類似設施，所以我也想不出來該取什麼樣的名稱比較恰當。最後我決定從《古蘭經》（的詞句）之中抽選，不管抽到什麼樣的句子，都用以做為命名依據。結果在神的引導下，我抽到的句子是「他們問你怎樣待遇孤兒，你說『為他們改善他們的事務是更好的』」（《古蘭經》第二章第二二〇節），於是我將設施命名為「善導院」。後來其他省循例設置，也沿用這個名稱。

善導院是坦志麥特改革時期教育及社會政策的一環，其名稱源自於《古蘭經》的詞句。可惜除了米德哈特的自傳之外，在其他史料中找不到類似的描述，因此難以判斷其真偽。值得注意的是，後來米德哈特在帝國各地推動諸般改革時，善導院也是推行項目之一。從這一點也可看出米德哈特改革的具體套路，在擔任尼什省總督時就已經逐漸成形了。因此，米德哈特就任尼什省總督的「一八六一年」，正是坦志麥特改革後期的改革套路誕生的時刻。

3　改革套路的實踐

多瑙省的實踐

對鄂圖曼帝國而言，位於多瑙河南方的尼什、維丁、錫利斯特雷三省是對抗俄羅斯帝國的戰略要地。因此不管是站在內政的角度，還是國家安全保障的角度，安定統治這些直轄省都是舉足輕重的必要前提。雖然尼什省在米德哈特的治理下已漸趨穩定，但其他兩省的情況依然嚴峻，絲毫大意不得。於是帝國朝廷開始推動以上三省的合併計畫，並在一八六四年付諸執行，巨大的「多瑙省」就此誕生。省長的人選想當然耳，非米德哈特莫屬。

在設置多瑙省的同時，朝廷也公布了名為《多瑙省法》的特殊法規。其法規特色是採用新的行政劃分方式，將行政區域分成省（vilayet）、縣（sanjak）、郡（kazas）、村（或鄉 nahiye）四個層級，省長、縣長、郡長皆由朝廷指派，村長則由村民直接選出。另外設置省評議會、縣評議會及郡評議會，各穆斯林代表及非穆斯林代表皆以間接有限選舉方式選出。本法的實施，成為「坦志麥特改革後期」的地方行政改革上最重要的重點項目。由於這套法規大幅增加了百姓參與行政決策的機會，因此被視為鄂圖曼帝國代議制度的濫觴。

數年之後，其他省也陸續開始採行。到了一八六七年，朝廷下令全國一體適用。多瑙省做為這套法規的發祥地，經常被形容為「改革的實驗場」。簡言之，「坦志麥特改革後期」為了挽回前期在地方行政改革上的失敗，因此先在多瑙省進行「實驗」，確認成效之後才在全國各地實施。

《多瑙省法》確實原本只適用於多瑙省，後來才擴大至全國各地。從這個角度來看，將多瑙省視為「改革的實驗場」確實相當貼切。但站在主導改革的米德哈特的立場來看，當初在多瑙省實施的種種政策，都是為了在有限的時間裡化解危機、度過難關的治標政策。就這層意義上來看，多瑙省的改革與其說是「實驗」，不如說是「實踐」更加貼切。值得注意的是，這些改革實踐絕非只是為了應付燃眉之急的草率政策。施政的每個環節都經過詳細評估與推敲，確實符合實際需求。米德哈特對這一點似乎也相當有自信，他在自傳中將政策細節分為以下九個項目，並一一詳細解說：

(1) 鋪築道路

(2) 恢復治安
(3) 設置共濟金庫（Memleket Sandığı）
(4) 在多瑙河上運行商業汽船
(5) 設立馬車運輸公司
(6) 設立善導院
(7) 協助移民及難民安心定居
(8) 新建政府廳舍及監獄
(9) 城市行政區劃定

其中第一點的鋪築道路及第二點的恢復治安，都源自當初擔任尼什省總督時的經驗。至於第三點的共濟金庫，則是一種將資金以低利借給民眾的公共金融機構。根據米德哈特的說法，他對於當初無法在尼什省實施這項政策而感到相當遺憾。以上的三項政策，可說是為了謀求百姓生活安定的成套政策。

第五點的馬車運輸公司及第六點的善導院，也是從當初在尼什省的施政延伸而來。值得一提的是，設置在省府魯斯齊克的善導院除了教授縫紉及製鞋技術之外，同時也教導業務用馬車的組裝技術，以及印刷廠的植字技術。設置於索菲亞的善導院則附設紡織工廠，特別從維也納招聘技師進行

圖 2-2　擔任多瑙省長時期的米德哈特．帕夏（前排中央）與同事

指導，一年可生產三萬公尺長的厚毛織布。這些善導院為改革政策提供了大量的人才及資源，逐漸成為米德哈特改革實踐不可或缺的組成要素。因此可以說，源自尼什省的種種改革套路，在多瑙省不僅去蕪存菁，還開花結果。

另外，魯斯齊克的印刷廠還發行省級官方報紙《多瑙》（*Tuna Gazetesi*），合併使用以阿拉伯文書寫的土耳其語，和以西里爾字母書寫的保加利亞語。艾哈邁德．米德哈特（Ahmet Midhat，一八四四～一九一二年）也是該報紙的編輯之一。米德哈特．帕夏對這位年輕人寄予厚望，甚至還允許對方使用自己的「米德哈特」敬稱。後來艾哈邁德．米德哈特成為近代鄂圖曼帝國最具代表的新聞工作者，卻與晚年的米德哈特展開論戰，成為米德哈特眼中的棘手人物。

另一方面，第四點的多瑙河運行商業汽船，以及第七點的協助移民及難民安心定居，都是基於多瑙省的地方特色而採行的政策。前者是為了不讓奧地利的「多瑙汽船公司」獨占多瑙河航運事業，因此計畫在多瑙省增設河川交通局，購置汽船，開闢獨立航線。後者則是因為在克里米亞戰爭之後，許多切爾克西亞人（Circassians，俄羅斯和土耳其稱為切爾克斯人〔Cherkess〕）血統及韃靼人（Tatar）血統的穆斯林難民自俄羅斯領地湧進多瑙河南方的鄂圖曼帝國領地，因此有必要協助這些移民者在當地定居。政策中也包含對有自立能力的難民徵收「什一稅」（'Ushr），以此做為援助難民的部分資金來源。

無庸置疑，想要順利推動改革，就必須確保財政收入。米德哈特藉由重整稅目及納稅透明化來增加稅收，成功讓多瑙省的財政維持規律與平衡。然而米德哈特想要擴大財政支出來鞏固改革成果，朝廷卻以財政緊縮為基本方針，雙方的理念差異導致多瑙省的改革出現了開倒車的狀況。針對這一點，自傳內有以下描述：

（多瑙省的）種種施政，全賴優秀、有能力的官員在獲得了充分俸祿後所展現出的廉直及努力付出。但幸運之都（伊斯坦堡）的部分大臣卻希望靠著削減官員俸祿來平衡及縮減國庫支出。在他們的眼裡，多瑙省給官員的俸祿太多了。（中略）米德哈特・帕夏一離職，官員的俸祿就被砍半，如此一來官員當然就會做出一些偷雞摸狗的行為，稅收也年年減少，不僅將原本的積蓄磨耗得一乾二淨，更成為後述的最大弊病與危機的元凶。

引文的結尾處所提到的「最大弊病與危機」，指的是一八七〇年代中期發生在巴爾幹半島各地的一連串農民叛亂事件。事實上這場危機正是一八七七年俄土戰爭的導火線，鄂圖曼帝國在戰爭中敗北，因而喪失了包含多瑙省在內的廣大巴爾幹地區領土。關於這一點，後文還會詳述。

總而言之，要鞏固改革的成果，往往必須面臨相當多的困難。正如同米德哈特的抱怨，前人的成果往往會被後人糟蹋得一點都不剩。另外還有個問題，那就是即便在所有地方都實施相同的改革套路，也不見得都能獲得相同的成果。米德哈特對這一點也看得很透徹，因此在自傳中作出了這樣的評論：

> 我們在許多省都實施了相同的政策或採行部分原則，但除了愛第尼、席拉尼基、伊茲密爾等富裕而繁榮的地區之外，各省百姓的資質及能力都無法與多瑙省相提並論，因此大部分都難以長久維持，最終以失敗收場。

席拉尼基和伊茲密爾不僅是鄂圖曼帝國屈指可數的國際城市，而且米德哈特都曾擔任過省長，在當地親自推動過改革。除了這些少數地區之外，在大部分地區要讓改革的成果確實扎根，可說是難上加難。米德哈特是坦志麥特改革的主導者，這番話說起來更具說服力。

另一方面，不管是在帝國內還是帝國外，有不少人並不樂見多瑙省的改革順利進展。其中最具代表性的人物，就是俄羅斯帝國駐伊斯坦堡大使尼古拉．伊格那提耶夫（一八三二～一九〇八年）。

鄂圖曼帝國的多瑙河南岸領地出現像多瑙省這樣巨大且安定的省分，對於大力推動「南進政策」的俄羅斯帝國而言，絕對有損國益。在此之前，伊格那提耶夫身為外交官的表現可圈可點。最明顯的例子，就是他促成了俄羅斯與清朝之間的《北京條約》。剛好就在多瑙省誕生的一八六四年，伊格那提耶夫成為駐伊斯坦堡大使。於是他暗中勾結以馬哈茂德·奈迪姆·帕夏（一八一八～一八八三年）為首的最高樸特及宮廷侍從府要人，想盡辦法要將米德哈特從多瑙省長的位置拉下來。

另一方面，還有一些叛亂武裝勢力不斷煽動多瑙省內的保加利亞人造反，破壞治安。這些武裝勢力皆潛伏在羅馬尼亞境內，由俄羅斯的泛斯拉夫主義者暗中提供援助。他們甚至還策劃暗殺米德哈特，只是沒有得逞。米德哈特在如此危險的局勢之下，卻還能夠紮紮實實地推動他的改革，並獲得一定程度的成果，其能力得到了「坦志麥特改革後期」主導者阿里·帕夏及福阿德·帕夏的讚賞。米德哈特正是靠著治理多瑙省的亮眼成績，才得以進入國政中樞。

設立國家評議會

前文曾提過好幾次的國政諮詢會議「高等法制審議會」，雖然是坦志麥特改革的主導機關，但隨著業務量與日俱增，漸漸有了機關重組的必要性。在這樣的趨勢下，一八六八年誕生了「國家評議會」及「最高法院」，前者承接了立法及行政業務，後者則承接了司法相關業務。由於朝廷在前一年才剛宣布《多瑙省法》於全國適用，因此大家都期待國家評議會能夠扮演協調國政與地方行政的橋樑。在這樣的氛圍下，朝廷將米德哈特調回伊斯坦堡，任命他為國家評議會主席。米德哈特原本就是高等法制審議會的書記官，有國政的實務經驗，再加上擔任過尼什省長及多瑙省長，熟悉地方行政，因此可說是這個職位的最佳人選。

國家評議會是由四十多名委員所組成，其中包含穆斯林與非穆斯林，主要職責為政策諮詢、地方行政監督及官員查核。米德哈特當上主席，得到了參與國政的機會。這段期間他推動制定國籍法及礦山法，改以十進位法做為國內的度量衡制，同時在伊斯坦堡實施了當初在多瑙省推行的部分改革套路。例如能夠招收五百人的住宿制職訓機構「技能學校」（Sanayi Mektebi），正是從多瑙省的善導院變化而來。此外他也仿效多瑙省的共濟金庫，在伊斯坦堡設立了「信用金庫」（Emniyet Sandığı）。當初在巴爾幹地區所累積的改革經驗，都在伊斯坦堡獲得了活用的機會。

但自從米德哈特不再擔任省長之後，以多瑙省為主的巴爾幹山區再度爆發農民造反事件。雖然朝廷立刻派出熟悉當地狀況的米德哈特前往處理，造反的農民也很快被鎮壓，但這件事已證明了改革的成功與否依然取決於個人因素，也就是端看省長個人的能力高低，難以在地方上真正扎根。米德哈特回到伊斯坦堡，繼續擔任國家評議會主席。但該評議會說穿了只是針對最高樸特所交付的案子作出回應的諮詢機構，許多重要事項都是不經評議會就直接敲定。米德哈特對此現況感到極度不滿，因此主動申請外調。當時剛好巴格達省長一職出現空缺，米德哈特於是獲任命為巴格達省長，於一八六九年春天啟程前往伊拉克地區。

巴格達省的改革實踐

對鄂圖曼帝國而言，伊拉克是一塊難治之地。由於鄰國伊朗的穆斯林大多為什葉派（Shia Islam），自十六世紀起，兩伊邊界就不斷發生衝突。而且由於什葉派聖地阿塔巴特（'Atabat）位於伊拉克境內，因此伊拉克也有不少居民信奉什葉派。各種阿拉伯人及庫德人的部族集團在這裡形成群雄割據的局面，首府巴格達則自十八世紀之後就由馬木路克集團（Mamluk，傭兵）所掌控。雖然馬木路克集團在一八三〇年代遭到剿滅，但部族政治在這裡依然有著強大的影響力。

伊拉克進入坦志麥特改革前期的時間相當晚，一直到《花廳御詔》頒布的五年後，也就是一八四四年，這裡才開始實施改革。後期的狀況也大同小異，多瑙省的地方行政改革從一八六四年之後就開始擴散至帝國各地，唯獨伊拉克完全沒有跟上改革步伐。米德哈特也在自傳中提到：「全帝國都開始採行省制，伊拉克地區也設了新省，卻完全沒有推動新制度及規矩，行政及財政都還沿用傳統方式。」例如依照新的省制，行政與軍政在原則上必須各自獨立，但巴格達省的省長卻兼任駐巴格達第六軍總司令，也就是依然維持著傳統的軍政一體制度。由此可看出坦志麥特改革在帝國各地有著步調不一致的問題。

米德哈特在一八六九年成為巴格達的省長兼總司令。他首先開始進行改革政策中的「重建基礎」工作，致力於確保財政收入及恢復治安。剔除不必要的稅目，以「什一稅」做為稅收主要來源。軍制改革方面，他首先在巴格達市實施抽籤式的徵兵制。雖然一度引發了逃避兵役的騷動，但米德哈特迅速安定民心，平息了騷動。過了一陣子之後，他在全省都實施同樣的徵兵制。

坦志麥特改革要在伊拉克順利推行，關鍵在於能否讓各部族乖乖聽話。特別是巴格達南方的達加拉郡爆發的部族叛亂事件，堪稱是米德哈特擔任省長期間的最大事件，自傳中對此有詳細記載。為了平息這場叛亂，米德哈特只好借助伊拉克另一支強勢部族蒙塔菲族（Muntafiq）的幫助。換句話說，米德哈特採取了以部族制衡部族的策略。經過了這次的「達加拉事件」，米德哈特深深理解到部族問題與土地問題在伊拉克有著密不可分的關係：

這起事件的原因及背景，每個人的看法都不相同。有人認為發生叛亂的部族居民都是什葉派，他們是基於宗教理由才反抗國家公權力。有些人認為是那些族長、首領不肯繳納國有財產（指租稅）才欺騙、煽動民眾造反。但這些原因及狀況，都不足以解釋為什麼會有這麼多一般百姓願意拿起武器反抗國家，甚至不惜葬送生命。其實只要細心觀察及推敲，對眼前所見的現狀進行審慎判斷與分析，就可以看穿事情的真相。真正的理由及原因，在於伊拉克的土地不管是在買賣上還是法律上，都有著不同於其他地區土地的特殊限制。居民們沒辦法持有土地，也沒辦法靠種植農作物來獲取利益。

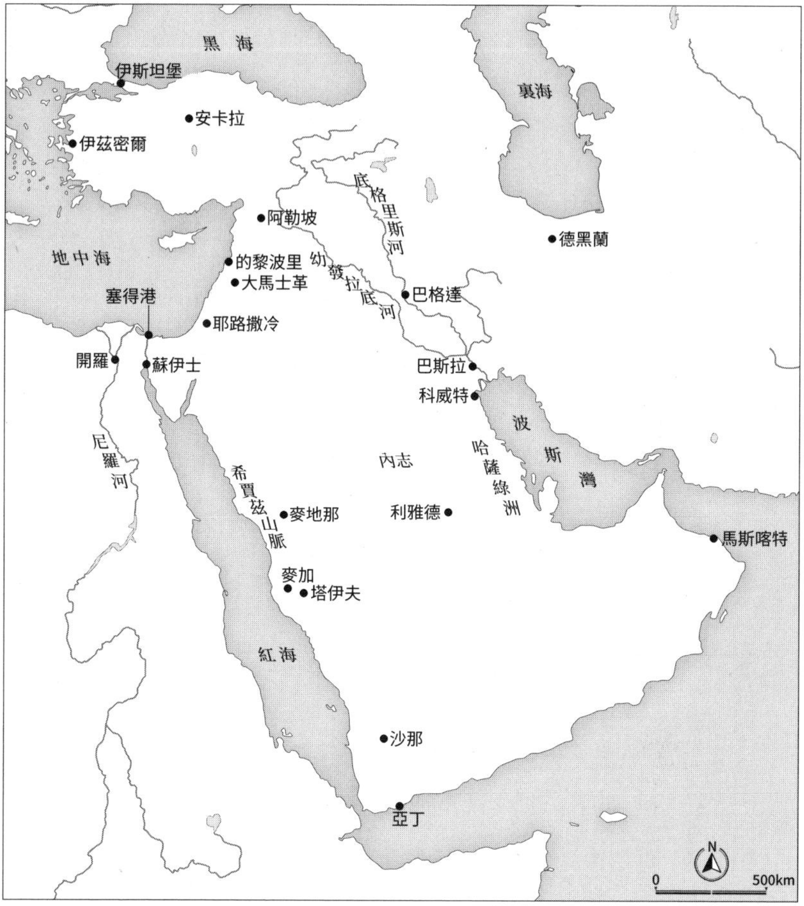

阿拉伯地區簡圖（十九世紀後期）

米德哈特的洞察力相當敏銳。他看出伊拉克除了有宗教對立及部族問題之外，社會經濟結構也大有問題。根據他的描述，當時伊拉克地區的土地所有權概念相當模糊，農民受到的對待幾乎像農奴一樣，生活非常窮困。負責徵稅的部族首領只顧著壓榨農民，卻對土地的荒廢問題視而不見。於是米德哈特下令發行土地券，將國有土地拋售給農民，購地費用就納入什一稅，讓農民分期償還。如此一來，農民的土地所有權獲得保障，好好管理土地的意願當然也會大幅提升。根據自傳描述，這項政策帶來了十分顯著的效果：

靠著傳統的國營或統一委託方式交給民眾耕作的土地，上頭往往看不見一棵樹木，也看不見一棟象徵文明發展的建築物。但依循新制度買下土地的民眾，由於能夠拿到土地權狀，證明那是自己的財產，當然就能夠安心地盡全力開墾土地。不到一、兩年的時間，大部分土地上頭就出現建築物、樹木這些文明的象徵。原本貧窮、野蠻且經常叛亂或反抗的居民，也因為能夠直接或間接獲得來自土地的恩惠，年年反抗鬧事的混亂狀況再也不曾出現過。

成功安定民生、恢復治安之後，接著便進入米德哈特最拿手的整頓交通網絡的階段。伊拉克境內有底格里斯河、幼發拉底河這兩大河流，如何整頓河運，讓河利之便發揮至極致，可說是最重要的關鍵。米德哈特善加運用了當初在多瑙省整頓河運的經驗，設置河運局，管理底格里斯河上的航行汽船，建立起一條河運航線，連結中游的省府巴格達及河口的巴斯拉。另外，米德哈特也下令讓

圖 2-3　連結巴格達與卡濟米耶（Kadhimiya）的馬車鐵路

原本位在內陸的巴斯拉城遷移至阿拉伯河（Shatt al-Arab）沿岸，同時改善了交通問題及居住環境。

另一方面，為了讓河川航線能夠與海上航線順利銜接，米德哈特又設置「鄂圖曼海洋局」做為管理機構。當時蘇伊士運河恰巧接近完工，船隻能夠從波斯灣繞行阿拉伯半島進入紅海，再經由蘇伊士運河直接進入地中海，而伊拉克正與這條航線相連。這可說是海運史上的一大突破性變化，米德哈特當然不會放過這個絕佳機會：

> 這段期間，蘇伊士運河正在開挖中，倘若能在前述巴格達至巴斯拉的航線上依照需求追加海洋船舶，航線就能夠向外擴張，對伊拉克來說，就像是

> 出現了一個貨物出口管道。如此一來，巴斯拉灣（波斯灣）、阿曼（Oman）、內志（阿拉伯半島中央區域）及紅海將隨時有高掛鄂圖曼國旗的船隻在航行，這不管是對內還是對外，必定都能帶來正面的影響。為了實現這個構想與企圖，（中略）建立起的航運機制每三個月會經由蘇伊士運河往返一次幸運之都（伊斯坦堡）、往返一次英國。

長久以來，英國一直想盡辦法要將勢力範圍延伸至波斯灣及阿拉伯半島沿岸一帶。隨著蘇伊士運河的開通，英國為了確保從蘇伊士運河前往殖民地印度的航線能夠安全航行，延伸勢力的意圖變得更加明顯。正如同米德哈特所說的，如果鄂圖曼帝國能夠整頓好串聯該海域的航線，讓「高掛鄂圖曼國旗的船隻」航行於該海域，確實有助於提升帝國威望，成為對抗英國的重要策略。不過像這樣想盡辦法確保勢力範圍的政策模式，與近代鄂圖曼帝國宛如「瀕死病患」般遭列強蠶食鯨吞的形象截然不同，反倒像是強大的國家為了宣揚國威而採取的策略。

值得一提的是，當時的幼發拉底河（尤其是在上游的傑吉拉〔Jazirah〕地區附近）有不少因水災而毀損的建築物及水車殘骸，嚴重影響河運，因此米德哈特還特地調來了一些疏濬船，將河川清理乾淨，確保航線安全。同時米德哈特也開拓出從傑吉拉地區經陸路通往地中海東岸的道路，盡全力建立起巴格達省的內外交通網。

完成了這些「重建基礎」工作後，接著便進入實施改革套路的階段。米德哈特靠著居民的捐款，在省府巴格達開設了善導院。此外就跟多瑙省一樣，米德哈特在這裡設置印刷廠，發行省級官方報紙《薩瓦拉》（*Zawraa*）。薩瓦拉是巴格達的別名。該報紙的主編，是從多瑙省追隨米德哈特來到此地的艾哈邁德．米德哈特。除此之外，米德哈特的施政還包括劃定城市行政區域、設置信用金庫、開辦濟貧醫院（gureba hastanesi）、建設公園、建立稻米精製工廠、設置蒸汽機關式抽水機以確保生活用水、在巴格達鋪設連結市中心至北郊卡濟米耶（Kadhimiya）地區的馬車鐵路（tramvai）、開設馬車鐵路事業股份公司、開挖天然氣、以瓦斯街燈照亮巴格達街道（伊斯坦堡的新市區及日本東京的銀座也幾乎在同一時期做了這件事）。可以說，這一連串的改革套路是在尼什省萌芽，在多瑙省開花，在巴格達省結出了果實。

海岸地區的嘗試

隨著在波斯灣建立海上航路，米德哈特逐漸將目光轉移到了阿拉伯半島沿岸地區。前文已提及，英國為了建立海上霸權，對這些地區虎視眈眈。從事海上交易的當地居民之中，有不少人是高掛英國國旗在海上航行。米德哈特擔心這樣下去這些地方遲早會落入英國的掌控，因此他先將巴斯拉縣旁邊的科威特地區編入該縣，接著便開始盤算如何取得阿拉伯半島東邊的哈薩綠洲。該地區在十六世紀曾是鄂圖曼帝國領土，但進入十八世紀後，在內志地區擁有龐大勢力的沙烏地家族（House of Saud）與瓦哈比派（Wahhabism）聯手，取得了該地區的控制權。雖然十九世紀之後鄂圖曼帝國一度奪回，但如今該地區又落入了沙烏地家族手中。

不過這個時期沙烏地家族發生內鬥，尤以阿卜杜拉（Abdullah）與沙烏地為了首長寶座而兄弟鬩牆最為嚴重，米德哈特遂趁虛而入，派兵壓制從哈薩到內志的土地。沙烏地獲得英國的援助，阿卜杜拉為了與其對抗，便向鄂圖曼帝國求援。在這樣的局面下，米德哈特擔心一旦沙烏地掌握優勢，「從巴斯拉到馬斯喀特」的土地很可能都會被英國奪走，因此他先盡全力蒐集相關資訊，派遣先發部隊控制要衝，接著趁爭端再度發生時奪走阿卜杜拉與沙烏地的地位，讓這片土地完全落入鄂圖曼帝國的手中。

恢復治安後，米德哈特接著便重整稅目，獎勵農業多元經營，致力穩定民生。根據自傳中的記載，這些施政獲得了當時的蘇丹阿卜杜勒阿齊茲與最高樸特的高度評價。但一八七一年九月，大宰相阿里·帕夏去世。阿里·帕夏生前是米德哈特在政壇上最重要的庇護者與支持者。繼任大宰相職位的人物，是與俄國大使伊格那提耶夫有著深厚交情的馬哈茂德·奈迪姆·帕夏。他可說是米德哈特在後半生裡最大的政敵。米德哈特就任巴格達省長時，在短短三年內就讓巴格達省的稅收成長一倍，奈迪姆卻還是要求米德哈特刪減經費。面對這樣的壓力，要鞏固改革的成果可說是難上加難。於是米德哈特決定辭職，在一八七二年七月回到了伊斯坦堡。

到頭來，米德哈特所推動的改革並沒有在海岸地區扎根。針對這一點，自傳內有以下描述：

> 然而在米德哈特·帕夏離去後，接任巴格達省長的一些偉大元帥卻下令將駐守哈薩的正規軍調回巴格達，另外以庫德人及阿拉伯人民兵組成保安隊，負責駐守當地並維持治安，還讓完全沒有治

理經驗且不熟悉國家制度規則的蒙塔菲族族長阿卜杜拉夫曼（Abd-ur-Rahman）擔任（哈薩地區的）縣長。（中略）因為這些緣故，在兩年前還完全臣服於國家且滿足於生活的居民，轉眼間便開始聚眾造反，與國家官員為敵。不僅造成許多人喪命，當初設置的水車也完全無人管理。

由此可見，海岸地區的坦志麥特改革，到頭來就跟其他地區一樣變得窒礙難行。

4 面臨國家的轉換期

短暫的大宰相職位

繼阿里·帕夏之後成為大宰相的馬哈茂德·奈迪姆·帕夏，一上任便開始想方設法排除政敵，米德哈特當然也是目標對象之一。為了讓米德哈特喪失地位，奈迪姆採取的作法竟然是抹除米德哈特的改革成就。他下令縮編多瑙省的官吏人數及刪減俸祿，此外更中止一切包含修築道路在內的基礎建設。在巴格達省，他下令將當初米德哈特擔任省長期間取得的汽船賣掉，並縮小與伊朗之間的邊境駐防規模。因為這種種決策，巴格達省內的部族集團再度跋扈橫行。兩個帕夏的政治鬥爭，讓改革在轉眼間便走上了回頭路。

不僅如此，奈迪姆還竄改帳簿，將一部分宮廷獻金納入私庫。米德哈特為此怒不可遏，在自傳內嚴厲批判奈迪姆踐踏了「法治主義」這個改革的基本原則。到了這個地步，就連蘇丹阿卜杜勒阿齊茲也看不下去。一八七二年七月，阿卜杜勒阿齊茲下令將奈迪姆革職，拔擢剛從巴格達歸來的米德哈特為大宰相。米德哈特於是在一八七二年的夏天當上了大宰相，當時他四十九歲。

米德哈特一生中擔任過兩次大宰相，但時間都很短。第一次上任，米德哈特因財政問題與蘇丹意見不合，短短兩個月就被解職。不過在這段期間，米德哈特還是做了一些交通網絡及通信網絡的改革。他下令在阿拉伯地區及巴爾幹半島鋪築鐵路，並在阿拉伯半島西邊的希賈茲地區鋪設電信纜線。當初米德哈特在多瑙省及巴格達省靠著改善交通運輸脈絡，成功振興了地方經濟，如今他也想要在國政上依樣畫葫蘆。然而，他在自傳中作出了這樣的評論：「我國自古以來就有著繼任者會將前任施政完全廢除的弊病。(米德哈特一下台之後)他的那些施政全都遭到否決及破壞。」

米德哈特卸下了大宰相職務後，過了一段日子，又在一八七三年就任司法大臣。從這個時期開始，他的自傳內容對政敵奈迪姆、俄國大使伊格那提耶夫，甚至對前蘇丹阿卜杜勒阿齊茲的批評言論，就變得越來越多。在撰寫這部自傳時，米德哈特正因涉嫌參與「殺害」前蘇丹而遭囚禁在塔伊夫的監獄裡。照理來說，他在著作中提及前蘇丹，下筆應該要更謹慎小心才對。但米德哈特卻在自傳裡肆無忌憚地表達對前蘇丹的不滿。例如他寫下了這段話：

前蘇丹阿卜杜勒阿齊茲原本聰慧、英明、勤勉，追求國家幸福，深知治國首重法制的道理。但後來的前蘇丹不知為何變了一個樣，喪失了如火焰般燃燒的努力，變得自大傲慢，開啟了愚昧的奢侈與放蕩的大門。尤其是在阿里・帕夏過世，馬哈茂德・奈迪姆・帕夏繼任大宰相之後，狀況更是大不如前。法規不再受到重視，國政上充斥著各種違法亂紀的行徑。

包含米德哈特在內的大臣為了解決蘇丹恣意妄為的問題，不斷開會研擬對策，有人甚至建議設置代議制議會。但阿卜杜勒阿齊茲察覺了大臣的舉動，竟宣布解除當時的大宰相席凡伊薩德・魯修迪・帕夏（Sirvan-izade Mehmed Rushdi Pasha，一八二九～一八七四年）及司法大臣米德哈特的職位。米德哈特被調離首都，擔任席拉尼基省的省長。

這很明顯是謫貶，米德哈特當然大為不滿，但他在自傳裡寫道：「這次遭遇只是一件私事，任務地的施政不應該受到私事影響。」因此他到了席拉尼基省之後，就跟往昔一樣努力整頓市街、設立善導院，默默推動他的改革套路。對於自己在席拉尼基省的政績，米德哈特在自傳裡也寫道：「和當初在多瑙省、巴格達省一樣，（米德哈特）在這裡也贏得了當地居民的感謝與滿足，可惜並沒有得到來自幸運之都（伊斯坦堡）的善意回應。」三個月之後，米德哈特的席拉尼基省長職務又遭革除，於是他回到伊斯坦堡，在郊區買了間房子，閑居了一段時間。

鄂圖曼憲政體制的誕生

為了追求法治主義而肇始於一八三九年的坦志麥特改革，在一八七六年可算是告一段落了。這一年，朝廷頒布了名為《基本法》（Kanûn-ı Esâsî，又稱《米德哈特憲法》）的鄂圖曼帝國憲法，就此進入鄂圖曼第一憲政時期（一八七六～一八七八年）。對於身處「歷史的轉換期」的近代鄂圖曼帝國而言，這可說是最大的成就。以下簡單說明頒布憲法的來龍去脈。

一八七三年至一八七四年之間，安納托力亞發生了大規模的作物歉收及饑荒。朝廷為了填補大幅減少的稅收，決定增加巴爾幹地區的稅賦。這樣的做法想當然耳，會引發當地居民的強烈反彈。一八七五年四月，赫塞哥維納爆發農民叛亂，之後擴大至波士尼亞，隔年又擴大至保加利亞。當時的大宰相艾哈邁德·伊沙德·帕夏（Ahmed Esad Pasha，一八二八～一八七五年）束手無策，不久後即遭到革職，馬哈茂德·奈迪姆·帕夏再次就任大宰相。但奈迪姆也沒辦法妥善處理這個問題，歐洲諸國遂出現一股對鄂圖曼帝國的批評聲浪。

另一方面，自克里米亞戰爭時期就陸續開始對外借款的舉措，這時逐漸對鄂圖曼帝國的財政造成壓力。主要的原因，在於一八七三年歐洲各國經濟都不景氣，不太願意再把錢借給鄂圖曼帝國。一八七五年十月，鄂圖曼帝國宣布延後償還債務，說穿了就是國家財政已無法繼續維持運作。民眾都把批評的矛頭指向任命奈迪姆為大宰相的蘇丹阿卜杜勒阿齊茲，局勢逐漸朝著逼迫蘇丹退位發展。

圖 2-4　鄂圖曼帝國憲法頒布儀式當天下著大雨。右方臺上的中央畫著一名正在朗讀手中文書的人物，可能就是米德哈特 · 帕夏。

一八七六年五月，帝國首都伊斯坦堡爆發了穆斯林學生（madrasah）示威抗議事件。有許多學生其實都來自正處在混亂狀態的巴爾幹地區。大宰相奈迪姆因此事而辭職，由穆特金．魯修迪．帕夏（Mutercim Rushdi Pasha，一八一一～一八八二年）接任大宰相。但即便換了大宰相，要求蘇丹退位的聲浪依然沒有減退。同年五月三十日，陸軍總司令（Serasker）胡塞因．阿夫尼．帕夏（Huseyin Avni Pasha，一八二一～一八七六年）、大宰相魯修迪．帕夏及米德哈特等數名軍官及政治家聯手發動政變，逼迫阿卜杜勒阿齊茲退位。這場政變被後人稱為「五三〇政變」，在剛發動的當下是成功的，六月還舉行了新蘇丹穆拉德五世（Murad V）的登基大典。

然而，就在慶祝活動方興未艾的該月上旬，原本被暫時安置在費里耶宮（Feriye Palace）的阿卜杜勒阿齊茲竟然離奇死亡，被人發現時已是一具冰冷的遺體。國內外醫師勘驗後作出的結論，死因是「自殺」。數天後，主導五三〇政變的胡塞因．阿夫尼．帕夏到米德哈特的私宅研擬對策時，遭下屬軍官切爾卡斯．哈桑（Çerkes Hasan）闖入開槍射殺。

新蘇丹穆拉德五世原本就患有精神疾病，歷經了這些事件後陷入精神錯亂，已無力處理政務。魯修迪．帕夏及米德哈特．帕夏等高官於是在同年八月底又廢去穆拉德五世的王位，擁戴其弟阿卜杜勒哈米德即位為蘇丹。他就是後人所稱的阿卜杜勒哈米德二世，也是下令將米德哈特處死的人物。

大約就在這個時期，鄰國塞爾維亞與蒙特內哥羅趁著巴爾幹地區發生叛亂之際向鄂圖曼帝國宣戰，兩國背後有俄羅斯帝國撐腰。阿卜杜勒哈米德二世面對內憂外患，為了化解危機而下令緊急制定憲法草案，並指名由米德哈特擔任制憲委員會主席。制憲委員會在十月成立，到了十一月中旬便已完成草案。一個月之後，米德哈特終於再度當上大宰相。一八七六年十二月二十三日，最高樸特頒布了《基本法》，這天的伊斯坦堡下著冰雨。

接下來，我們根據自傳內的記載，試著從米德哈特的角度來重新回顧這一連串事件。首先是五三〇政變。米德哈特在自傳內承認自己參與政變，並強調目的在於建立立憲體制：

包含君主廢立在內的諸般難事，其目的都是為了化解眼前的危機及困境，解救國家及人民，將國政導上正軌。如今唯一的出路，是依循著議會制及自由主義原則，為我們國家制定一部憲法，正如同為那些歐洲諸國帶來了文明、繁榮與進步的憲法。這是米德哈特・帕夏早在擔任多瑙省長時就已暗中盤算的事情，甚至早已擬好了少許草案，如今這麼做只是水到渠成。

自傳中提到，米德哈特早在擔任多瑙省長時就懷抱了制定憲法的心願，當然這一點的真實性令人質疑，但米德哈特確實長年進行憲政研究，也曾在制憲委員會上公開自己所擬的憲法草案。另一方面，自一八六〇年代後期開始出現的一群穆斯林知識分子（即所謂的「新鄂圖曼人」*），則致力於研究伊斯蘭教國家採行憲政體制的可行性，透過以鄂圖曼語寫成的報紙及雜誌，向民眾宣導及介紹憲政體制及議會制度的原理架構，發揮了政治啟蒙的功效。新鄂圖曼人的評論家代表奈米克・凱末爾與齊亞・帕夏，都是制憲委員會的成員。

學界一般多認為《基本法》是「外界壓力」所促成的憲法。簡言之，當時鄂圖曼帝國正處於內憂外患，諸國列強因巴爾幹地區的叛亂而紛紛向鄂圖曼帝國施壓，帝國頒布憲法是為了強調改革的決心，藉此拉攏歐洲諸國的輿論。不過這樣的觀點，或許有些太過於偏向歐洲人的立場。

實際上，鄂圖曼帝國的內部開始對憲政抱持高度關心，是因為近世型的政治體制在十九世紀前期難以繼續維持，鄂圖曼式的立憲主義傳統無法延續所導致。換句話說，這股憲政風潮是為了恢復傳統，同時摸索新的政治形態。正因為有這一段相當長的醞釀期，帝國才能在內外危機的夾攻下，

* Yeni Osmanlılar，十九世紀鄂圖曼知識分子的集體稱呼，成員包括記者、作家、教師、政府官員和軍官，這群人大力宣傳民族主義與立憲民主制度，也影響了日後的青年土耳其黨人。

尚有餘力樹立新的憲政體制。這也意味著推動憲政改革有著來自內部的動機，從鄂圖曼帝國的歷史脈絡就可以看出端倪。「外界壓力」只是決定憲法頒布時機的因素之一。

那麼阿卜杜勒阿齊茲的過世，以及胡塞因．阿夫尼．帕夏的槍殺事件，又該如何解讀呢？前者打從一開始就不斷有「他殺」的傳聞，米德哈特當然也免不了遭懷疑涉嫌謀殺阿卜杜勒阿齊茲。米德哈特本人當然矢口否認，但這份嫌疑好幾次被提出，最後更讓米德哈特為此丟了性命。至於後者，則因為事發地點在米德哈特的私宅，米德哈特才遭懷疑參與其事。而在採行憲政的議題上，米德哈特與阿夫尼的意見相左，米德哈特因而遭懷疑策劃「暗殺」阿夫尼。在米德哈特的自傳裡，他詳述了事件的來龍去脈，並否認自己參與犯案，只是把原因歸咎於切爾卡斯．哈桑與胡塞因．阿夫尼．帕夏的私人恩怨。

阿卜杜勒哈米德二世即位後的一八七六年九月，雖然制憲作業如火如荼地進行，但伊斯坦堡內部也有些人認為鄂圖曼帝國做為一個伊斯蘭教國家，並不適合採行西歐國家的憲政體制。根據米德哈特的描述，那是一群「早已習慣從專制狀態中獲取利益的人」，為了阻撓制憲而釋出「這麼做必定損及君主的獨立性」及「到頭來勢必會演變成共和政治」之類的謠言。

事實上，確實有一些與前蘇丹阿卜杜勒阿齊茲及前大宰相奈迪姆較親近的烏理瑪（法學家），在一八七六年十月對憲政改革作出負面的宣傳，而在未經審判的情況下被逐出帝國首都。這一起打壓反立憲派的事件，被後人稱作「穆費汀事件」（穆費汀是首謀者的名字）。只要是阻撓憲政體制的人，就會像這樣被米德哈特以違法手段予以嚴懲。這種做法自然引來了正反兩極的評價，但米德哈特在這一點上也有自己的主張。他在自傳中如此說道：

有些人可能不明白《基本法》的核心理念，要不就是智慧及學識不足以理解我國當前所面臨的狀況，因而在一開始抱持反對意見。但等到憲法頒布之後，他們必定會對真相有所領悟，並悔不當初。**然而國家在那當下正處於重要的轉換期**，如果對他們的蓄意行徑視而不見，以當時的狀況來說實在太過危險。因此在《基本法》完成制定並頒布之前，有必要讓這些人遠離首都。

（底線為筆者所加）

當然，這只是在違法打壓敵對勢力之後替自己辯護的藉口，但值得注意的是米德哈特使用了「轉換期」這個字眼，來強調自己對建立憲政體制所抱持的堅定意志。米德哈特清楚感受到時代正在面臨巨大的轉變，他認為自己只是確實扮演好自己的角色而已。然而照理來說，法治主義是坦志麥特改革的最大原則，米德哈特這種不惜違背原則的做法到底是對是錯，似乎不應該以「轉換期」一語帶過。

姑且不提，總之憲法草案在當年的十一月完成，只等蘇丹點頭同意。沒想到就在這個時候，阿卜杜勒哈米德二世竟然猶豫了起來，遲遲不肯頒布憲法。說穿了，畢竟憲法是凌駕在君權之上的最高法規，阿卜杜勒哈米德二世不肯乖乖就範。阿卜杜勒哈米德二世直接找米德哈特談判，最後成功讓米德哈特在憲法草案裡加入了一些君主的非常權限，例如可以下令將危險人物逐出國外等等。然而自傳中完全沒有提到這段交涉的細節，僅以輕描淡寫的詞句敘述了從完成草案到頒布典禮的過程。米德哈特為什麼急著想要頒布憲法，即便加入不合理的君主權限也在所不惜？

理由之一，當然是「外界壓力」。就在頒布憲法的當天（十二月二十三日），各國針對巴爾幹問題在伊斯坦堡舉行了一場列國會議。為了捍衛主權及展現改革決心，米德哈特故意選在這一天頒布憲法，確實能夠發揮一定程度的效果。憲法的第一條，正是「鄂圖曼帝國的範圍涵蓋現有領土及特權省（自治省），獨一無二，且無論任何理由皆不可分割」。面對當前局勢，這條憲法可說是發揮了最大的價值。然而制憲作業在此之前早就開始推動了，因此米德哈特急著頒布憲法的理由，應該不會只有「外界壓力」而已。

米德哈特本身對憲政的執著，也是一個不容忽略的要素。米德哈特不僅長年鑽研憲政議題，而且在阿卜杜勒阿齊茲的專政及奈迪姆的失政，造成坦志麥特改革的大原則「法治主義」遭受危害時，米德哈特更是挺身與他們對抗的當事人。這些過往經驗必定讓米德哈特深深感受到憲政體制做為一種防止擅權的政治制度，實在有其重要性與必要性。換句話說，立憲主義的價值透過實際經驗，深深植入了米德哈特的心中。或許正因米德哈特對於憲政有如此殷切的期盼，才會急於頒布憲法，即使為此而同意加入一些君主權限也在所不惜。只是沒想到這些額外加入的君主權限，竟然徹底改變了米德哈特自己的命運。

圖 2-5　針對巴爾幹問題而召開的列國會議剛結束，米德哈特 · 帕夏正搭乘馬車要離去。由兩匹馬所拉的馬車裡的人物，可能就是米德哈特 · 帕夏。

逼不得已的改革實踐

一八七六年十二月頒布憲法，到了隔年三月，議會正式開始運作。然而鄂圖曼帝國所面臨的國際壓力不但沒有改善，反而更加惡化了。針對巴爾幹問題而召開的列國會議在進入一八七七年後因列國無法取得共識而決裂，大宰相米德哈特想盡辦法向英國展現建立憲政體制的成果，可說是忙得焦頭爛額。

然而打從一開始就對憲政不抱好感的阿卜杜勒哈米德二世，開始有了動作。剛進入一八七七年不久，他首先將包含新鄂圖曼人在內的立憲派人物一一逐出伊斯坦堡。同年二月，他將米德哈特召至多爾瑪巴赫切宮（Dolmabahçe Palace），不僅革除了米德哈特的大宰相職務，還命令米德哈特立刻搭上汽船離開帝國，甚至不給米德哈特與妻兒道別的時間。流放處分的理由，是在某宴會場合上有醉客隨口說了一句「米德哈特．帕夏遲早會變成獨裁者」。阿卜杜勒哈米德二世便以此為藉口，將米德哈特逐出國外。依據憲法第一百一十三條的規定，凡是「經治安當局調查有危害國家安全之虞者」，君主可依其特權下令驅逐出境。雖然一切合法，米德哈特還是感到怒不可遏：

這四年來，陸續發生了多少事件與醜聞。敵人環伺在側，當此危急存亡之秋，我只能盡全力在神的庇佑下保護國家及國土，尋求安定之策。豈料在此緊要關頭，主上竟作此更迭，簡直就像是垂死的病患正在醫師的治療下逐漸康復，卻被迫服下毒藥。此舉無疑將帶來難以挽回的禍端。

米德哈特當然也把憤怒的矛頭指向蘇丹阿卜杜勒哈米德二世。當侍衛武官薩伊德．帕夏（Said Pasha，一八三一～一八九六年）向米德哈特傳達阿卜杜勒哈米德二世的道別之語及「過陣子一定將你召回幸運之都（伊斯坦堡）」的約定時，米德哈特說出了以下這段話：

很遺憾，就算我將來回到了幸運之都（伊斯坦堡），也已不可能在這座宮殿裡見到陛下，這片土地也不可能安然無恙。到時候陛下才會察覺自己犯了多大的過錯，但那時已經無法挽回了。請把我這段話字句不漏地告訴陛下。

圖 2-6 大馬士革的善導院

圖 2-7 伊茲密爾的碼頭（1880 年前後）

米德哈特遭解除大宰相職務一事，引來了各種傳聞與臆測。就連受過米德哈特提拔的艾哈邁德·米德哈特（此時的他已經是當代屈指可數的知名新聞工作者），竟也加入了批判米德哈特的行列。他放出了各種「庸俗可笑的謠言」，指稱米德哈特·帕夏「妄想成為君主」或「打算建立共和政權」。這種恩將仇報的行徑，當然讓米德哈特·帕夏氣得直跳腳。自傳中有這麼一段敘述：

> 艾哈邁德·米德哈特·阿凡提打從十歲左右就受到米德哈特·帕夏的特別提拔與栽培，不管是在多瑙還是在巴格達，米德哈特·帕夏都將他帶在身邊。若不是米德哈特·帕夏，他豈能擁有讀書寫字的能力。沒想到他竟恩將仇報，其心態任誰都看得出來。他所釋放出的那些流言，對這世間有害無益，可悲的艾哈邁德·米德哈特·阿凡提，就這麼以微不足道的代價出賣了自己的榮譽、價值及人性。

但不管再怎麼生氣，米德哈特還是只能黯然離開伊斯坦堡。他在義大利的布林迪西（Brindisi）、拿坡里（Naples）短暫停留，在安達魯斯（Al-Andalus）、巴黎也待了一陣子，最後前往倫敦。待在英國的這段期間，他曾與清朝的首任駐英公使郭嵩燾（一八七六～一八七八年在任）見面，也曾與日本明治時期的駐英公使上野景範（一八七三～一八七九年在任）見面。郭嵩燾在日記裡將他的名字（Midhat Pasha）譯為「密爾得巴沙」，還記錄了他在談話中曾比較日本與清朝的差異，並談及「亞細亞」（亞洲）的未來局勢變化。

米德哈特遭流放後不久，就爆發了俄土戰爭（一八七七年四月）。這場戰爭跟四分之一個世紀前的克里米亞戰爭不同，鄂圖曼帝國並沒有獲得英、法等國的支持。米德哈特雖然被國家流放，但還是靠自己的人脈遊說各方，為鄂圖曼帝國爭取轉機。可惜他的努力並沒有獲得回報，鄂圖曼帝國在一八七八年三月敗給了俄羅斯。

雙方所簽訂的《聖斯特凡諾條約》由俄國大使伊格那提耶夫主導，主要目的在於分化鄂圖曼帝國在巴爾幹地區的領土。不過由於列強介入干涉，所以後來重新締結了《柏林條約》。根據此條約規定，鄂圖曼帝國必須承認蒙特內哥羅、塞爾維亞及羅馬尼亞獨立，還因保加利亞成為自治國而喪失了多瑙省的大部分領土。曾經以多瑙省長的身分大力推動改革的米德哈特，得知這片土地不再為鄂圖曼帝國所有，不知心中作何感想？針對這一點自傳裡完全沒有提及。事實上在這段期間，阿卜杜勒哈米德二世再度行使其非常權限，不僅封鎖議會，還停止了憲法的運作。對於這個部分，自傳內同樣隻字未提，想來是為了避免惹惱撰寫自傳當下的帝國君主。

戰爭結束後不久，米德哈特在一八七八年夏天獲得赦免，得以居住在愛琴海上的克里特島（Crete）。他將家人們召來島上，但只一起生活了兩個月，他就被任命為敘利亞省長。自傳裡形容此時的米德哈特「身心俱疲，兼且年事已高」，因此原本打算婉拒這個職務。這時的他已五十六歲年紀。但米德哈特畢竟是個無可動搖的改革實踐者，就連他自己也承認這幾乎就像是一種疾病。自傳裡是這麼說的：

米德哈特・帕夏已經喪失了精力及對工作的熱誠，無法像從前在多瑙及巴格達那樣，為敘利亞盡心盡力。但畢竟米德哈特・帕夏是個長年來為同胞、為祖國及國民利益犧牲奉獻，從成果中感受到快樂的人物。在長達四十年的歲月裡形成的性向就像是一種疾病，已無法輕易改變。因此敘利亞省在各方面的潛力，以及當地居民難能可貴的能力與資質，都再次點燃了米德哈特・帕夏心中的熱誠，使米德哈特・帕夏決定著手推動各種有助當地的事業。

米德哈特在敘利亞省的各種施政，可說是過去他大半輩子在鄂圖曼帝國各地所實踐的各種改革之集大成。他首先著手執行的，是原本在該省執行過但成效不彰的改革項目。例如省府大馬士革曾仿效多瑙省開設善導院，但後來因資金不足而關閉，米德哈特上任後便下令讓善導院恢復營運。另外，米德哈特也依照當初在多瑙省的做法鋪設道路，並仿效「從巴格達到卡濟米耶的馬車鐵路」，鋪設從的黎波里到港口的馬車鐵路。除此之外，還重新整頓規劃了主要城市的街道，並整修監獄。從自傳這些描述便可看得出來，這些施政都充分運用了當初在尼什省、多瑙省及巴格達省累積的改革實踐經驗。不過當然也有敘利亞省獨有的政策。例如為了與各國在當地為非穆斯林居民開設的教會學校（mission school）互別苗頭，米德哈特專程透過上流人士組成的募款團體籌措資金，在省內各主要城市開設了穆斯林居民的學校。

當時在首都伊斯坦堡，米德哈特的最大勁敵馬哈茂德・奈迪姆・帕夏擔任內政大臣，身邊聚集了不少與米德哈特敵對的勢力。就在這個時期，居住在黎巴嫩山區的一群德魯茲派（Druze）穆斯

圖 2-8　塔伊夫要塞

米德哈特・帕夏在此地死於非命。

林起身反抗帝國朝廷。當地的局勢頗為複雜，法國為了擴張勢力而暗中支持當地的馬龍派（Maronite Church）基督徒，而英國為了制衡法國，則暗中支援當地的德魯茲派穆斯林。基於這個理由，英國向鄂圖曼帝國施壓，要求不得以武力鎮壓這些德魯茲派穆斯林居民。然而米德哈特竟不顧英國及鄂圖曼帝國朝廷的要求，派兵圍剿那些造反的德魯茲派穆斯林居民。與米德哈特為敵的勢力當然不會放過這個找麻煩的好機會。一八八〇年夏天，朝廷以「轉調」的名義解除米德哈特的敘利亞省長職位，要求他轉任安納托力亞以西的艾登（Aydin）省長。米德哈特於是搬遷至艾登省的省府伊茲密爾。沒想到該地成了米德哈特一生中的最後任職地點。

根據自傳描述，米德哈特原本也想要推掉這份職務，就此過著隱逸生活。只是內心深處的「習性與熱誠」終究還是鼓舞他繼續推動改革大業。米德哈特在這裡重新編組了保安隊，強化治安體制，開設學校及善導院，並在伊茲密爾市內鋪設馬車鐵路，以及通往郊區的道路。這些都是米德哈特長年來推動的改革套路。

在這個時期，朝廷重新調查起了前蘇丹阿卜杜勒阿齊茲的死因。基於「可能是他殺而非自殺」的懷疑，許多可能涉案的相關人士都遭到逮捕，監禁於耶爾德茲宮。有朋友對米德哈特提出警告，認為朝廷此舉的最終目的是要逮捕當初參與發動五三〇政變、逼迫前蘇丹退位的他及穆特金．魯修迪．帕夏。米德哈特聽了卻嗤之以鼻，認為那樣的疑慮只是杞人憂天。然而米德哈特並不知道，逮捕他與魯修迪．帕夏的計畫確實正在暗中進行，至於前蘇丹的真正死因，則似乎不那麼重要。

一八八一年五月，米德哈特正與家人待在伊茲密爾的省長官邸，三更半夜突然有官兵闖了進來。米德哈特雖然一度逃過追捕，躲進了法國領事館，但最後還是落網，移送至伊斯坦堡。六月下旬，耶爾德茲宮內舉行一場特別審判，米德哈特遭判有罪，在八月被送往阿拉伯半島西側的塔伊夫要塞監獄。他在獄中寫完了自傳後不久，就在一八八四年五月遭獄吏絞殺。就在那個春天，米德哈特以六十一歲之齡結束了一生。他的遺體原本一直埋葬在塔伊夫，後來鄂圖曼帝國瓦解，土耳其共和國誕生，又歷經了第二次世界大戰，到了一九五一年，進入民主黨（Demokrat Parti）政府時期不久後，遺體才移葬至伊斯坦堡。

改革尚未成功

以上回顧了米德哈特．帕夏的一生與鄂圖曼帝國「歷史的轉換期」的相互關係。「一八六一年」是鄂圖曼帝國從近世轉入近代的轉換期，也是坦志麥特改革從前期進入後期的十字路口，更是米德哈特的仕官生涯的一大轉機。米德哈特在坦志麥特改革前期以書記官的身分累積實務經驗，一八六一年就任尼什省總督，從此成為後期地方行政改革的先驅。

接著米德哈特先後擔任了多瑙省與巴格達省的省長，穩紮穩打地實踐他的改革套路，並獲得了一定成果。擁有這些經驗的米德哈特，應該算是當時官場上最熟悉帝國內政的人物。如此想來，一八七六年鄂圖曼帝國憲法的起草者與頒布者不是外交官員出身的穆斯塔法．雷希德．帕夏或是阿里．帕夏，而是米德哈特．帕夏，可說絕非偶然。唯有對近代鄂圖曼帝國的「構成」（constitution）瞭如指掌的米德哈特，才能夠建立鄂圖曼帝國的「憲法」（Constitution）吧。

有「鄂圖曼憲政之父」美譽的米德哈特．帕夏，晚年身處在塔伊夫的監獄裡，不知心中有什麼樣的想法？事實上，能夠用來窺探其內心世界的最佳史料，也只有當事人所留下的自傳而已。在閱讀自傳的過程中，當年他推動坦志麥特改革的景象彷彿歷歷在目。在「一八六一年」迎接了轉機的坦志麥特改革，正如自傳中隨處可見的描述，一路走來可說是十分坎坷。而且當米德哈特在獄中撰寫自傳時，改革還在持續進行著，並沒有結束。如此想來，做為一位天生的改革實踐者，米德哈特站在坦志麥特改革最前線的真實心境，應該是「改革尚未成功」吧。

◆ COLUMN ◆

另一部自傳

米德哈特．帕夏的兒子阿里．海達．米德哈特一八七二年出生於伊斯坦堡。父親米德哈特．帕夏死於非命後，阿里．海達在一八九九年逃至海外，直到鄂圖曼帝國在一九〇八年發生青年土耳其黨人革命後才回國。隔年阿里．海達便將亡父的自傳付梓出版，這個部分在前文已詳述過。回國之後，當初害死了父親的阿卜杜勒哈米德二世屢次任命阿里．海達擔任上議院議員或外國大使，但阿里．海達堅持不肯出仕。一九五〇年阿里．海達去世，終生不曾擔任公職。

阿里．海達模仿他父親，也寫了一部自傳。這部自傳從一九三七年開始在土耳其的早報上連載，一直到隔年才結束。一九四六年集結成冊，以《我的回憶：一八七二～一九四六年》（*Hâtıralarım, 1872-1946*）為題付梓出版。自傳的主要記錄時期從「青年土耳其黨人革命」開始，歷經第一次世界大戰，直到成立土耳其共和國。不過前面大約有三分之一的篇幅，是在談阿里．海達的童年回憶及父親米德哈特的晚年動向。自傳裡附上了許多相關資料，算是對父親的自傳作了一個補充。

相關資料的其中一篇，是米德哈特在監獄裡寫給家人的「最後一封信」。以下就是這封信的內容，可以看出米德哈特明白自己死期已近，這封信就等同於遺書：

我親愛的妻子們，娜伊美・哈努姆與雪芙琳班・哈努姆，我的女兒美姆杜赫，我親愛的兒子阿里・海達、（女兒）薇希美與梅斯魯蕾。這恐怕是我寄給你們的最後一封信。（中略）在這封信寄達之前，你們應該會先接到我去世的消息。不過你們不必太過悲傷。在神的恩寵之下，真理把持者（等同於神）必將寬宥我等囚人之罪，賜下恩赦與慈悲，若能在其命令下殉死，何嘗不是最大的恩惠。以上就是我主要想傳達的遺言。只要我一死，上頭應該會允許你們返回伊斯坦堡，而且應該會發下一些安家費。如果可以的話，我希望你們依然住在一個屋簷下，像兄弟姐妹一樣和睦相處。而且我希望你們能把我妹妹絲杜卡・哈努姆也接來跟你們一起住，並且把遺產的三分之一分給她。至於我的後事，就交給永恆的創造者處理吧。

伊斯蘭曆一三〇一年賴哲卜月（Rajab）十日（一八八四年五月六日）

米德哈特

——《我的回憶》

圖 2-9　阿里・海達・米德哈特（1903 年，攝於倫敦）

第三章　陸軍大臣米留廷的回憶

青島陽子

1 「大改革」時代與德米特里．米留廷

引領「大改革」時代的朝廷官員米留廷

一八五三年至一八五六年，俄羅斯帝國與鄂圖曼帝國（以及支持鄂圖曼的英、法兩國）爆發了克里米亞戰爭。在交戰過程中，堪稱「絕對專制」時期代表的尼古拉一世於一八五五年二月十八日駕崩，同年八月塞瓦斯托波爾（Sevastopol）遭攻陷，一八五六年締結了條件對俄不利的《巴黎條約》。隨著思想頑固的歐洲舊體制守護者尼古拉一世駕崩，以及在戰場上慘遭西歐諸國擊潰，俄羅斯帝國在新皇帝亞歷山大二世的帶領下展開大規模的國內改革。改革的第一步，就是在一八六一年二月十九日實施的解放農奴政策。這個政策不僅改革了過去統治階級（貴族）擁有及管理「農奴」的陋習，更成為後世所稱的「大改革時代」的濫觴（此處日期皆為俄曆〔儒略曆〕，在十九世紀與公曆〔格里曆〕相差十二天）。

圖 3-1　德米特里・米留廷

德米特里・米留廷是在頒布《農奴解放令》（*Emancipation Manifesto*）不久前的一八六〇年十月二十八日，晉升為陸軍副大臣。他原本在提比里斯（Tbilisi）當了四年的高加索（Caucasus）軍參謀總長，此時回到了聖彼得堡。據說他在與人交談後，「驚愕於一八五六年以來的巨大變化」。由於高加索地區就像是一個「與世隔絕的獨特世界」，從一八五六年到一八六〇年都待在高加索的米留廷「完全沒有機會見識到俄羅斯社會在克里米亞戰爭之後的變動」。

本章的核心，是俄羅斯帝國陸軍大臣德米特里・米留廷從一八六一年十一月九日至一八八一年五月十一日之間的二十年回憶錄。透過這部回憶錄，我們將試著回溯米留廷記憶中的一八六一年。德米特里・米留廷是大改革的先驅，也是後世歷史學家所稱的「自由主義官僚」或「開明官僚」的代表人物之一。他的弟弟尼古拉（Nikolay Milyutin，一八一八～一八七二年）任職於內政部，是解放農奴政策的主要規劃者。哥哥德米特里的最大政績，大概就是在一八七四年推動了包含貴族在內的全民兵役制度。德米特里同時也是有名的教育家及學者，為後世留下了十九世紀各方面的紀錄（包含從一八一六年出生到一八七三年之間的回憶錄，以及從一八七三年到一八九九年的日記）。

以下提到米留廷，若無特別註明，便是指哥哥德米特里。

「大改革」的時代從一八六〇年代一直持續到七〇年代，但到了一八八一年三月一日，有「解放者」（Alexander the Liberator）之稱的亞歷山大二世遭人民意志黨以炸彈攻擊暗殺，政局出現了巨大的變化。亞歷山大在遭暗殺的兩個小時前，才剛決定要在當時的內政大臣米哈伊爾·洛里斯·梅利科夫（Mikhail Loris-Melikov）所提的《憲法》（*Loris-Melikov's constitution*）草案上簽名。這是一部改革草案，以「自由主義」為宗旨，可說是從解放農奴開始的「大改革」之集大成。其內容包含調降農民購地的價格、廢除相當於特務警察的「皇帝直屬樞密院第三部」（Third Section of His Imperial Majesty's Own Chancellery）、擴大地方自治會與城市自治會的權限，以及設置代議制機關。但因為皇帝遭到暗殺，這部草案當然也沒有通過。召開於一八八一年三月八日的大臣評議會，由支持專制體制的康斯坦丁·波別塞多諾斯采夫（Konstantin Pobedonostsev）等「保守反動派」勢力掌握大權，支持大改革的「開明官僚」都只能辭去國家要職。米留廷在會議上表態支持梅利科夫的草案，再三強

圖 3-2　亞歷山大二世

調從一八六〇年代就開始的改革行動一定要持續下去，但亞歷山大三世正因為父親的慘死而大受打擊，根本聽不進去。同年五月十一日，米留廷辭去擔任長達二十年的陸軍大臣職位，陸軍單位的所有高層全部遭撤換。其後米留廷便帶著家人移居至克里米亞半島，在那裡度過餘生，幾乎再也不曾離開過克里米亞南端的西梅伊茲（Simeiz）。一九一二年一月二十五日，米留廷的妻子過世，米留廷也在三天後追隨妻子的腳步離開人世，享年九十五歲。

米留廷的回憶錄

米留廷開始寫回憶錄，是在剛辭去陸軍大臣職務的一八八一年。到了一八八六年九月二十日，米留廷在西梅伊茲寫了篇名為〈給將來閱讀我筆記的讀者的事先說明〉的文章，闡述自己對日記及回憶錄的想法。他在文章中說自己其實一直很想寫日記，但是除了從一八四〇年到一八四一年搭船前往西歐，以及遠征高加索地區期間之外，自己一直忙到沒有時間寫日記。另一方面，他也覺得「自己的平凡生活」沒有辦法成為有趣的日記題材。直到一八五六年升為高加索軍參謀總長，一八六〇年升為陸軍副大臣，一八六一年升為陸軍大臣，生活終於有寫進日記裡的價值，卻已沒有寫日記的自由時間。其後米留廷的工作越來越忙，到了就任大臣的第十三年，他才終於下定決心要寫日記。理由是在一八七三年年初的大臣會議上，米留廷面臨了一樁「昭然若揭的陰謀」，這讓米留廷領悟到有必要將「一般情況下會一直隱藏到未來的不可告人之事」以非官方文書的形式記錄下來。他認為像這類事情正是「將來歷史學家研究我國政府高層活動內情及找出概觀特徵時值得注意之事」。當時正處於議論是否該實施全民皆兵令的時期。

米留廷寫日記的行動，只持續到了辭職不久前的一八八九年。辭職之後雖然寫日記的時間變多了，卻失去了可以寫的內容。他認為像這樣的日記簡直就是「沒有目擊者或參與者能夠作證的歷史法庭，猶如閒得發慌的隱居老人特有的嘮叨廢話」。但因為辭職之後無事可做，再加上想要彌補太晚開始寫日記的遺憾，他決定把開始寫日記以前所發生的大小事情寫成回憶錄。但他又認為「這個課題的範圍實在太廣」，所以他決定「把回憶錄的開始時間設定在一八六〇年的年底，也就是剛就任陸軍副大臣、從高加索地區返回聖彼得堡的時期」。他就這樣從一八六〇年年底開始寫，一直寫到自己開始寫日記的一八七三年。這部回憶錄寫完之後，他又將時代往前回溯，繼續寫起從一八一六年到一八六〇年的回憶錄。他想要藉由這樣的回憶錄，把自己的活動紀錄流傳給「下一代」。但有一個問題，那就是米留廷「經常發現自己的記憶正在改變」。為了解決這個問題，他使用許多「私家文書」（工作筆記及收到的書信等）做為佐證。藉由這個方式，他「盡可能排除偏見或對事實的刻意扭曲」。但另一方面，讀者也不能忘記米留廷寫回憶錄的動機，是將「保守反動主義分子」對陸軍部諸般改革的「不當批判及惡意攻訐」的真相「攤在陽光下」。

回憶錄中的一八六一年初

現在讓我們把焦點移回到回憶錄最前面的一八六一年初的敘述上。米留廷的基本心態，可以說在這段敘述上顯露無遺。

首都自一八五六年以來的變化之大，令米留廷大為吃驚，同時也感慨「在爆發克里米亞戰爭之前，整個俄羅斯就像是陷入了死氣沉沉的怠惰泥沼之中，塞瓦斯托波爾的毀滅性破壞更帶來了無可救藥的絕望。但如今整個國家充滿了年輕朝氣，以及對整個國家體制的復活與重生的玫瑰色希望」。他尤其重視的是隨著出版的自由化而形成的「對舊秩序自由、無所不在且毫不留情的批判」。他認為「出版已成為揭發弊端的最佳工具」。過去的研究見解多半認為俄羅斯帝國在克里米亞戰爭敗北後，反動專制體制是出於危機感才著手推動改革。但從米留廷回憶錄的描述看來，當時的氣氛正好相反。原本籠罩著社會的緊張感隨著戰爭結束而消失，整個社會湧起了一股對重生的希望。

在這股社會活力的推動下，朝廷的各行政單位都開始研擬新的法規，民眾對「最重要的一件事」，也就是「廢除農奴制度」的期待與日俱增，每個人都在期盼「遍及整個俄羅斯帝國的無數奴隸能夠獲得解放」。而且改革是在亞歷山大二世的「個人提案」下展開的。朝廷開始「割除舊時代的潰瘍，以當代的歐洲觀念建立起更加合適的新秩序，取代落伍的醜惡秩序」。隨著朝廷的積極活動，「具發展性且思想開明的大量人才被吸引到共通的事業上。這些人重視社會及國家利益更勝於私人利益」。雖然「老一輩的高官」及「大多數的貴族」都反對這樣的嘗試，但「思想柔軟且更具人性的」亞歷山大二世堅信這樣的做法能夠促成「國家的偉大重生」，其「鋼鐵般的意志更勝其父親（尼古拉一世），且更加信賴自己的力量」。

不過，針對社會上的種種變化，米留廷也不是每件事都抱持肯定的立場。他注意到了隨著改革進行，一些新的威脅開始浮上檯面。首先他提到了「抱持革命思想及無政府心態的政治意涵訊息」。這些訊息主要在年輕學生、工廠勞工及部分農村居民之間擴散，一些從前偷偷摸摸進行的活動都有變得明目張膽的趨勢。米留廷認為像這樣的活動是與「俄羅斯帝國當前的一切為敵」，而且「顯然與當時的波蘭陰謀有著密不可分的關係」。像這樣把革命運動與波蘭解放運動連結在一起，而且表現出強硬的反對態度，可說是身為「自由主義者」的米留廷的特徵之一。

米留廷雖然樂見自由議論風氣所帶來的社會變革，卻厭惡這樣的風氣所連帶造成的脫序現象。他的反對立場並非只針對革命運動及波蘭民眾叛亂等極端的反體制浪潮。例如米留廷雖然相當重視可成為社會變革手段的出版活動，但對「我國的新聞工作者」卻常抱持批判態度。米留廷認為這些新聞工作者「過度擴張自己所獲得的自由」，而且「其作為並非只是揭發現有的弊端、濫權及違法行徑，而是反對朝廷的一切活動，甚至呼籲民眾拒絕相信及藐視一切公權力，這已開始破壞國內的均衡與秩序」。

另一方面，米留廷剛從高加索地區結束嚴格的軍事任務回到聖彼得堡時，也無法認同「職場體制」的變化。上下、長幼之間的關係已經喪失了過去「德拉古式（Draconian）的嚴峻規律」。這本身雖然不是一件壞事，但如今過猶不及，已經轉變成了「放縱」。年輕人受到大眾媒體影響，開始對上司表現出輕蔑的態度。相反地，上司則「突然從老虎變成了溫馴的羊隻」，因為擔心「成為報紙批評的對象」，甚至不敢表現出嘲笑的態度。原本蠻橫粗暴的上司反而變得阿諛奉承，想辦法討部下歡心。這樣的狀況甚至也出現在教育機構。教育者不再維持紀律，有些人放棄了與學員的人際關係，有些人選擇在上司面前替學員說好話，有些人甚至還會搧風點火，唯恐天下不亂。

在克里米亞戰爭結束後的俄羅斯帝國內部，米留廷是最具代表性的「開明思想」、「自由主義式」朝廷官員。俄羅斯帝國朝廷不僅奪走了「擁有農奴」這個貴族的主要特權，而且還進行大規模改革，在國家及社會的每個領域都大量採用新制度。米留廷在回憶錄裡談到自己擔任國家公職的這個大改革時代政治局勢時，總會提及推動各種改革的改革派，與反對改革的「貴族黨」之間的政治鬥爭。但除此之外，與社會上反體制的革命勢力之間的鬥爭，也是觀察這個時代的另一條輔助線。像這樣對政治鬥爭的描述，不僅對那個時代造成影響，對現代的歷史描述影響也不容小覷。本章嘗試重整並解析這份建構起歷史描述基礎的米留廷回憶錄詞句，設法從中找出一些過去較鮮為人知的面向。說得更明白一點，本章重視的是米留廷身為國家主義者的一面。包含他重視帝國的完整性，以及他主張為了維持秩序，即使動用強權也在所不惜。這也算是「抱持自由主義思想」的「六〇年代人物」的另一張臉孔吧。

2 解放農奴與國家・社會的「自由主義式」改革

一八六一年二月十九日廢除農奴制

首先我們來看看「解放農奴」及號稱「大改革」的諸般改革概況。一八六一年二月十九日頒布的《農奴解放令》，具體來說其實是關於農民改革的大量法令集合體。這些法令以《農民脫離農奴制的總則》（*Polozheniya o Krestyanakh Vykhodyashchikh iz Krepostnoy Zavisimosty*）為首，以下包含十六套法規，內容諸如具體的實施規範，以及各種地位及地區的農民相關規定等等。這一波大規模的制度變革，對於俄羅斯帝國的農奴（占人口的三四%，約二千三百萬人）以及原本擁有農奴的貴族的生活環境，都造成了相當大的影響。不僅如此，還徹底改變了整個帝國的國家及社會型態。

這龐大法令集合體的一開頭，包含了一篇亞歷山大二世所寫的宣言。以下節錄前面的幾個段落：

依據皇位繼承的神意與聖法，即位為列祖列宗傳下之全俄羅斯皇帝之際，朕謹遵天命，秉持身為皇帝的愛與關懷，在心中發誓將擁抱所有效忠於朕的諸般職位及諸般身分。從持劍守護祖國的高貴之人，到手持工具勤奮工作的樸實之人，從位居顯赫職務之人，到持犁耕種於田畝之人，無一例外。

> 朕細查組成國家之諸職現狀，得知國家對於上級、中級諸團體有著完善的法律規範，明定其義務、權利及特權，但對於隸屬的農奴則不到同等的程度。農奴之所以為農奴，乃是基於古老法規及古老傳統，在領主的權力下代代受到束縛所導致。而領主同時也肩負起施予其福利的義務。
>
> 領主的權利如今何其廣大，卻無法律足以精確規範，僅仰賴傳統、習慣及領主的善心。在好的情況下，領主的真誠庇護與慈悲，及農民的衷心服從之間，或許可以建立良善的家庭父子關係。然而一旦習俗失其樸實，關係流於多樣化，農民不再對待領主如父親，或是領主的權利落入只重私利之人的手中，則良善關係將會變得薄弱，農民將面臨嚴峻、刻薄且粗暴的環境。然而農民卻是得過且過，無心改善自己的生活。

從這篇宣言可以看得出來，《農奴解放令》所強調的並不是全民平等。皇帝只是站在其立場重新整頓各種不同階級身分的權利與義務，讓過去只對上級、中級諸團體發揮效力的各種法律權利，也適用於生活在領主土地上的農民。換言之，就是以法律明定領主與農民的權利，讓過去只仰賴人情義理的雙方關係能夠受國家法律制約。

因此，解放農奴在名義上是皇帝對貴族的一種呼籲。為了「祖國的利益」，皇帝呼籲貴族作出「限制自己對農民的權利」的「自我犧牲」。而且宣言內還有一句「朕的信賴獲得了回報」，這代表著當一連串的法律付諸實行，原本具有「農奴身分」的人與領主之間的關係將受到法律重新定義，成為能夠獲得完全權利的「自由村落農民」。*

然而實際上要實現這一點，過程是相當漫長而複雜的。農民雖然能夠立即獲得人格上的自由，但領主依然掌握土地的所有權。農民負有向領主購買屋舍及周邊土地的義務，此外若雙方達成共識，農民還可以向領主購買一部分的田地。這筆購買屋舍及土地的費用會由國家代墊，先支付給領主，農民再花四十九年的時間償還給國家。這個漫長的買賣過程並非僅由農民個人負責，而是整個農村社區都必須負連帶責任。農村社區的居民組成「村社」†，負責社區行政工作，數個「村社」聚集成「鄉」。‡制定解放農奴政策的官員一方面讓農民從「貴族的所有物」轉變為「國家的子民」，另一方面也擔心這些農民會變成「農村無產階級分子」，因此設法讓這些農民擁有土地，誘使他們繼續務農。具體的作法，是舊領主貴族與農村社區共同製作土地證書，買賣作業則由國家居中協調，藉此整理出土地的所有權歸屬。同時讓農民的自治組織擔任國家行政的末梢機構，嘗試由國家建構新的管理機制。一個推動改革的國家，必定會設法讓貴族及農民都持有土地且留在農村裡，國家會居中安撫調解，不使其出現反抗行為，或讓雙方之間爆發衝突。

* 俄文原文為 свободных сельских обывателей，在鄉間自由居住的人。

† Selskoye obshchestvo，意指農村社區。簡稱 Obshchina（公社），或稱米爾（Mir，世界或和平之意）。

‡ Volost，意指小行政區，由數個米爾集結成的地方自治單位。

連帶進行的諸般改革

為了除去俄羅斯的巨大「潰瘍」，幾乎國家及社會的所有領域，都必須重新評估各自的法律及制度是否適當。

隨著農村裡貴族與農民的各種權利變更，地方行政的具體處理方式也被重新檢視。由於不再採取由領主管理領地的做法，為了填補制度上的空缺，有必要建立一套貴族及農民共同參加的新地方管理機制。一八六四年一月一日實施的地方自治會制度（Zemstvo）有別於國政，採納了代議制的理念。自治會分為省（Guberniya）、縣（Uezd）兩個層級，縣自治會以地方的不動產持有量為基準，選出議員及農民議員，上層的省自治會則由縣自治會議員互相遴選。內政大臣彼得．瓦盧耶夫（Pyotr Valuyev）偏向保護貴族利益的立場，主張地方自治會應該由貴族掌控，但在他的政敵尼古拉．米留廷（德米特里的弟弟）的堅持下，農民也獲得了實質代表權。地方自治會在推動社區福祉事業上責任重大，除了必須負責徵收地方稅之外，在基礎建設、醫療及教育領域都扮演著舉足輕重的角色。各自治會必須自行雇用醫師、醫療助理、獸醫、教師、農業技師及統計師等專業人才，對俄羅斯社會的現代化發展有相當大的幫助。俄羅斯的「自由主義者」數度提案應擴大地方自治會權限，讓地方自治會的代表也能夠參與國政。這麼一來，朝廷也能夠取得來自地方上的資訊及意見，有助於提升百姓對朝廷政策的支持度。前述梅利科夫的提案正是代表性的例子。但是朝廷不敢讓傳統專制體制就此瓦解，因此一直沒有在國政上採行代議制，這個狀況直到一九〇五年革命之後才改變。此外，省、縣的「貴族團」及新設的「村社」（農民）及「鄉」等等，不同身分的地方團體組織也維持不變。

一八六四年十一月二十日頒布的一連串司法改革制度，則實現了司法的獨立性與公開審判原則。自此之後，政策朝著建立全臣民平等的審判制度發展，司法官、律師等法律專業人才的重要性也跟著提升。另一方面，由社會代表參與司法程序的機制也獲得重視。例如考量到不同身分地位的人有著不同的想法及生活樣式，因此司法審判導入了陪審制。雖然列名陪審員清單的條件是必須擔任一定層級以上的官職或公職，或是擁有一定程度的財產，但鄉及村社的幹部及土地持有者也在符合條件之內，因此有不少陪審員是農民出身。除此之外，還實施了負責管轄少額罰金或小型犯罪的「治安官」制度（*mirovoy syezd*），年滿二十五歲以上、擁有一定學歷及財產的社區居民，都有機會獲選為治安官。

不過，新的制度並沒有辦法在帝國的每個環節建立起均質的法律體系。例如傳統的農民法庭依然維持運作，並不在新制度的改革範圍內。此外，地方自治會制度及司法制度只在歐洲俄羅斯地區（European Russia）施行，也導致採行新規定的帝國中央地區與受特別制度管理的邊境地區之間產生落差。

即便如此，改革的範圍及領域還是相當廣。由於出版審查門檻放寬，出版活動變得相當熱絡。高等及中等教育制度也有完善規劃，入學的身分限制廢除，使得各階層的百姓都有機會成為菁英人才。朝廷還研擬要開設專門給農民就讀的國民學校。此外，一八六〇年代初期推動了財政改革，包含開設國家銀行、改革銀行制度、公開國家預算，以及廢除酒類專賣制度等等。不過稅制改革的方面推動得並不理想，並沒有成功廢除人頭稅。另一方面，朝廷也積極鋪築鐵路，活絡各方產業。到了一八七〇年，城市也開始採行新的地方自治制度。

德米特里・米留廷的軍制改革

德米特里・米留廷在一八七四年推動的軍制改革，應該可算是一連串大規模改革的最後一場改革行動。其實打從一八六〇年代起，米留廷就以陸軍大臣的身分推行了一連串陸軍制度改革，包含重整陸軍部的中央機構，減少人員及文書往來，將權力集中在大臣身上。地方上則採行軍區制*，將國內劃分為十五個軍區。軍區司令部在戰時可做為參謀部，平時則成為陸軍部的地方單位。一八六三年廢除了軍隊體刑，一八六七年則改革了軍法會議制度。此外米留廷也致力於軍官及士兵教育，改組少年軍校，讓學校制度更加對外開放，同時也加強一般士兵的識字能力。這些改革的本質都在於提升行政效率及人員素質，可說是「開明官僚」最偏愛的改革規畫。

而在諸般改革中，米留廷又特別注重兵力的增強。傳統的兵力來源是依需求而從課稅人（農民及一般市民）中招募士兵，每一名士兵的從軍期間長達二十至二十五年。但是這樣的做法在非戰爭期間的維持費用太高，不符合經濟效益。理想的兵役制度是縮短從軍年限，減少非戰爭期間的軍隊數量，但是戰爭期間又能大量動員已完成訓練的士兵。米留廷很早就朝著這個方向努力，但要徹底實現，就得推動全民義務役制度，也就是連貴族都必須當兵。這就跟解放農奴一樣，將會剝奪貴族的主要特權，因此米留廷遲遲沒有付諸行動。直到一八七〇年爆發普法戰爭，俄羅斯帝國因普魯士國力大增而受到刺激，才開始真正推行全民皆兵制。耐人尋味的是，當米留廷向亞歷山大二世提出改革的建言時，米留廷的政敵瓦盧耶夫竟然為支持立場，反而是與米留廷站在同一邊的亞歷山大・巴里亞京斯基公爵（Aleksandr Baryatinsky）抱持反對意見。巴里亞京斯基是米留廷任職於高加索地區時的長官，也是他推舉米留廷就任陸軍副大臣。

在皇帝的支持下，朝廷在一八七四年一月一日頒布了新的《全面兵役義務法》。根據此法規定，凡是二十一歲以上的男性皆須服兵役（陸軍六年、海軍七年）。不過還是有一些細項規定，例如只要家庭狀況和教育程度符合條件，就可以免除兵役。不僅如此，而且像「異族人」（在法律上受到特殊對待的非俄羅斯系民族）、殖民者、神職人員、醫師、教師、藝術家等專業人才及特殊族群也都不用當兵，因此實際上離「全面」還有一段距離。即便如此，此法還是剝奪了從前彼得三世（Pyotr III）賦予貴族的「免除兵役」特權，讓同樣身為帝國臣民的貴族必須履行兵役義務，已算是非常大的變革。

＊ 俄文為 Военный округ。

圖 3-3　亞歷山大・巴里亞京斯基

以一八六一年解放農奴為起點的一連串大規模改革事業，其特徵在於過程中相當在意西歐諸國的輿論，而且是一邊研究西歐諸國制度，一邊進行改革。改革事業以公開性（glasnost'）及合法性（zakonnost'）為基本理念，呼籲全國所有階級身分的臣民一同遵守新制訂的各種制度。推動者相信這麼做，能讓過去因受貴族特權所箝制而難以進步的俄羅斯社會獲得解放，讓俄羅斯重振大國聲勢。一般學界對於這場改革的歷史敘述，不管是在當時還是現代，都將之稱為「自由主義式」改革。然而當時在推動這些改革時，目標並不是建立一個人人平等、自由的社會。其動機追根究柢，還是在於強化羅曼諾夫王朝（House of Romanov）對帝國領土的掌控力量。為了實現這個目標，才想要明確界定出各階級身分的權利與義務，並呼籲所有臣民一同參與社會改革活動。當不同階級身分之間出現利害衝突的時候，皇帝還會親自出面居中調解。將皇帝的改革意志實際付諸行動的人物，正是包含德米特里・米留廷在內的一群「開明官僚」們。下一節，將以這群官員為分析重點。

3 主導「大改革」的「開明官僚」

「開明官僚」的出現

「開明官僚」(enlightened bureaucrats) 一詞，是美國最知名的大改革研究者威廉·布魯斯·林肯 (William Bruce Lincoln) 率先使用的詞彙。而「自由主義官僚」(liberal bureaucrats) 則是以拉里莎·扎哈諾娃 (Larissa Zakharova) 為首的俄國研究者在著作中經常使用的詞彙。然而這兩個詞彙所指的幾乎是同一群人。

自從彼得大帝 (Peter the Great) 規定 (所有的) 貴族有義務從事國家職務後，貴族就一直有著很強的職勤意願。即使一七六二年之後貴族的職勤義務獲得解除，這樣的傾向依然維持。在十八世紀，貴族所參與的國家職務以從軍為主流。進入十九世紀之後，由於官僚機構重新整頓，開始採行部制，因此也漸漸開始流行文官職務。培育文官的教育制度也越來越完善，能在官場出人頭地的教育水準隨之提升。尤其在十九世紀前期尼古拉一世在位期間，朝廷為了強化專制體制，開始推動官僚集團的專業分工。在這個過程中，雖然高階官僚依然由持有廣大土地的貴族占優勢，但整體而言沒有土地的貴族比例增加了。越來越多的貴族不再是一邊經營自家領地，一邊擔任文官，而是全心全意地投入文官工作，因此「重視國家問題的菁英文官」也越來越多。

圖 3-4　尼古拉・米留廷

林肯所稱的「開明官僚」，指的正是這些完全沒有土地、只靠擔任文官維持生計的貴族官僚。尼古拉一世在位期間，這些官僚在巨大的官場組織裡，以特定領域專業官僚的立場接受磨練。特別值得注意的一點，是當時的朝廷為了掌握國家現況，經常會派人到地方上實地走訪調查。例如米留廷的弟弟尼古拉・米留廷在任職內政部的期間，就曾調查城市及港口，藉此評估城市產業發展狀況，也曾實地走訪塔夫利達省（Taurida，包含南烏克蘭及克里米亞半島），調查外國移民及國有財產現況。在過程中，他逐漸成為統計學的專家。一八四〇年，他調查發生饑荒的地區，大膽指出行政疏漏之處，因而獲得上司的賞識。到了一八四六年，他獲派負責聖彼得堡的市制改革，就是最好的證明。從一八四一年開始擔任內政大臣超過十年的列夫・佩羅夫斯基（Lev Perovski）正需要能夠精準掌握地方實情的優秀部下，因此他成為像尼古拉・米留廷這種年輕實務派官員的重要提拔者。進入一八五〇年代之後，亞歷山大二世的弟弟康斯坦丁大公所掌管的海軍部，也成為著名的官員訓練處。

尼古拉一世在位末期，皇帝的弟弟米哈伊爾・巴甫洛維奇大公（Grand Duke Michael Pavlovich）

在一八四九年去世，跟他關係不好的愛蓮娜．巴甫洛夫娜（Grand Duchess Elena Pavlovna）在成為寡婦後就經常舉辦聚會，邀請知識分子與思想進步的官員參加。這樣的聚會為原本沒有交流機會的在野知識分子與年輕官僚提供了一個私下談論種種國政問題的場所。此外，成立於一八四五年的俄羅斯地理學協會，在亞歷山大．戈洛夫寧（Alexander Golovnin，他後來擔任國民教育大臣，是米留廷兄弟的終生摯友）當上祕書之後，也成為開明官僚的聚會場所。這些年輕的實務派官員正是利用這樣的機會，針對俄羅斯的現實問題構思具體的改革方案。

林肯對這些開明官僚給予相當高的評價，認為他們推動了俄羅斯的現代化改革。但另一方面，林肯也指出了其中難以克服的問題點。最大的問題，在於開明官僚在推動改革計畫時，過度依賴皇帝個人的支持。這也意味著社會上大多數勢力都拒絕參與改革，希望改革僅侷限在官僚制度內部。開明官僚都以為要順利推動改革，只要有像自己這樣思想開明且掌握充分資訊的建言者，心裡清楚俄羅斯需要的是什麼樣的改革，並傳達給皇帝知道就行了。德米特里．米留廷也有著這樣的特徵。

德米特里．米留廷的出身與年輕時的職務內容

德米特里．米留廷在一八一六年六月二十八日出生於莫斯科的貴族家庭，但家境並不富裕。德米特里是長男，前文提過的尼古拉是次男，另有三男弗拉基米爾（Vladimir，一八二六～一八五五

年）是聖彼得堡大學的法學者、四男鮑里斯（Boris，一八三二～一八八六年）是任職於西伯利亞的官員。米留廷兄弟都是靠公職維持生計，父親阿列克謝・米哈伊爾維奇（Alexei Mikhailovich Milyutin）雖然是世襲貴族，卻有著「中產階級市民」的感性。

關於米留廷家族的官方紀錄，最早可追溯到彼得大帝的室內掌窯人阿列克謝・米留廷。一七一四年，阿列克謝・米留廷在皇帝的直接指示下開設了製造絲綢、裝飾繩及錦布的工廠。在一七二〇年的一份諭令上，可看見除了彼得大帝的簽章之外，還有親筆修改及補充文字，例如要求使用國產的材料等等。到了安娜・伊凡諾芙娜（Anna Ioannovna）在位期間的一七四〇年，米留廷家族獲得世襲貴族的稱號，企業家的精神也在家族裡流傳了下來。然而到了德米特里的父親這一代，則同時繼承了領地及工廠，以及龐大的債務。父親想方設法要維持家計，但最後還是破產了，只好找了份基督救世主主教座堂（Cathedral of Christ the Saviour）建築委員會書記的工作。因為這個緣故，米留廷一家人在一八二〇年代的末期離開了莫斯科西南方卡盧加省（Kaluga）季托沃（Titovo）的領地，在莫斯科租了一間屋子。

基於這樣的家庭狀況，父親在兒子的教育上投入了非常多的心血，期盼他們長大後能夠擔任公職。由於家中經濟並不寬裕，兒子剛開始是在家裡接受教育，但父親認為還是有必要讓他們接受官方教育，因此將他們送進了國立中等教育機關（gymnasium），從第三學年開始就讀。接下來，父親又成功讓兒子們進入莫斯科大學附屬寄宿學校就讀，這是一間專收貴族子弟的菁英教育機構。兒子們能夠順利進入菁英學校，主要是受了母親娘家的幫助。母親伊麗莎白・德米特列耶夫娜

(Elizaveta Dmitrievna）是保羅．基謝廖夫伯爵（Pavel Kiselyov）的妹妹。基謝廖夫伯爵在尼古拉一世在位期間曾擔任國有財產大臣，負責指揮國有地農民改革。伊麗莎白出身於高高在上的基謝廖夫家族，卻下嫁至沒落貴族米留廷家，幾乎可說是與娘家斷絕了關係。即便如此，身為哥哥的基謝廖夫伯爵還是伸出援手，幫助外甥們進入菁英學校。

換句話說，對米留廷兄弟而言，擔任公職是安身立命及出人頭地的唯一機會。在他們將一生奉獻給公職的過程中，漸漸開始輕蔑貴族追求私利的行徑，並將國家利益視為唯一價值。以德米特里自己為例，他雖然在一八四〇年代繼承了莫斯科以南的圖拉地區（Tula）的一小塊土地（約一百二十六公頃）及二十六名農奴，但他在舅舅的幫忙下將這塊土地轉讓給國有財產部，並把農奴的身分轉換為國有地農民。「我不想再當一名領主，不會想再當農奴擁有者。唯有這麼做，我才對得起自己的良心。」他曾這麼說道。

弟弟尼古拉太過熱衷於法國文學及浪漫主義文學，並沒有好好念書，因此畢業時成績很差，只能擔任較低的官階。相較之下，哥哥德米特里則非常勤勉好學，在一八三二年以第二名的成績自寄宿學校畢業。到了十七歲的時候，德米特里隨父親前往聖彼得堡，成為一名砲兵士官，並在六個月後順利晉升為軍官。父親是莫斯科大學自然學學會的成員，著有《依據流體動力學法則組裝水車葉片的指導手冊》一書。德米特里或許是受了父親影響，求學期間對數學、物理學、測量學及地形學非常感興趣。自一八三五年的年底起，德米特里進入陸軍大學（Akademiya）就讀實踐班，一年後以優異成績結業。一八三六年，德米特里轉調至禁衛軍參謀本部。

一八三八年起，德米特里又轉調至駐高加索地區的部隊。他在呈交給長官的報告中，指出了部隊組織及制度的缺陷，並提出了新的要塞系統的提案，展現出過人的才能，獲得長官的賞識。一八四〇年到一八四一年，他曾前往西歐視察，歸國後再度回到高加索的部隊值勤。一八四五年年初，德米特里偶然獲得了在陸軍大學教授軍事地理學（後來改稱為軍事統計學）的機會。一八四九年到一八五二年之間，他完成了《一七九九年保羅一世在位期間的俄法戰爭史》，藉由龐大的資料客觀分析了蘇沃洛夫將軍（Alexander Vasilyevich Suvorov）擔任司令官的能力。這部著作獲得相當高的評價，成為後人研究俄羅斯軍事史的基礎。

一八五三年秋天，當時的陸軍大臣瓦西里・多爾戈魯科夫（Vasily Dolgorukov）指名德米特里・米留廷負責克里米亞戰爭的「特別任務」，從此米留廷成為陸軍大臣身邊的「學術顧問」。這個時期的米留廷除了在陸軍大學教書之外，還曾經陪同尼古拉一世與奧地利皇帝、普魯士國王進行會談，並且撰寫過相當多軍事及政治策略方面的文書。一八五五年八月，朝廷為了改革軍事部門而設置特別委員會。一八五六年三月，米留廷提出《俄羅斯軍事體制的問題點與解決方案相關意見》，主張有必要在平時減少軍隊人數，在戰時增加軍隊人數，但「農奴主人的權利」是實現這個理想的一大阻礙。可見此時米留廷的心中已萌生了軍事改革的想法。但另一方面，由於工作太忙，原本計畫撰寫關於高加索戰爭歷史的著作，遲遲沒有辦法完成。

克里米亞戰爭結束後，米留廷也不必再執行「特別任務」。當時就任高加索總督兼高加索軍司令官的亞歷山大・巴里亞京斯基公爵拔擢米留廷為參謀總長。於是米留廷第三次前往高加索赴任。

接下來的這段期間，米留廷嘗試精簡高加索軍的組織結構，重新整編了軍隊的軍事及行政體系，使其更加職責明確且紀律分明。除此之外，米留廷也曾參與圍剿長年率軍反抗俄軍的山區宗教領袖沙米爾（Shamil），及協助策劃終結高加索東部地區軍事行動的作戰計畫。一八六〇年八月三十日，巴里亞京斯基公爵推薦米留廷為陸軍副大臣，米留廷於是在十月底回到了聖彼得堡。

帝國官員米留廷的政治觀

德米特里．米留廷雖然長年擔任陸軍大臣，但心態比較像行政官員，而不像軍人。他曾改革過高加索軍的軍事行政機構，以及陸軍部的中央機構，並建立軍區制。其改革所重視的向來是刪減行政上的不必要人力，使組織結構更加合理化，讓組織在執行中央指令時能更加靈活圓滑，並靠擴充教育制度來提升人員素質。這正是開明官僚的典型思維。

不僅如此，米留廷所關心的議題涵蓋全體國政，並不侷限在陸軍的範疇之內。在國政改革方面，米留廷認為皇帝的專制權力是不可或缺的條件，因為這可以成為壓制反對派的最大武器。這也是開明官僚的共通特徵。米留廷主張：「在我國，只有權力能夠推動改革。如今我國還處於過度動盪的狀態，各方勢力的利害關係及關心方向沒有共識，我們無法期待那些各懷異心的代表能夠率先提出什麼良善且堅定的意見。」基於這樣的觀念，米留廷認為俄羅斯距離採行立憲制還有很長的一段路要走。

此外，米留廷主張國內政策的基本原則有兩點必須重視：「第一，維持國家的整體性及統一性。第二，所有成員必須擁有相同的權利。」後者的重點在於批判特權身分。米留廷認為「我們應該放棄所有陳腐的舊時代特權，永遠告別所有階級與階級之間的特權」。其中米留廷最為詬病的，就是貴族對農奴的權利。他認為這種權利會讓「一切事物都失去進步的空間」。此外米留廷的思想核心還包含「國家利益重於私人利益」及「實踐重於理論」。

關於前述的第一點，米留廷有進一步的解釋：「我國的改革必須通用於帝國全境。如果不同的地區各適用不同的特例，將損及國家的統一性，誘發分離主義及相互競爭。」針對這一點，米留廷更強調：「我們需要的是強大的權力與俄羅斯化的決定性優勢（適用於整個帝國，尤其是波蘭王國與芬蘭大公國）。」不過另一方面，米留廷也提出了附帶說明：「然而強大的權力並不代表必須排除公民的個人自由及自治，俄羅斯化不代表必須打壓或根絕其他的民族性（narodnost），廢除老舊特權也不等同於一視同仁與社會主義。」米留廷追求的理想狀態，是一方面讓權力集中在皇帝身上，一方面改掉部分身分或地區保有特權的狀況，將各種集團組織重新整編，使其與絕對的國家權力保持相同距離。

以下看看具體的狀況。波蘭在一八六三至一八六四年之間，爆發了反抗俄羅斯帝國的大規模叛亂。*面對波蘭的亂象，米留廷主張毫不留情地派兵鎮壓。當有「絞首行刑者」（Wieszatiel）之稱的總督米哈伊爾．穆拉維約夫（Mikhail Muravyov-Vilensky）以殘酷的手段嚴懲波蘭貴族時，米留廷站在贊成的立場。對於德國貴族統治的「東海地區」（Ostsee，波羅的海沿岸地區），米留廷抱持的態度同樣強硬。向來與米留廷站在同一陣線的報紙《俄羅斯的傷痍軍人》曾發文批判這些德國特權階級反對一切改革，只想要維持古老統治秩序的心態，導致「芬蘭、拉脫維亞系居民」及當地的俄羅斯人處於無權利的狀態。

雖然米留廷在高加索地區只間接參與了沙米爾的圍剿行動，但之後的高加索地區施政方針，米留廷向來強硬。對於高加索西北部及外庫班（Kuban）地區的山地民族，俄羅斯朝廷逼迫他們從兩個選項中挑選一個。其一，移居至平地的指定地區，並完全服從俄羅斯朝廷的統治。其二，離開祖國，遷徙至「土耳其」。當地居民向朝廷請願，希望可以延期或取消這項移居命令。對此，米留廷的評語是「厚顏無恥」。因為他認為，真正提出這項請願的並不是當地的平民百姓，而是當地的「地主」。這些地主不僅魚肉鄉民，占據高收益的土地，還刻意煽動百姓，讓百姓對朝廷及「莫斯科佬」†抱持不滿與憎恨。在中亞方面，外交大臣亞歷山大．戈爾恰科夫因擔心與英國發生衝突而抱持保守立場，米留廷則主張應該積極進占土地。一八六七年，在米留廷的舉薦下，康斯坦丁．考夫曼（Konstantin Kaufman）將軍受任為突厥斯坦總督，對中亞地區採取更積極的征服策略。

＊ 史稱一月起義，後遭俄羅斯強力鎮壓。原先波蘭—立陶宛的社會主要貴族階層在這次起義後被摧毀，這跟俄國皇帝於一八六四年宣布解放當地農奴、使貴族喪失經濟基礎有很大關係。此外，半自治的波蘭王國也被完全廢除，俄國在當地強力推行俄羅斯化政策。

† Moskal，意指俄羅斯人，源自中世紀後期白俄羅斯、烏克蘭、波蘭等地對莫斯科大公國居民的稱呼，但在十八世紀末至十九世紀俄羅斯帝國擴張統治周邊民族後，該稱呼也逐漸轉為貶義。

由以上數個例子可以看得出來，米留廷所稱的「俄羅斯化」並非站在民族主義的立場，而是站在國家主義的立場，首要條件是維持俄羅斯帝國的統一。為了實現這一點而採取強硬政策，米留廷視之為一種打壓特權階級、保護非特權階級的國家正義。這可說是一種以皇帝的支持為後盾推動改革的國家官僚所抱持的優越感，也可說是一種自認為只有自己理解「共同利益」(common good) 的自信。這一切都不是抽象的理論，而是在政局及社會變動之際，面對「敵人」時抱持的具體政治判斷。

米留廷的性情

在回到一八六一年回憶錄的內容前，我們先來看看德米特里．米留廷是個什麼樣的人物。

米留廷回到聖彼得堡之後，便當上了陸軍副大臣。但當時的陸軍大臣尼古拉．蘇哈扎涅特 (Nikolai Sukhozanet) 是個連識字能力都成問題的「龍鍾老人」。他不信任年輕的副大臣米留廷，完全不讓米留廷處理陸軍部的實質工作。米留廷為此感到相當無奈，甚至考慮辭職。但因波蘭局勢動盪不安的關係，蘇哈扎涅特在一八六一年五月被調往波蘭王國，米留廷突然成了陸軍部的最高領導者。到了十一月，米留廷更正式晉升為陸軍大臣。此時米留廷終於能夠在陸軍部「自由自在」地做事。自此之後，他除了每天要處理身為大臣的龐大日常業務（報告、會議、典禮）之外，還全心全意地規劃起陸軍部的改革計畫。「我白天連一個小時的休息時間都沒有，但晚上的睡眠時間很充足（每天晚上至少必須睡五至五個半小時）」。過度勞累的工作量，據說讓米留廷變得神經緊張，而且幾乎完全沒有時間與家人見面。

最讓米留廷感到痛苦的事情，是各種宮廷義務。他感覺待在宮廷裡，就像待在「敵軍陣營」內。「那些自以為高高在上的大貴族（Aristocracy），都以藐視的眼神看我。那些上了年紀的高官，都認為我只是個年輕得志的小夥子。那些農奴的主人，都因為弟弟的關係而討厭我。我對社交界一點也不感興趣，對於各種虛榮的誘惑更是避之唯恐不及。我變得極端內向、缺乏自信，隨時隨地都在避免受到他人注意。更何況我連工作的時間都不夠了，那些事情當然是能避免就避免。」他甚至還拜託當時的宮內官安德烈·蘇瓦洛夫（Andrey Shuvalov），將他的名字從宴會名單中剔除。對方當然大吃一驚，不明白米留廷為什麼要拒絕這種許多人夢寐以求的殊榮。從此之後，許多人在私底下以「民主主義分子」、「幾乎像個革命家」這類難聽的字眼來形容米留廷。

不過由於皇帝經常表現出對米留廷的好感與信賴，所以米留廷的精神得以維持穩定，在公共場合的地位也絲毫不受動搖。除此之外，米留廷的心中還對愛蓮娜·巴甫洛夫娜充滿感謝。據說愛蓮娜是位「非凡的女性」，靠著高明的「手

圖 3-5　愛蓮娜 · 巴甫洛夫娜
（米哈伊爾大公夫人）

腕」，讓任何人都自然而然地感覺「自己是屬於這裡的一分子」。因此米留廷「雖然不擅長與人交際，但不管是午餐還是晚宴，對於她的招待都不會感到厭煩」。像這樣在公務機關及宮廷的自我描寫，可以清楚看出米留廷畢竟是個完全仰賴工作能力往上爬的下級貴族，內心同時充滿了自負與自卑。

接著我們來看一些他人對米留廷的評價。一八六〇年九月十七日，巴里亞京斯基公爵在寫給亞歷山大二世的信裡，推舉米留廷為陸軍副大臣。巴里亞京斯基在信中對米留廷讚譽有加，說他「才能出眾」、「高風亮節、品德高尚」且「全無私慾」。但接下來，巴里亞京斯基在信裡卻寫道「我必須老實說出他的缺點」。他說，米留廷這個人「容易疑神疑鬼，卻沒有看人的眼光，常會被一些不名譽的人物耍得團團轉。他對參謀部軍官、文筆好的人及受過高等教育的人表現出極端的好感，對其他人的態度卻完全不是那麼回事。他對所有的貴族，尤其是擁有爵位者，甚至會表現出敵對的態度。因此我認為在時機成熟時，或許可以給他一個爵位。」

巴里亞京斯基在推舉米留廷為陸軍副大臣時，內心所打的算盤是由自己擔任陸軍參謀總長，掌握軍事實權，而把陸軍部交給米留廷管理，讓陸軍部成為一個單純管理行政及財務的文書部門。由於米留廷的年紀比巴里亞京斯基小一歲，再加上是貧窮貴族出身，又有著公務人員性格，巴里亞京斯基滿心以為自己可以不費吹灰之力讓米留廷變成自己的傀儡。但實際上的結果卻是巴里亞京斯基沒有當上陸軍參謀總長，而米留廷在當上大臣後因為積極推動陸軍部改革，不管是對皇帝、陸軍還是整個朝廷，都展現越來越強大的影響力。因此到後來，巴里亞京斯基反而變成了米留廷的政敵。

特別是針對米留廷的陸軍改革，巴里亞京斯基抱持反對意見，認為這會導致軍隊官僚化。值得一提的是在俄土戰爭結束、召開柏林會議（一八七八年）之後，米留廷確實如同巴里亞京斯基當初的建言，獲得了伯爵爵位。

巴里亞京斯基接著在信中如此寫道：「不幸的是他有著所有俄羅斯人的共通缺點，那就是憎恨非大俄羅斯出身者。而且他非常拘泥於他自己的好惡，總是對高加索的地方人士充滿反感，不僅常惹火我，有時甚至還會讓事態惡化。」在這段話裡，巴里亞京斯基彷彿是以高高在上的大貴族立場，描述了身為小貴族的米留廷對「地方人士」的反感，以及身為「大俄羅斯人」的驕傲。事實上，弟弟尼古拉在這方面的性格也與哥哥相似。雖然跟哥哥比起來，尼古拉對波蘭文化表現出較大的包容性，但對於波蘭貴族統治階級，尼古拉的態度可說是相當冷酷無情。在解放農奴之後，皇帝為了安撫貴族勢力，下令將尼古拉革職。但過了兩年，皇帝卻又命令尼古拉主導波蘭的農民改革。尼古拉來到波蘭後，不僅贊成帝國軍隊徹底鎮壓發動叛亂的波蘭貴族，而且推動的改革跟內地比起來，可說是極度對農民有利，而對波蘭貴族不利。敵視擁有古老特權的貴族、學歷至上、執著於統一性與合理性、抱持身為俄羅斯帝國官員的驕傲、相信自己推動的改革絕對不會有錯……這些都是開明官僚的典型特質。

一八八九年一月二十六日，軍事史學家阿諾德．西塞曼（Arnold Zisserman）完成巴里亞京斯基的三本傳記時，據說曾請求米留廷讓他在著作中公開這封信，但米留廷沒有答應。

4　米留廷所描述的一八六一年俄羅斯帝國

一八六一年——歐洲局勢與俄羅斯帝國

現在讓我們根據德米特里．米留廷的回憶錄，來看看俄羅斯帝國在一八六一年的國內外局勢。米留廷在回憶錄的一八六一年紀錄的最後，彙整了到這一年為止的歐洲政局概況。為了理解當時的國際局勢及俄羅斯帝國所扮演的角色，以下先針對此段紀錄稍作介紹。

根據米留廷的記載，當時的歐洲各國都「處在某種不安的預感中」。列強雖然表面上維持著友好關係，但每個國家都在強化軍事力量，「彷彿整個歐洲即將爆發一場大戰」。主要理由之一，就是義大利半島的局勢。薩丁尼亞王國（Kingdom of Sardinia）成功推行的「統一運動」，「激發了其他民族*的國族†情結，在波蘭人、馬扎爾人（Magyars）、奧地利君主國內部的斯拉夫人、什勒斯維希．霍爾斯坦（Schleswig-Holstein）地區的德意志人，以及巴爾幹半島及敘利亞的基督教諸民族之間掀起了革命浪潮。」

但米留廷接著又提到，法國皇帝拿破崙三世外交策略的兩面手法，也是導致國際局勢不穩定的原因之一。拿破崙三世雖然在表面上與大國維持友好關係，另一方面卻又或明或暗地援助義大利，因而破壞了局勢的穩定。米留廷認為法國在列強中「位居關鍵地位」，而且「全歐洲人都豎起了耳朵，仔細聆聽著巴黎的斯芬克斯‡所說出的那些不知該做何解釋的預言」。針對拿破崙三世這個人，米留廷又作出了這樣的描述：「他模仿他偉大的伯父，將所有權力掌握在手中，限制了所有自由主義式機關，卻明白自己的根基不夠牢固。他認為有必要取悅社會輿論，因此在國際政治上鬧出了許多荒唐的把戲，藉此爭取民眾（narod）的國族主義式（national）偏愛。他很喜歡使用祖國名譽、偉大、自由與社會秩序的調和等空泛字眼，有時甚至會為了讓民眾（narod）誤以為政治權利擴大，而讓政府公權力發出某種新的讓步大命令，藉此取悅國人。」米留廷接著還將拿破崙三世的這種內政手法形容為「立憲制遊戲」。

拿破崙三世像這樣半吊子地介入義大利的局勢，一方面是避免義大利與英國攜手合作，另一方面則是國內天主教勢力的施壓，必須保護教皇的權限。因此法國招募了一些志願軍，令其駐紮羅馬。法國的這個舉動，讓長久以來一直將義大利視為勢力範圍的奧地利有些不安，奧地利於是接近普魯士，企圖強化在德國聯邦架構內的共同軍事組織。另一方面，普魯士的議會認同讓義大利人統一義大利半島，同時希望以「純德意志人」組成國家的聲浪也隨之高漲，因此不願意與奧地利這個多民族國家建立太緊密的關係。俄羅斯帝國則是基於重視俄羅斯與普魯士宮廷之間的傳統關係，而

＊ narod，源自拉丁文 natio，意指人的集合體。本節中出現的「民族」與「民眾」，若原文拼音為 narod，均特別標示。

† 原文拼音為 national。本節原文有兩處如此拼音，為了與「民族」二字做區分，遂改稱國族，並特別標示。

‡ Sphinx，埃及神話中的怪物，此處是對拿破崙三世的形容。

參加了一八六〇年十月在華沙舉行的奧、普、俄三國君主會議，企圖共同建立反革命勢力。但另一方面，俄羅斯拒絕在義大利戰爭中支援奧地利，與法國也維持友好關係，更以柏林、維也納與法國三方的調解者自居。就像這樣，歐洲列強表面上維持友好關係，其實背地裡的政治角力相當複雜。

奧地利自從一八五九年爆發了在義大利的「不幸戰爭」後，國內的各民族（narod）都紛紛表態要求更多的權利。奧地利朝廷迫於無奈，只能開始規劃「同時兼顧國家全體的共同利益與地方行政自治」的方案。但在一八六〇年十月及一八六一年二月的帝國命令所提出的改革案，卻只滿足了「由德意志人組成的自由主義政黨」，反而惹火了「馬扎爾人及斯拉夫人」，讓奧地利從此進入了自治問題的漫長鬥爭與交涉。相較之下，普魯士在國家的「人口組成」上較具「統一性」，而且「有相當完善的民事及軍事制度」，因此米留廷認為普魯士的局勢「遠比奧地利有利得多」。十年之後，普魯士打破了歐洲的表面和平，先後徹底擊敗奧地利及法國，令俄羅斯帝國不得不全心投入米留廷所提出的軍事改革。

另外還有一個要素足以讓歐洲局勢產生變化，那就是「東方問題」。自從克里米亞戰爭結束之後，俄羅斯帝國喪失了原本對「鄂圖曼帝國的基督教人民所擁有的壓倒性影響力」。接下來，西歐列強更持續嘗試削弱俄羅斯在東方的影響力。名義上，「西側的大國」（尤其是法國）這麼做是為了保護「多瑙諸公國」。具體來說，拿破崙三世一直在策劃讓摩爾達維亞公國（Moldavia）與瓦拉幾亞公國（Wallachia）合併，成為獨立國家。在法國的支持下，亞歷山大·庫扎上校（Alexander Cuza，曾在法國求學，被人戲稱為「拿破崙三世的小老弟」）在一八六一年十二月成為兩公國合併後的聯合國家統治者，這個國家就是後來的獨立國家羅馬尼亞。

一八六〇年，敘利亞爆發基督徒遭殺害的事件，五大國與鄂圖曼帝國便在這年夏天於巴黎召開會議，最後的決議是由外國軍隊暫時駐紮在敘利亞境內。負責執行這個任務的是法國的軍隊，於是法軍為了恢復治安及維持和平而進駐敘利亞。到了一八六一年夏天，接近法軍撤退期限，各國再度討論如何保障當地基督徒的安全，結論是由英、法、俄三國派遣聯合艦隊鎮守在敘利亞沿岸，並且在敘利亞推行新的統治制度。根據新的制度，敘利亞地區在鄂圖曼帝國蘇丹的許可下設置信仰基督教的總督，其下安插兩名副官，一名副官從穆斯林中遴選，負責管理伊斯蘭教什葉派底下的德魯茲派，一名副官從基督徒中遴選，負責管理天主教會底下的馬龍派。第一任總督是信仰天主教的亞美尼亞人達吾德．帕夏（Dawud Pasha）。

根據米留廷的說法，敘利亞對西歐列強來說有貿易利害關係，因此西歐列強對敘利亞的天主教徒與對巴爾幹半島上的「與俄羅斯人有相同信仰的居民」（即正教徒），有著完全不同的態度。具體來說，列強諸國保護敘利亞的天主教徒可說是不遺餘力，但對「歐洲土耳其地區」（即巴爾幹半島）的正教徒卻不曾伸出援手。基於這樣的狀況，巴爾幹半島的正教小國都將俄羅斯帝國視為「自己國家的自然庇護者」，不斷向俄羅斯帝國尋求援助。俄羅斯帝國也因為這個關係，一再向列強及鄂圖曼帝國要求召開「調查基督徒現況及解決問題」的會議，卻不見各國作出正面回應。尤其是英國對俄羅斯極度不信任，似乎認為「想要維持鄂圖曼帝國內部基督教地區的穩定與秩序，唯一的方法是土耳其化」。而且，因為「土耳其的基督徒不斷向聖彼得堡尋求庇護」，英國為了與之對抗，也不斷將其觸手伸向君士坦丁堡。像這樣，列強之間為了巴爾幹半島的基督徒保護問題而形成的對立及勢力重整，終於在一八七〇年代末期引發了俄土戰爭。

此外米留廷也花了很多篇幅在論述「北美合眾國的內部紛爭」（指南北戰爭）。米留廷認為，雖然距離遙遠，但這也是一件在某種程度上反映了歐洲國際局勢的重要事件。他認為英國、法國、西班牙等「歐洲的海洋大國」都對美國的內部混亂暗自竊喜，背地裡都在期待美國的分裂或弱化。這些國家雖然表面上都保持中立，但私底下都在支援「分離主義者」，也就是與南部聯合政府暗通款曲。因為這個緣故，英、法才會與華盛頓關係惡化。另一方面，俄羅斯帝國則打從一開始就堅定支持北部的聯邦政府。相較於英、法等國那些令人感到不愉快的陰險行動，俄羅斯對於「大西洋另一頭的共和國」的施政極為認同。米留廷認為，美國北部的民眾都將奴隸制度視為「自由國家的恥辱、時代錯誤的政策」，因此「廢奴論者」的勢力一年比一年增加。也因為這個緣故，美國民眾（narod）對於「俄羅斯解放皇帝」極為推崇與敬佩。理由就在於，美國必須「靠互相殘殺的內戰才能解決廢奴制的問題」，俄羅斯卻能夠在和平的狀態下解放農奴。

透過以上的描述，可以知道當時歐洲各國雖然在表面上維持友好關係，實際上卻是處於不穩定的狀態。接下來，我們來看看大膽推動解放農奴改革的俄羅斯帝國在一八六一年時的狀況。

一八六一年前期——伴隨著《農奴解放令》的各種狀況

由米留廷的弟弟尼古拉掌握主導權的編纂委員會，在一八六〇年十月完成了解放農奴方案，送交由亞歷山大二世的弟弟康斯坦丁大公擔任主席的農民問題總會，在極短的時間內就完成了審查。在一八六一年一月二十八日的國家評議會總會上，皇帝宣布將在二月頒布法令。這速度可說是快得超乎尋常，完全不給反對派大幅修正內容的餘地。

二月二十九日頒布新法令，米留廷形容那場面就像是「那些原本被當成奴隸的廣大民眾（narod），頭上的轡銜突然被解開了」。大多數的人都是抱著不安與興奮的心情，迎接了這個巨大的變化。為了防止發生混亂及暴動，朝廷派出軍隊隨時警戒。為了趕在三月六日於全國同時宣布，數萬份的宣言抄本緊急發送至全國各地。兩首都在前一天的三月五日，就在教堂由神職人員說明了宣言內容，但也有不少地區是延到六日之後才宣布。根據米留廷的描述，民眾（narod）對新的法令都表現出「歡欣與感恩」，令他放下了心中的大石。據說聖彼得堡省的各縣代表團人員，都在冬宮流著眼淚向皇帝傾訴了自己的心情。這套新的法令也成為歐洲諸國議會上的討論話題，各地都有不少人讚嘆俄羅斯竟然能夠作出這麼重大的決定。

但另一方面，「在一些偏鄉地區，也發生了農民曲解宣言內容所造成的誤會」。有些地方傳出了農民將能無條件獲得土地的謠言，有些地方甚至引發了暴動。其中最嚴重的一場，發生在喀山省（Kazan）斯帕斯基縣（Spassky）貝茲納村（Biznä），帶頭者名叫安頓·佩托羅夫（Anton Petrov），

圖 3-6　彼得・瓦盧耶夫

共有五千名武裝農民參與，最後造成五十五人死亡、七十一人受傷。不過根據米留廷的說法，大多的混亂場面都是因「誤解」所造成，「軍隊一趕到現場，暴民就屈服了」。

解放農奴改革就像是打開了潘朵拉的盒子。從此之後，俄羅斯帝國的朝廷內部開始出現激烈的政治鬥爭。在內政上，擁護農民利益的改革派與擁護貴族利益的保守派爭執不休。事實上，在解放農奴改革實施不久後，政局的確發生了變化。在頒布法令造成的混亂逐漸平息的四月，皇帝下達了新的人事命令。在解放農奴改革結束之前，皇帝一直站在「反抗時代潮流」的立場，然而一旦進入施行階段，「皇帝基於其性格，便開始認為必須安撫民心」。因此，當初主導解放農奴方案的弟弟尼古拉・米留廷，以及其上司內政大臣謝爾蓋・蘭斯科伊（Sergey Lanskoy）都被免職了。執行法令的職責落到了新任內政大臣、「領主黨」的彼得・瓦盧耶夫的手上。米留廷形容瓦盧耶夫對歐洲事務學識淵博，外表充滿威嚴且打扮高雅，「談吐總是充滿氣勢，喜歡以各種語言來咬文嚼字」。他支持在波羅的諸省擁有勢力的德意志地主，對於「俄羅斯的民主主義」抱持反感。另一方面，弟弟尼古拉・米留廷親眼目睹畢生的心血事業落入反對派的手中，認為這是一種極大的侮辱，因此在一八六三年受命為波蘭王國進行農民改革之前，他一直在西歐調劑身心，逃離「聖彼得堡官場那令人窒息的空氣」。

進入五月後，皇帝啟程前往了有「純俄羅斯民族性（narodnost）的核心」、「不任公職的領主貴族淵藪」等別稱的莫斯科。因為皇帝認為「關心那些嘮叨的老人，安撫他們的情緒，讓他們接受過去他們最重視的習慣及世界觀已經遭到徹底扭曲的既成事實，是自己的義務」。五月十七日晚上十點半，皇帝抵達莫斯科，竟看見無數民眾（narod）夾道歡迎，從鐵路車站一直擠到了克里姆林宮。到了二十一日，又有四百人的農民團體流著眼淚向皇帝表達感謝之意。「他們跪在他（皇帝）面前，抱著他的腳大哭，『烏拉』的叫聲（歡呼聲）此起彼落。」相較之下，莫斯科那些「農奴的主人們」卻是怒火中燒，心裡認為這些歡迎皇帝的戲碼都是官員刻意安排的。但米留廷聲稱「根據我朋友的說法」，「完全不是那麼回事」，那些都是農民的自發行為。

皇帝在六月十日回到聖彼得堡，處理了一陣子波蘭問題之後，在八月六日啟程南下，經由克里米亞半島前往高加索地區。在十月十八日皇帝回到聖彼得堡之前，首都一直是處於沒有皇帝的狀態。

一八六一年秋天——聖彼得堡的「無秩序」狀態

「貴族黨」與革命運動的領導者就像是兩個極端。米留廷雖然推動改革，但對這些革命運動家也抱持敵視心態。在解放農奴後，整個社會陷入亢奮狀態，革命運動也活躍了起來，聖彼得堡出現許多「宣揚革命」的傳單。這些傳單的訴求對象大多是「年輕人」或「軍官」，標題大多是「大俄羅斯人」或「土地與自由」等等。傳單有時會被郵寄給特定對象，有時會被扔在公共場所、學校或軍營內，有時是在路上發送。

到了九月一日新學期開始，狀況有了明顯的變化。原本在尼古拉一世時代末期，大學不僅限制學生人數，而且管理嚴格，但自從一八五六年之後，有關當局大幅放寬了學校的限制，聖彼得堡大學的學生數量暴增至一千五百人左右。學生們組織了許多以生活互助、精進學業為目的的學生組織，當局也不干涉，但這些互助團體逐漸演變成了「無法控制的年輕群眾」。進入一八六一年年初，學生們開始糾眾鬧事，國民教育部為了消除這個亂象，遂於五月三十一日公布了嚴格的新規定，包含禁止未經許可的學生會議、廢除清寒學生的學費減免，以及提升入學、升學及畢業考試的難度。

就在國民教育部祭出這些新制度的不久後，學生們因為放長假的關係各自離去。另一方面，海軍提督葉菲米·普佳京因一八五五年簽訂《日俄和親通好條約》、一八五八年簽訂《天津條約》與《日俄修好通商條約》的外交功績獲得朝廷讚賞，在六月二十八日轉任國民教育大臣。他立刻下令嚴格執行五月的新規定，並試著製作學生名冊及發行學生證，加強對學生的管理。消息在學生之間傳開，立即引發了一陣騷動。此外，當局也新設了「副校長」一職，以加強對學生的監督，但教授們都不想背負這個責任，所以沒有人肯接這個職位。九月十八日開學後，校長沒有正式向學生宣布新的規定，學生無視新規定一再召開會議，教授也不加阻止。學生會議的聲勢越鬧越大，開始擴散至其他高等教育機關。

九月二十五日，校方封閉教室，學生大舉通過宮殿橋，穿過涅夫斯基（Nevsky）大道及弗拉迪米（Vladimir）街道，朝著聖彼得堡教育管區監督官格里戈里·菲利普森（Grigory Philipson）所住的鐘巷前進。警察署長亞歷山大·帕托克里及軍事總督保羅·伊格那提耶夫（Pavel Ignatyev）也旋即趕到現場。此時皇帝及兩位兄長都不在冬宮裡，因此由四弟米哈伊爾大公（Grand Duke Michael Nikolaevich）緊急召開臨時會議。不斷有市府官員前來報告學生狀況，負責統管憲兵隊的彼得·蘇瓦洛夫（Pyotr Shuvalov）走了出去，聲稱要勸學生們解散，但不久之後，他跟伊格那提耶夫、帕托克里都走了進來，表示對那群學生的舉動束手無策。就在大家決議要派出軍隊的時候，菲利普森終於下定了決心。他告訴大家，自己會負責處理這件事，接著就走了出去。菲利普森來到學生面前，勸他們回到大學，但學生們表示不信任菲利普森，若要他們退回大學，除非菲利普森也一同前往。於是菲利普森走在學生們的前頭，以徒步的方式（中途和其他人一起搭上馬車）回到了大學。

這場騷動就這麼暫時落幕了。但到了當天晚上，當局派人逮捕二十八名帶頭的學生，再度引發了學生的抗爭。此時大學教職員早已不再管事，完全交給警察及軍隊處理。從九月底到十月初的學生會議，有許多「外人」跑進來演講。到了十月三日，國民教育部又公布了新的規則。凡是想要留在大學裡完成學業的學生，都必須提出申請，以郵寄方式取得學生證，並且登記在學生名冊上。約一千五百名學生之中，只有六百五十三人取得了學生證。到了十月十日，學校重新開始上課，校方宣布只有拿到學生證的學生才能進入教室。但就算是拿到了學生證的學生，也因為擔心遭同學譴責而不敢到教室聽課。學生們再度開始鼓譟鬧事，當局終於出動軍隊，逮捕了二百八十人。這場學生騷動也擴散至哈爾科夫（Kharkov）、莫斯科等其他城市。

十月二十日，皇帝回到首都，開始摸索消弭事端的方法。蘇瓦洛夫、伊格那提耶夫、普佳京等人皆遭到免職，好幾個著名的大學教授也被迫離開學校。十二月四日，被捕學生的審理全部結束，五名學生因引發騷動而遭退學處分，被強制送往他省。但當局允許他們在警察的監督下擔任公職。另外有三十二名四年級學生也遭退學，但他們是被親戚接回，可正常擔任職務。一年級至三年級的一百九十二名學生則被嚴厲斥責，並且從以下三個選項中擇一接受：回到大學並接受名冊登錄、返回故鄉，或留在聖彼得堡但必須接受警察監視。

針對這起事件，米留廷對大臣普佳京及教育管區監督官菲利普森多有批評，認為他們的做法擴大了學生們的反抗行動，還害自己的多年好友卡維林（Kaverin）遭到革職。「普佳京不僅操之過急，而且手段過度激烈，不僅沒有安撫學生和教授，還在轉眼間將他們逼出校園，導致聖彼得堡大學完全荒廢。」十二月二十日，朝廷決定進行大學制度改革，並在頒布新的大學令之前關閉聖彼得堡大學。在一八六一年這個劍拔弩張的轉捩點，一場大學年輕人的騷動震撼了首都。然而朝廷對學生們的處分卻頗為寬容，就連米留廷也是一方面指責行政單位的錯誤策略，一方面表現出對學生及教授的同情。相較之下，對於同樣在這一年持續發生騷動的華沙，米留廷的看法可就截然不同了。

波蘭的「大動亂」*

回憶錄中的一八六一年部分，占據最多篇幅的是波蘭問題。從前的大國波蘭─立陶宛聯邦(Polish-Lithuanian Commonwealth)的榮耀，已經隨著十八世紀末期波蘭分裂而消失。但在被合併的地區裡，波蘭貴族依然擁有相當的勢力，而且一直期待著復興故國。波蘭在一八三〇至一八三一年所爆發的叛亂†雖然遭到武力鎮壓，但「波蘭的反叛勢力」並沒有完全根絕。根據米留廷的推估，在爆發叛亂後約有六千名波蘭人移居至西歐各國。這些「與俄羅斯不共戴天的仇敵」就像是「波蘭復國思想的祕密傳播者」，很可能「隨時都在想辦法找俄羅斯的麻煩」。隨著一八五九年義大利戰爭爆發，這些「幻想者」再度燃起希望，他們相信拿破崙三世一定會「解放」波蘭。移居至國外的波蘭人都懂得與歐洲各國的外交界、貴族社會、梵蒂岡及天主教神職人員建立良好關係，甚至不惜與歐洲革命的「民主派」攜手合作。當然他們也試圖要與俄羅斯的革命家搭上線。「特務與共謀者」可能在任何地方出現，就算是聖彼得堡官方機構內部也不例外。「以追求政治幻影而言，歷史上幾乎不曾出現過如

＊ Smuta，原文借用了俄羅斯歷史上所謂的「大動亂」(Смутное время)，原本指一五九八年至一六一三年，留里克王朝與羅曼諾夫王朝交替過程的一段政局混亂時期。

† 又稱十一月起義。以波蘭軍官和青年分子為首的團體，受同時期法國七月革命及比利時獨立影響，也希望爭取獨立，擺脫逐漸專制保守的俄國統治。。

此具有組織性、廣泛性及一貫性的陰謀」，米留廷如此形容。由此可看出米留廷的心中深深覺得「波蘭的陰謀正在侵蝕俄羅斯」。

此時誘使波蘭爆發叛亂的因素有好幾個。根據米留廷的論點，第一個因素就是前述的義大利戰爭。第二個因素，是爆發於一八三〇年的華沙叛亂在一八六〇年十一月剛好迎接三十周年。第三個因素，則是當聖彼得堡正準備要推動解放農奴改革時，「波蘭革命分子」搶先俄羅斯朝廷一步，以波蘭的農民問題大作文章，企圖藉此贏得波蘭農民的好感。

在回憶錄中，米留廷還提及了一份撰寫於一八六一年三月一日的詳細叛亂計畫書。這份計畫書是在一八六三年於波蘭貴族扎莫伊斯基（Zamoyski）的宅邸中搜出來的。該計畫書中首先提到農民改革必須由波蘭的「什拉赫塔」（Szlachta，波蘭貴族之意）來主導，絕對不能讓俄羅斯朝廷介入。俄羅斯朝廷如果拒絕波蘭貴族所提的改革方案，就要設法激發民眾對俄羅斯朝廷的憤怒。此外，還要設法讓俄羅斯皇帝感到恐懼，讓他不敢不接受波蘭愛國者的要求，並瓦解民眾對俄羅斯朝廷的信賴，讓全歐洲對波蘭的愛國運動心生同情。不過現在時機還沒有成熟，當前的首要任務是鼓動每個角落的年輕人，使他們反抗俄羅斯的公權力，醞釀不滿與混亂，為將來的起義鋪路。姑且不談這份計畫書的真實性，至少我們可以知道，這正是帝國官員眼中的「波蘭陰謀」。

一八六一年打從年初起，華沙就頻頻發生示威遊行。二月十六日，以華沙大主教為首的三人代表團將一封書信交給波蘭王國總督米哈伊爾·戈爾恰科夫（Mikhail Gorchakov），請他轉交給俄羅

圖 3-7　正在驅離波蘭示威群眾的俄羅斯軍隊

斯皇帝。信中感嘆波蘭人民的民族性及政治權利被剝奪，並懇求皇帝恢復波蘭在宗教、立法、啟蒙及社會結構上的民族獨特性。當時的聖彼得堡正處在即將頒布《農奴解放令》的緊張感之中，皇帝讀了信之後相當煩惱，最終決定在不損及帝國與波蘭之間政治關聯性的範圍內，給予波蘭一定程度的自治權。其目的一方面是要安撫華沙的騷動，另一方面也是想要軟化來自歐洲列強的輿論壓力。二月二十五日，皇帝先下了一道諭令給戈爾恰科夫，接著到了三月十四日，便頒布關於波蘭王國新統治制度的詔書。新的制度規定波蘭可以設置王國國家評議會、採用選舉制度的地方評議會，以及宗教及教育問題委員會等機構。這可說是俄羅斯朝廷對波蘭王國的一次讓步，使得波蘭王國的自治權提升到了一八三〇年之前的程度。然而波蘭方面所期盼的卻是回到一七七二年遭到瓜分之前的獨立狀態，因此俄羅斯皇帝的這道詔書反而引發了波蘭民眾的失望與暴動。三月二十一日，當局向波蘭民眾宣布王國統治制度的改革內容，到了三月二十六日群眾包圍總督府，隔天軍隊朝著民眾開槍，造成十人死亡。示威群眾的死傷引來了更多的追悼示威活動，外國媒體也紛紛對此行徑大加撻伐。自此之後，波蘭王國可說是陷入了永無止境的騷動狀態。

五月十八日，米哈伊爾·戈爾恰科夫因過度憂心及勞累而過世，陸軍大臣尼古拉·蘇哈扎涅特被緊急派往華沙接替他的職位。在首都的副大臣米留廷晉升為陸軍大臣，這一點前文已經提過。

當時朝廷的高層是由內政大臣瓦盧耶夫、憲兵司令官兼特務警察總長瓦西里·多爾戈魯科夫及外交大臣亞歷山大·戈爾恰科夫等「貴族黨」得勢，他們採取的主要策略為「拉攏地方的保守派勢力」，具體來說就是安撫波蘭貴族，避免採取強硬的軍事策略。再加上臨時被派往波蘭統管大局的蘇哈扎涅特年事已高，做事缺乏霸氣，導致波蘭的動盪局勢越來越惡化。皇帝煩惱許久後，決定派遣卡爾·蘭伯特（Karl Lambert）伯爵前往接替蘇哈扎涅特的職位。米留廷形容蘭伯特這個人是個依然保有禁衛軍士官「機靈與洗鍊」的年輕中將，但在此之前「不管在戰場上還是行政上，都沒有什麼立功的機會」。米留廷為此感到相當憤慨，「不明白皇帝為什麼要把這麼困難的工作交給他去辦」。「難道是因為他是個天主教徒，而且外表看起來斯文高貴，所以（皇帝）猜測他比較容易受波蘭貴族喜愛？這當然只是一種幻想。事實上我國朝廷當時對波蘭所採取的各種體制政策，都是源自於像這樣的幻想。」蘭伯特推薦當時任職於陸軍部的亞歷山大・格甚藤茨維格（Alexander Gershtenzweig）擔任華沙軍總督兼波蘭王國內政委員會委員長。根據米留廷的說法，格甚藤茨維格是個相當優秀的人物，陸軍部原本捨不得讓他離開，但「波蘭問題」是當時朝廷最大的隱憂，陸軍部也只能放手。

九月十九日，蘭伯特召開當時新設的波蘭王國國家評議會，努力推動三月十四日頒布的新制度。但狀況完全沒有好轉，反而越來越惡化。格甚藤茨維格在稍早之前寫給米留廷的信中，吐露了自己的心情：「我們在這裡的狀況相當令人絕望。」「波蘭的群眾運動不管是規模還是性質，都比聖彼得堡所預期的要嚴峻得多。如今嚴格的措施及戒嚴令是否還能發揮效果，實在令人懷疑。一切都已經太遲了。表面上的騷動或許能加以鎮壓，但仇恨卻只會繼續擴大。」在召開國家評議會不久後的二十一日，格甚藤茨維格又寫了一封信給米留廷，信中更具體地感嘆帝國的統治在波蘭所面臨的困境。他說恐怖主義已經滲透到

圖 3-8　卡爾・蘭伯特

波蘭的每個角落，自己卻是束手無策。警察在實質上等同不存在，所有的官員都與革命分子暗中勾結。他在信中還接著說道：「昨天我們召開了國家評議會的總會，在我看來，蘭伯特伯爵與我在這裡的立場是相當煎熬的。所有的議員都對地方情勢瞭如指掌，我們卻一無所知。我們在這裡被迫只能說法語，但大多數的議員連法語也聽不懂。未來只要他們繼續以波蘭語交談，我們就無法理解他們在說什麼。因此我常常喪失自信，感到相當沮喪，我做不到皇帝希望我在這裡做的事情。」

九月二十三日，華沙大主教去世。喪禮於十月一日舉行，波蘭王國各地都有農民代表團前來參加。他們吃完了豪華的餐點之後，竟然開始大談解放故國，還高掛起立陶宛與波蘭的共同徽章，許多神職人員都參與其中。由於距離民族英雄柯斯丘什科（Andrew Thaddeus Bonaventure Kosciuszko）的追悼紀念日已近，蘭伯特終於決定在十月二日發布戒嚴令。但十月三日還是從一大早就有大批民眾聚集在教堂內，蘭伯特於是派出軍隊驅離。大多數教堂的群眾都在軍隊抵達前散去，但還是有三座教堂裡的人群堅持不肯離開。軍隊將教堂團團包圍，僵持了整整一天，最後士兵破門而入，放掉女人跟小孩，將教堂內的所有男人逮捕。這些男人被送往城內拘禁，預計將以服兵役做為懲罰。

隔天（十月四日）早上，蘭伯特伯爵找來警察署長列夫·列夫辛（Lev Iraklievich Levshin），要他把罪狀輕微的人放了。沒想到警察署長在接到命令之後，竟然把拘禁者幾乎全部釋放。格甚藤茨維格大為吃驚，向蘭伯特詰問此事，兩人在密閉的房間裡發生激烈口角。格甚藤茨維格不久之後就病倒了，蘭伯特也提出辭呈，在十月十四日離開了波蘭。朝廷將列夫辛革職，並指派波蘭人席格門特．皮里斯茨基接替其職位。皮里斯茨基是波蘭裔的俄羅斯帝國軍官，他下令嚴加管理教堂。隨著戒嚴令擴大至整個波蘭王國，他也派出軍隊嘗試鎮壓各地騷動。不久後內部傳出消息，原來格甚藤茨維格並非生病，而是自殺未遂。據推測格甚藤茨維格可能是與蘭伯特伯爵進行了「美國式決鬥」（兩人抽籤，輸的一方必須飲槍自盡）。卡在頭蓋骨內的子彈令他痛苦萬分，最後他在十月二十日過世，喪禮於聖彼得堡的路德派教堂舉辦。

華沙的騷動擴大至「西部諸省」（從前的立陶宛大公國），終於在一八六三至一八六四年爆發了大規模的民眾叛亂。從米留廷的回憶錄可看出對他而言，波蘭問題並非僅止於對貴族的敵意和危及帝國統一性，更與國內年輕人的革命活動、歐洲國際輿論對俄羅斯帝國聲望的影響息息相關。開明官僚想靠大改革讓俄羅斯帝國重獲榮耀，波蘭問題可說是個難以解決的燙手山芋。

一八六三年九月十七日，弟弟尼古拉．米留廷也為了取回（他認為）在大俄羅斯農民改革中喪失的皇帝信任，為了證明大改革理念的正確，以及遏止波蘭騷動維持帝國統一，而著手推動波蘭王國的農民改革。他的心中一方面充滿了對改革的強大抱負，另一方面卻也不禁懷疑朝廷將波蘭問題交給自己處理，其實是出自反對派的陰謀。因為過去已不知有多少官員對這塊遙遠的紛爭之地束手無策，甚至可說吃盡了苦頭。果不其然，到了一八六六年十一月，尼古拉正全力投入於波蘭王國農民改革之際，忽然中風昏厥。他從此半身癱瘓，只能以四十九歲的年紀永遠退出政壇。尼古拉在一八七二年一月二十六日過世，得年五十三歲。

俄羅斯的近代架構嘗試

一八六一年對俄羅斯帝國而言，是最具象徵性的轉換之年。克里米亞戰爭的挫敗，大大損及了俄羅斯帝國自拿破崙戰爭以來在歐洲建立起的國威。在尼古拉一世的保守體制下長大的年輕實務派官員，隨著克里米亞戰爭結束及尼古拉一世的駕崩，終於得以從朝廷的束縛中解脫，著手推動偉大俄羅斯帝國的新生。他們所主導的改革，並非如同過去所說的，只是基於危機意識而在體制範圍內所勉強施行的半吊子改革。事實上他們的改革，乃是基於一股相信俄羅斯帝國能夠迎頭趕上歐洲列強的自信。因此主張「自由主義」在俄羅斯的專制及身分制度的限制內所能做的改革相當有限，這樣的批判事實上並沒有太大的意義。說得更明白一點，他們推動改革的主要目標並非改變體制，而是強化俄羅斯帝國獨有的體制，並尋求各種身分階級在皇帝專制之下的調和。

開明官僚皆相當重視俄羅斯帝國在歐洲國際社會上能否維持先進、強大及光榮的立場。要實現這一點，就必須大幅提升國力，讓國家機構運轉得更有效率。如此一來，國內各種身分階級的力量也能被充分活用。其中最重要的關鍵，就在於能否降低特權階級的私利，誘使更多人發揮最大的力量。此外還必須排除那些企圖阻撓改革的社會危險分子，讓具分裂傾向的地區能與中央緊密結合。開明官僚認為要約束這些利害關係不同或抱持反對立場的各方勢力，只能仰賴皇帝的絕對權力。他們相信只有自己這群接受過專業訓練、理解公共利益的國家官僚，才能夠在皇帝的支持下推動具體的改革。正因為如此，開明官僚才會如此擁護專制權力，執著於維持俄羅斯帝國的統一性。我們可以說這並不意外，而是開明官僚的本質。

然而，以這樣的方式所誘發出的社會能量，即使是在一八六一年的當下，也已顯現出難以駕馭的跡象。一八八一年皇帝被暗殺，政治局勢風雲變色。在此之前的一八七九年，米留廷曾經在日記裡寫下這段話（後來遭到刪除）：「我不禁認為我國的國家制度有必要進行從下到上的根本性改革。不僅是農村自治、地方自治會、省縣層級的地方行政制度，就連中央上級機關的制度都已經是舊時代的產物。這一切都應該在一八六〇年代進行大改革及整合，使其獲得新的形態。」然而如今的國家官僚已經失去了從根本上推動改革的能力，只是恐懼於年年高漲的「社會主義聲浪」，除了仰賴警察等防衛手段之外，可說是束手無策。就連身為「朝廷高官」的米留廷，也不得不認為「提出與自己身旁的一切截然相反的意見，與唐吉訶德沒有兩樣」。到底該怎麼做才對，米留廷一直相當苦惱。「我可以肯定，現在那些人不僅沒有能力解決眼前的問題，甚至連理解的能力也沒有。」從前的開明官僚那種認為任何事情都可以被合理控制的自信，已經在改革的過程中消磨殆盡。俄羅斯帝國就在這樣的狀態下，迎接了一九〇五年的另一個巨大轉捩點。

第四章　波薩德尼克號事件的衝擊

麓　慎一

1　波薩德尼克號事件的發生

《波薩德尼克號》的來航

文久元年（一八六一年）二月三日，由尼古拉．比里列夫（Nikolai Alekseevich Birilev）海軍少校擔任艦長的《波薩德尼克號》，抵達了日本的對馬島。《波薩德尼克號》占領該島沿岸長達六個月，與對馬藩發生衝突，期間不管是對馬藩還是幕府都苦無對策。一直到八月十五日，《波薩德尼克號》才終於離開對馬島。以下將探討這起波薩德尼克號事件對日本造成了怎樣的衝擊，以及這起事件是發生在怎樣一個世界史上的轉換期。

《波薩德尼克號》在文久元年二月三日登陸對馬的芋崎村。當時擔任大目付*的戶田惣右衛門在二月五日以「問情使」身分登上《波薩德尼克號》，與艦長比里列夫見面。比里列夫解釋，該船

＊江戶時代職銜，位於老中之下的實務官職，監視幕府高官行為，尤其是大名。

艦原本要從日本箱館（今函館）航向中國廣東，途中預定停靠長崎，卻因為船身破損的關係，只能暫時在對馬靠岸修理。比里列夫接著又說，希望日方能提供木材及代雇二十名修理工人，同時表示修船得花上大約二十天的時間。

當天負責協助雙方筆談的唐坊莊之介，在日記裡詳述了當時的情況。對馬藩的人與比里列夫各自拿出了《對馬淺海圖》與《地球全圖》，談論起「地中海」與「紅海」之間的通船，也就是蘇伊士運河的開鑿情況。此外，比里列夫還詢問對馬藩的藩士「知不知道唐太（即樺太，現今庫頁島）」，藩士指著地圖上的庫頁島與堪察加半島，口稱「俄羅斯」，比里列夫聽了相當開心。他接著向對馬藩的人強調，英國人都是「惡人」，不能讓他們來到對馬島，而俄羅斯人「喜歡日本人」，所以來對馬島沒有任何問題。從比里列夫這番話，可以明顯感受到俄羅斯與英國正為了搶奪對馬島的權利而起爭執。

其後，大目付朝岡讓之助在二月二十九日登上《波薩德尼克號》，與艦長比里列夫討論船艦修理地點及岸邊小屋規模，但沒有達成共識。比里列夫與朝岡接下來又會晤數次，但朝岡堅持不肯退讓，比里列夫也被激怒，雙方關係迅速惡化。

大約一個星期之後，狀況有了變化。對馬藩派出了勘定奉行＊平田茂左衛門擔任新的問情使，帶著負責筆談的滿山俊藏前往會見比里列夫。不久之後，比里列夫在報告書上寫下「過去一直拒絕己方要求的朝岡讓之助遭撤換，對馬藩派了新的兩個人前來會談，不僅答應以芋崎為《波薩德尼克號》的修理地點，還答應提供木材及協助雇用十五名修船工人，接下來就只剩下牛隻提供的問題，以及與對馬藩主會面了」。最後比里列夫還吹噓「這都是我提出抗議的成果」。

三月十三日，比里列夫向滿山俊藏提出希望能與藩主見面，並說出了自己來到對馬島的真正意圖。他說英國曾向日本幕府租借對馬島，但幕府沒有答應，兩年之後英國將會派出大量軍艦前來搶奪對馬島。對此，俄羅斯皇帝寫了一封國書，想要交給對馬藩主。比里列夫表示自己是基於這個理由，才想要與藩主見面。他還強調只要有俄羅斯幫忙，英國絕對無法靠近對馬島。

為了確認比里列夫這番話的真偽，日方派出了家老†仁位孫一郎，與比里列夫在三月二十日、二十一日及二十三日進行會談。比里列夫聲稱英國會在「戰勝廣東之軍」並修理軍艦後，仗其「兵威」前來借用對馬島。他還說自己之所以提出在這裡租借土地的要求，其實是為了提防英國來犯。比里列夫言下之意，似乎暗指對馬島的問題與英、清兩國的第二次鴉片戰爭有密切關聯。

直到這一刻，對馬藩才真正明白比里列夫前來對馬的意圖，也領悟到對馬不僅涉入了英國與俄羅斯的對立關係，還與英、清之間的第二次鴉片戰爭息息相關。

另一方面，《波薩德尼克號》與對馬藩的關係出現了比里列夫始料未及的變化。簡單來說，《波薩德尼克號》與對馬藩竟然爆發了衝突。這起事件被後人稱作「大船越事件」，以下簡述前因後果。

＊江戶時代職銜，位在老中之下的實務官職，掌管幕府財政和支配天領。

† 江戶時代職銜，諸大名家臣中的最高職位。一般有數人，採合議制管理藩屬領地的政治、經濟和軍事活動。

《波薩德尼克號》在四月四日通過大船越的水門，進入鴨居瀨村，有三名俄羅斯人在此登陸。到了四月十二日，又有十八名俄羅斯人搭上小艇，企圖突破大船越的防守線，繼續前進。村人們朝著俄羅斯人扔擲石塊及薪柴，俄羅斯人則開槍回擊。島民安五郎中槍身亡，另外俄羅斯人還俘虜了吉野數之助等數名島民。到了隔天的四月十三日，又有約一百名俄羅斯人進入大船越，俘虜了島上的兩名守衛、一名輕裝步兵，接著還進入村內大肆掠奪，搶走了七頭牛。對馬藩在四月十四日決定布陣備戰及藩主退避，並在隔天向幕府回報情況。由於這起事件造成日方居民死亡，因此成為了日本民眾發起攘夷運動（驅逐外國人）的導火線。

俄方派遣《波薩德尼克號》赴日的意圖

為什麼比里列夫要在對馬待了六個月之久？從他的話中，可以得知他來對馬是為了對抗英國。但是俄方派他率領《波薩德尼克號》前來對馬，具體目的到底是什麼？

俄羅斯與其他國家不同，在日本的箱館是設有領事館的。發生波薩德尼克號事件後，第一任領事約瑟夫．戈什克維奇（Iosif Antonovich Goshkevich）當然必須出面解釋此事。為了分析俄羅斯派遣《波薩德尼克號》赴日的意圖，以下我們先看看戈什克維奇在江戶採取了什麼樣的行動。

戈什克維奇在文久元年二月十日抵達品川。當時擔任外國奉行兼任箱館奉行的村垣範正，與擔任外國奉行的鳥居忠善，在二月十六日與戈什克維奇進行了一次會談。村垣在日記裡，針對這天的

環日本海地區與鄂霍次克海沿岸

會談寫了一句「關於對州之事，同支那簽訂新條約之事」，也就是針對對馬島的問題，戈什克維奇希望能與日本簽訂新條約，就像俄羅斯最近與中國（清朝）簽訂新條約一樣，雙方對此進行商議。

具體上，戈什克維奇到底和村垣等人談了什麼？一個月後的三月十四日，村垣向老中*安藤信正提出一份名為〈北蝦夷地御國境之儀付相伺候書付〉的文書，根據內容便可窺知一二。文書中首先提到，戈什克維奇警告幕府，英國有奪取對馬的企圖，千萬不能輕忽大意。當下村垣便向戈什克維奇詢問詳情，戈什克維奇於是取出俄、清兩國的「新條約抄本」，主張日本幕府若也能像中國一樣與俄羅斯劃定邊界，雙方攜手努力，必定能讓英、法等國不敢來犯。戈什克維奇所稱的「新條約」，指的應該是清朝將濱海邊疆區的廣大土地劃給了俄羅斯的《璦琿條約》或《北京條約》吧。在這份呈交給老中安藤信正的文書裡，村垣主張俄羅斯以英國意圖進犯為藉口，想要奪取我國的樺太（庫頁島）。《璦琿條約》簽訂於一八五九年五月，除了約定清朝將黑龍江（阿穆爾河）左岸土地割讓給俄羅斯，亦約定烏蘇里江以東的濱海邊疆區由清朝與俄羅斯共同管理。至於《北京條約》則簽訂於一八六〇年十一月，清朝將《璦琿條約》中約定共同管理的濱海邊疆區也割讓給俄羅斯。

由此可看出，幕府認為對馬問題不僅與樺太問題有關，也與俄、清兩國劃定領土的「新條約」，以及俄羅斯與英、法等國的對立有關。

接著來看看，戈什克維奇所謂的「英國意圖進犯對馬島」實際上是什麼樣的情況。以下先介紹俄羅斯的中國艦隊司令官伊凡·利哈喬夫（Ivan Fedorovich Likhachev）所寫的日記內容。他是占據對馬島的比里列夫的上司。萬延元年（一八六〇年）三月二十六日，利哈喬夫記錄了他在箱館與戈什克維奇商討對馬問題。他認為如果時間來得及的話，應該將《吉基德號》派往對馬。事實上在前一年安政六年（一八五九年）的日記裡，利哈喬夫就已記錄他得知英國的《阿克泰翁號》（Actaeon）軍艦已抵達對馬，而且戈什克維奇還從日本人口中聽到了英國人似乎有什麼計畫的傳聞。因此利哈喬夫在日記裡寫下「我們必須在那裡（對馬）搶先英國人一步採取行動」。

英國真的打算占據對馬島嗎？根據保谷徹的研究，駐日英國公使阿禮國†在萬延元年一月三十日呈交給外交大臣羅素（John Russell）的報告書中，曾建議英國占領對馬島。因此戈什克維奇所聽到的傳聞並非空穴來風。

接著來探討《波薩德尼克號》占據對馬島的更具體理由。以下介紹兩篇史料，第一篇是利哈喬夫在萬延元年四月二十三日寄給海軍元帥康斯坦丁大公的書信，第二篇則是康斯坦丁大公在兩個月後的六月二十一日寫給利哈喬夫的回信。

不過在進入第一篇書信之前，筆者想先解釋利哈喬夫寫這封信的原因。利哈喬夫在文久元年十一月二十一日的日記中提到了這封信。在這則日記中，他記錄了兩件與對馬島有關的事，其一是《璦琿條約》，其二則是英國的測量船。他認為《璦琿條約》所約定的新國界，讓俄羅斯面臨了截然不同的太平洋局勢，產生新的利害關係。調查過這片地區後，可得知對馬島的位置對俄羅斯來說相當重要。

---

* 江戶時代職銜，僅次於幕府將軍的最高常設官職，負責統領全國政務，一般四至五名定員，輪流管理不同職務。

† 原名 Rutherford Alcock，「阿禮國」是他擔任駐上海領事時的中文譯名。

至於英國的測量船，則有以下描述。一艘原本停在中國的英國測量船，在一八五九年被派往位於日本海的「俄國的新海岸」。英國士官華德就此長期留在對馬。利哈喬夫認為這艘英國測量船的舉動，也與《璦琿條約》及《北京條約》所約定的「俄國的新海岸」（濱海邊疆區）及對馬島有關。

在這段描述的最後，利哈喬夫強調自己基於職責，有必要寫信向康斯坦丁大公告知對馬島的意義及重要性。以下，我們就來分析利哈喬夫的看法。他在信中是這麼說的：韃靼海峽、日本海與太平洋之間受到日本列島阻隔，要從這片海域進入太平洋，有三條航線可以走。第一是通過宗谷海峽，此處可停靠庫頁島上的阿尼瓦灣；第二是通過津輕海峽，此處可停靠日本的箱館；第三是通過朝鮮海峽，此處可停靠對馬島。其中第三條航線的朝鮮海峽及對馬島，是俄羅斯前往中國及日本據點的通路，堪稱最為重要，但過去一直沒有受到關注。相較之下，第一條的宗谷海峽及第二條的津輕海峽，只會通往太平洋上除了捕鯨業者之外根本沒有人會去的無人海域。

利哈喬夫在信中暗示，如果這些土地落入強大敵國的手中，對俄羅斯來說極度不利。所謂的強大敵國，指的當然就是英國。他提到了前一年（一八五九年）英國的《阿克泰翁號》與《多芙號》（Dove）在聖伏拉迪米爾灣實施測量，這可能代表英國的真正目標是對馬島。接著利哈喬夫提出三個方案，能夠讓英國或其他國家勢力無法在對馬島上長久立足。第一，設法讓對馬島的全部或一部分土地成為俄羅斯領土。第二，取得對馬島的數處海岸土地，興建俄羅斯的船舶及軍艦停靠處，並進一步在島上設置倉庫及軍事醫院。第三，封鎖對馬島不讓任何歐洲人進入。利哈喬夫更進一步提出，他認為第三個策略要獲得日本的同意並不困難，但有效性令人存疑。因為日本幕府太脆弱，加上日本人對歐洲人的恐懼，難以保證將來幕府能夠持續阻擋歐洲人進入對馬島。

簡單來說，利哈喬夫認為俄羅斯的領土隨著《瑷琿條約》而擴張，對馬島的重要性也跟著大幅提升。他提出了三個方案，卻又對第三個方案的有效性存疑。所以他心中真正盤算的，可能是第一個方案或第二個方案。為了更加突顯俄羅斯在對馬島上的企圖，以下將介紹另一篇史料，也就是康斯坦丁大公寫給利哈喬夫的回信。

康斯坦丁大公在萬延元年六月二十一日送出給利哈喬夫的回信，信中包含以下的內容。皇帝亞歷山大二世已理解利哈喬夫所提出的對馬島的重要性，也認為俄羅斯確實有必要採取正確的決策。但考量到俄羅斯必須與鄰國日本維持良好關係，因此在對馬島上的行動只能以利哈喬夫個人的名義進行。皇帝期盼利哈喬夫能夠在對馬島上獲得足夠的權利，建設出像維拉弗蘭卡（Villa franka）那樣的設施。但利哈喬夫不能從事正式的外交交涉，只能由俄羅斯艦隊與該土地持有者「私下交易」。以上就是康斯坦丁大公寫給利哈喬夫的信件內容。簡單來說，康斯坦丁大公允許利哈喬夫在對馬島建立俄羅斯據點，但必須採用「私下交易」的形式。

利哈喬夫在萬延元年十一月十六日收到了來自康斯坦丁大公的回信。隔年（文久元年）一月十五日，他從長崎發出了一道命令給比里列夫：將領事戈什克維奇送至箱館，接著前往對馬島，首先詳細測量港灣，接著測量全島，最後測量朝鮮海峽的兩側。除此之外，還要盡量蒐集與對馬有關的所有必要資訊。正是因為這道命令，比里列夫才會指示《波薩德尼克號》航向對馬島。

到目前為止，我們已經分析了《波薩德尼克號》占領對馬的來龍去脈。除此之外，還有一個值得探討的問題，那就是康斯坦丁大公告訴利哈喬夫，皇帝期盼利哈喬夫能夠在對馬島上獲得足夠的權利，建設出像維拉弗蘭卡那樣的設施。這代表什麼意思？此處的「維拉弗蘭卡」，一般較常見的稱呼是「維勒弗朗什」（Vilfransh，濱海自由城），該地緊鄰地中海海岸，屬於薩丁尼亞王國領土，但在一八五七年至一八七八年之間，俄羅斯有權在此地停靠船艦並補給物資。此地在一八六〇年成為法國領土，位在如今法國普羅旺斯區（Provence）的摩納哥（Monaco）與尼斯（Nice）之間。

俄羅斯有權在這裡停靠及補給，主要的契機是康斯坦丁大公在安政四年（一八五七年）指示駐薩丁尼亞的俄羅斯公使，在該地尋找可以取得或長期租借、且適合給俄羅斯海軍使用的土地及建築。從維勒弗朗什的狀況來推測，亞歷山大二世的企圖，應該是在對馬島建設一座能夠讓俄羅斯海軍停靠及補給物資的基地，也就是利哈喬夫所提的三個方案之中的第二個。

如果說維勒弗朗什是俄羅斯海軍在地中海的據點，那麼對馬島，俄羅斯的期待就是讓它成為海軍在環日本海的據點。事實上克里米亞戰爭結束後，俄羅斯在歐洲的海軍實力就被大幅削弱。在這樣的局面下，俄羅斯獲得維勒弗朗什做為海軍據點，正是海軍元帥康斯坦丁大公所推動的策略。俄羅斯在一八五三年與土耳其（鄂圖曼帝國）、英國及法國爆發戰爭，亦即所謂的克里米亞戰爭。俄羅斯在這場戰爭中敗北，於一八五六年三月被迫締結《巴黎條約》。《巴黎條約》的最大目的，就是讓俄羅斯的勢力無法繼續深入歐洲。例如條約中的第十一條「黑海中立化條款」，內容便是禁止將黑海地區做為軍事用途，包含原本俄羅斯海軍在黑海的軍事據點奧德薩（Odessa）。如何才能遏止海軍的實力繼續弱化下去，是俄羅斯眼下最重要的課題。

俄羅斯取得在維勒弗朗什運用海軍的權限，正是為了順應這種世界史上的巨大轉換期。對馬的情況也大同小異。東亞正因第二次鴉片戰爭而陷入混亂，再加上《瑷琿條約》及《北京條約》讓俄羅斯獲得了中國的濱海邊疆區，俄羅斯才會興起覬覦日本對馬島的念頭。

2　波薩德尼克號事件與江戶幕府

外國奉行小栗忠順的派遣與回歸

老中在文久元年（一八六一年）四月六日派遣外國奉行小栗忠順與目付溝口勝如前往對馬，兩人在五月七日抵達。

五月十日，小栗忠順與比里列夫進行了一次會談。比里列夫堅稱對馬藩士告訴他，藩主將會在五月十一日與他會面。小栗只好設法安撫，將日期延後至五月二十五日，甚至還交給比里列夫一紙書狀，上頭寫明將會在五月二十五日之前，以自己的權限讓比里列夫與對馬藩主見面。

四天後的五月十四日，小栗與比里列夫又在《波薩德尼克號》上進行了一次會談。小栗詢問比里列夫為什麼要闖入大船越，比里列夫回答是為了繪製地圖，並表示這是利哈喬夫的命令。於是小栗質問他，是否修船只是藉口，來到對馬的真正目的是為了繪製地圖？比里列夫否認了這個質疑，他強調是在修船時接到利哈喬夫的命令。接著比里列夫轉移話題，聲稱英國及法國都在覬覦對馬島，但只要自己守在這裡，英、法就不敢輕舉妄動。此外比里列夫還說，兩年前英國船在這裡進行測量時並沒有受到阻擋，只是當時英國船所繪製的地圖有所疏漏，自己這次只是加以補足。

至於四月十二日對馬藩居民與俄羅斯士兵發生衝突的事件（大船越事件），比里列夫堅稱是居民做出「無禮舉動」，俄羅斯士兵才會「對空鳴槍」。小栗聽了之後只是回答，日本過去一直處於「鎖國」狀態，最近才剛「開港」，因此還留有許多「舊習」，再加上對馬位置「偏僻」又非「開港地」，所以居民不懂歐洲的禮節。說完之後，小栗也沒有針對這件事繼續追究。

不久之後，比里列夫便與對馬藩主見了面。雙方實際見面的日期是五月二十六日。這可說是比里列夫此行的一大收穫。到了隔天的五月二十七日，比里列夫便向利哈喬夫回報了會見藩主的來龍去脈。以下簡單介紹報告內容。五月十八日，小栗又與比里列夫見了一面。小栗告訴比里列夫，自己不久之後就要啟程前往長崎，對馬藩主從來沒有見過歐洲人，所以可能會不想與比里列夫見面，但自己現在就會去找藩主，勸他在五月二十五日與比里列夫見上一面。

比里列夫能夠在五月二十六日見到對馬藩主，是因為小栗給了他一紙允許會見藩主的書狀。小栗曾在五月九日向對馬藩提出允許比里列夫與藩主見面，以及讓俄羅斯人在境內自由行動的指示，但對馬藩不肯照辦。到了小栗即將離開對馬的五月二十日，他只提醒對馬藩的人士，比里列夫可能會強行登城，到時候盡可能不要與他起衝突。

問情使戶田惣右衛門在五月二十一日登城，向對馬藩告知他在五月二十日與比里列夫交談的內容，對馬藩的人聽了都大吃一驚。比里列夫取出小栗所給的書狀給戶田看，並告知自己將在五月二十五日登城。這份書狀裡包含兩點內容，第一點是比里列夫將會與剛抵達對馬的俄羅斯艦長佩什丘羅夫一起在五月二十五日前往府內，因此必須在後天（五月二十二日）之前告訴比里列夫能否預先準備馬匹或轎子，如果沒有辦法預先準備，他們將會搭乘新來到的俄羅斯軍艦前往府內灣。第二點，則是俄羅斯的士兵會在五月二十二日為了繪製地圖而通過大船越的水門，必須安排他們在該地過夜。比里列夫再三強調這是幕府正式派出的小栗所交付的書狀，不允許對馬藩的人提出任何反對意見。

與比里列夫一同登城的「佩什丘羅夫」，就是在五月十八日從對馬的尾崎灣入港的《蓋達馬克號》（*Gaydamak*）艦長阿列克謝·佩什丘羅夫（Alexei Alexeevich Peshchurov）。他被要求一直留在對

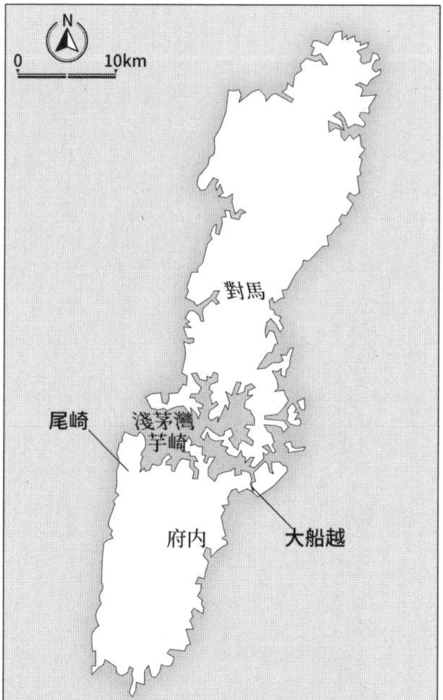

出處：依據日野清三郎《幕末的對馬與英俄》（東京大學出版會，1968）的資料繪製。

對馬

馬，直到比里列夫成功見到對馬藩主為止。後來他跟比里列夫都順利見到了藩主。

小栗為什麼會離開對馬島？根據玄明喆的研究，小栗主張應該將對馬的部分領地上知（指上繳給幕府，成為幕府領地，但幕府會賜下另一塊地做為回報，等於是與幕府換地）。但對馬藩向小栗要求應該全島上知，如果是部分上知的話，幕府應該提供足以與外國發動戰爭的援助。正是因為在發生波薩德尼克號事件後，小栗與對馬藩在領地上知問題一事上意見相左，小栗才會離開對馬藩。

波薩德尼克號事件中的對馬、箱館與江戶

五月二十一日。對馬藩主宗義和針對俄羅斯人的問題，向藩士們下達了以下指示。

只要這些俄羅斯人有任何「不法舉動」，就加以制裁。但制裁之後，俄羅斯的軍艦必定會發動攻擊，如果沒有百分之百的勝算，反而會讓對馬藩蒙羞。因此幕府派來的官員已返回幕府說明狀況，進行「兵食」（士兵與糧食）及聯合鄰近諸藩提供援助的準備。幕府官員在離去前，曾說過將在六月中旬前傳達相關指示，在此之前要盡量對俄羅斯人假以顏色，使其疏於提防。如今俄羅斯人已提出了會見藩主及在藩內自由行動的要求，視情況若有必要將予以答應。以上就是藩主對藩士們的指示。

藩主在五月二十六日會見了比里列夫。到了六月三日，比里列夫又寫了一封信給對馬藩，信中列出十二條要求，表示希望藩主交付一張同意狀，自己才能據此與幕府交涉。這十二條要求主要

包含以下三點主旨。第一，允許俄羅斯租借「晝浦至芋崎的土地」；第二，將「牛島至大船越的所有港灣」交由俄羅斯負責防衛；第三，由俄羅斯朝廷代為構思不使對馬遭外國人奪取的策略。六月二十八日，家老仁位孫一郎會見比里列夫，拒絕了這些要求。

任職於箱館的外國奉行兼箱館奉行村垣範正，在五月二十九日從同職的津田政路的口中，得知了老中安藤信正命令他們「向俄羅斯領事提出撤離波薩德尼克號的要求」。六月十日，村垣在箱館依命令向戈什克維奇提出了這項要求，具體內容如下。俄羅斯的軍艦擅自停靠對馬，沒有修理船隻卻在該地長期停泊。像這樣在沒有開港的港口停泊，甚至登陸上岸，都是不被允許的行為。如果船身真的破損，應該迅速修理之後離去，或將船移動到長崎或箱館修理。戈什克維奇應向停泊在對馬的軍艦傳達，立即從上述兩個選項中擇一而行。

戈什克維奇的回答如下。俄羅斯軍艦《亞美利加號》(*America*) 會在最近四、五天航向波西耶特灣 (Possiet Gulf)，司令官應該會來到此地或奧莉加 (Olginsky)，到時候會向他傳達此事。

村垣將自己與戈什克維奇的對談內容記錄下來，在六月十三日從箱館寄給了老中安藤。七月七日，安藤收到書簡。這份由村垣所寫的書簡中，值得注意的是最後的附記部分。村垣向安藤解釋，俄羅斯軍艦《亞美利加號》所前往的波西耶特灣及奧莉加鄰近朝鮮國，為「近來俄羅斯版圖」中的「新開港」，距離對馬很近。從這段附記，可以看出村垣明白對馬島發生的波薩德尼克號事件，與俄國基於《璦琿條約》及《北京條約》取得的濱海邊疆區及上述兩個地點（波西耶特灣及奧莉加）有關。

兩個月後的八月十二日，村垣聽戈什克維奇說起了兩件關於《波薩德尼克號》的事情。第一件事情是對馬島對俄羅斯的意義，第二件事情則是戈什克維奇向江戶幕府提出了一項與對馬島有關的請求。以下先介紹第一件。戈什克維奇這麼告訴村垣：英國一直在覬覦著對馬島，如果對馬島落入英國手中，將會對俄羅斯造成相當大的危害，因為對馬島非常接近俄羅斯最近獲得的「滿州」領土。

接著是第二件事情。戈什克維奇接到上級指示，「應設法和日本簽訂由日、俄雙方共同守禦對馬的新條約」，於是戈什克維奇在今年春天在江戶向幕府提出此項請求，但遭到駁回，幕府堅持只由日本單獨守禦對馬。

以下接著介紹幕府處理波薩德尼克號事件的來龍去脈。老中安藤信正在七月二十日指示對馬藩主及長崎奉行「不要答應將土地借給俄羅斯」。另一方面，他取消了小栗原於七月二十日前往箱館的行程，並派遣外國奉行野野山兼寬、目付小笠原廣業及勘定吟味役立田錄助前往對馬。

野野山在七月二十六日向老中詢問了一些關於如何與比里列夫應對的問題。第一，如果比里列夫不答應離開對馬，到時候是否該將比里列夫及利哈喬夫一同帶往江戶，讓他們與老中直接對談？第二，如果比里列夫答應離去，到時候自己是否該讓立田錄助先行返回，並留在對馬調查地形、海岸及要衝，一直待到老中有進一步的指示為止？七月二十九日，老中針對這兩個問題都給予了肯定的答覆。

老中為什麼要將野野山等人派往對馬？這代表什麼樣的意義？從以下所介紹老中在七月三十日對他們所作出的「口頭指示」，便可看出端倪。這項口頭指示為：關於對馬的「開港」及「上知」，絕對不要告訴外國人（俄羅斯人），就連對馬藩的家臣，也盡可能不要讓他們知道。從老中的這項指示，可以得知野野山等人的主要任務為對馬的「開港」及「上知」相關調查。以上論點參考了木村直也的研究。

八月一日，老中將自己派遣三人前往對馬的訊息傳給了對馬藩。野野山及小笠原在九月二十日抵達對馬，並在十月二日離開對馬。

3 波薩德尼克號事件與英俄對立

與阿禮國的第一次對談

老中安藤信正、久世廣周及若年寄酒井忠毗，在七月九日及十日兩天，與英國公使阿禮國、印度中國艦隊司令官詹姆士·賀布（James Hope）海軍少將、書記官勞倫斯·奧利潘特（Laurence Oliphant）進行會談。會談的內容包含了江戶、大坂、兵庫及新瀉等地開市、開港的延期，以及波薩德尼克號事件的應對方式。

安藤等人對阿禮國及賀布如此描述波薩德尼克號事件。有一名外國奉行（指小栗忠順）與比里列夫會談。比里列夫聲稱在接到司令官（利哈喬夫）的命令前，不會離開對馬。安藤等人告訴阿禮國，比里列夫的行徑應已徹底違反條約。阿禮國反問安藤等人，日本幕府是否已要求比里列夫離開對馬？安藤等人回答已提出要求，但比里列夫聲稱自己是奉司令官的命令才來到對馬，除非司令官下令，否則自己絕對不會離開。安藤等人接著又告訴阿禮國，比里列夫原本說他是為了修船才在對馬靠岸，那應該只是藉口而已。阿禮國於是提議，讓日本的官員搭乘賀布的軍艦前往對馬，好好查實詳情。安藤等人聽了這個提議，表示擔心這麼做可能會讓俄羅斯人認為是日本人主動要求這麼做。接著安藤等人又問，倘若賀布去了對馬，他會對比里列夫說些什麼話？賀布回答，他會告訴比里列夫，你沒有在對馬一帶活動的權限，最好立即離開。安藤等人聽了之後，表示針對「波薩德尼克號滯留對馬是否違反條約」，想要聽聽英國人的看法。阿禮國明白地回答，倘若比里列夫沒有經過日本幕府同意租借該地，那就是違反條約。安藤等人又問，如果這件事傳到了俄羅斯朝廷，比里列夫是否會遭受懲處？阿禮國先表示自己無法針對這一點給予明確的答案，接著又表示與日本締結條約的所有歐洲國家，都是以守護日本做為共同利益。言下之意，是波薩德尼克號事件並非僅是日、俄兩國之間的問題。

安藤等人一直難以判斷波薩德尼克號事件是否為比里列夫或他的長官利哈喬夫的個人行徑。他們告訴阿禮國，他們曾去函戈什克維奇要求他勸離《波薩德尼克號》，戈什克維奇回答「自己完全不知情」，並答應寫信給司令官（利哈喬夫），要他命令比里列夫離開對馬。《波薩德尼克號》停靠對馬到底是誰下的決定，成了安藤、阿禮國等人的討論話題。安藤等人詢問賀布，如果英國的士官做出像比里列夫那樣的行徑，賀布會怎麼處理？賀布回答，如果英國的士官是在我的命令下做出這種事，我當然不會指責該士官，但如果英國政府沒有下達這樣的指示，我卻作出這樣的命令，那麼我會遭到革職或懲處。安藤等人聽了賀布的話，心中便猜測波薩德尼克號事件的背後應該是俄羅斯朝廷在搞鬼。這一點將在〈日本的抗議文〉一節中詳細說明。總之，老中安藤信正與久世廣周在八月二十三日向俄羅斯外交大臣送出了一份要求撤離《波薩德尼克號》的書狀。

有關對馬的開港，安藤等人的提案如下。首先，安藤等人詢問阿禮國，對馬從海圖來看是良港，但不知是否適合做為貿易港？針對這個問題，阿禮國表示賀布與奧利潘特實際去過對馬，他們會比自己清楚。接著阿禮國又說，英方並不反對對馬開港，而且如果有其他國家勢力在對馬，應該能夠有效遏阻俄羅斯進犯。安藤等人此時表示對馬島有三座優良的港口，而且其中一座有足夠的水深。此時賀布請安藤等人提出港口海圖做為參考。

接下來，阿禮國就對馬開港一事，再次確認安藤等人是否真的有此意圖。他直接了當地詢問安藤等人，你們是否真的打算對馬開港？安藤等人的回答是，希望以對馬的開港，做為兵庫延後開港的補償。雙方針對波薩德尼克號事件及對馬的討論就到此結束，沒有再繼續下去。

整體而言，老中安藤信正相當坦率地向阿禮國等人告知了波薩德尼克號事件的來龍去脈，並且提出對馬開港，做為解決對策。

老中安藤在七月二十日派遣外國奉行野野山等人前往對馬，這個部分已在前文提過。由此可知，老中在七月三十日對他們作出的「口頭指示」中，提到的「開港」及「上知」，都在七月十日與阿禮國等人討論過了。

賀布前往對馬

賀布在文久元年（一八六一年）七月二十二日抵達對馬，與比里列夫對談。以下介紹賀布在七月二十三日寫給比里列夫的一封信。賀布在信中的主張如下。《波薩德尼克號》長期滯留對馬，再加上你們在海岸興建屋舍，江戶方面認為此舉是想永久占據此地，因而極度不滿與不安。針對這件事，我要求盡早與利哈喬夫談一談。除了以上的主張之外，賀布還向比里列夫提出了三個問題。一、根據條約，你們不能在未經幕府同意的情況下擅自調查日本的海岸，或是建造建築物。除非萬不得已，你們的船也沒有權限進入除了開港地之外的任何港口。你所接到的命令，是否允許你配合日本的要求離開對馬？二、你曾經向停靠對馬的英國士官華德表示會在今年十月離開對馬，你是否打算實現這個承諾？三、你的長官是否命令你在對馬興建永久性的建築物？

比里列夫在七月二十四日回信給賀布，作出以下答覆。首先，我對於江戶方面因我滯留對馬而感到不安一事相當錯愕。因為幕府在兩個月前才派遣高官小栗忠順（信中稱Prince de Boungo）來到對馬，命令對馬藩准許俄羅斯人在此滯留。小栗還安排我與對馬藩藩主見面，更說所有必要物資都可由對馬藩提供。至於你提出質疑的那些建築物，都是對馬藩派來的土木工人為我們建造的。除了上述內容之外，比里列夫還強調自己與華德的對話都屬於私人言論，言下之意是否定了內容的有效性，但比里列夫也表示自己並沒有接到必須占領對馬的命令。

接著賀布又寫了一封信給利哈喬夫，要求他立即下令《波薩德尼克號》撤離對馬。賀布並沒有機會與利哈喬夫直接見面，而是將書信留在俄羅斯海軍的避冬地點奧莉加，在八月二日離開了該地。利哈喬夫在八月十四日讀了這封信。讀完信之後，利哈喬夫便決定讓《波薩德尼克號》撤退。以下介紹這封賀布在八月一日寫給利哈喬夫的書信內容：

《波薩德尼克號》在對馬長期滯留，在海岸上建設屋舍，令人懷疑這是在為永久占領對馬預作準備，此舉已在江戶引起了極大的不安。我來到此地，便是為了盡快傳達此事。以下是我的想法。根據俄羅斯與日本的條約，你們的軍艦並沒有權利在未經日本政府許可的前提下擅自調查海岸、建設屋舍，也沒有權利在非貿易港停泊（就算是迫不得已，也必須在能夠安全出海後盡速離開）。基於此點，我要求你回答以下問題。《波薩德尼克號》在對馬所興建的建築物，是否為永久性建築？如果不是的話，你們將會在何時撤除？

接著賀布還強調，波薩德尼克號事件並非單純屬於俄羅斯與日本之間的問題，而是所有駐日外國人必須共同面對的問題。他在信中的說詞如下：

除了極少數受到啟蒙的日本人之外，絕大多數的日本人都將所有的外國人視為同一民族。他們沒有辦法分辨哪些外國人會遵守權限，哪些外國人不會遵守。《波薩德尼克號》的行為，已經對江戶的日本人與外國人的關係造成了有害的影響，我必須提醒母國注意此事。我會請母國對我下達處理這個問題的必要命令。在接到明確的命令之前，我基於職責，不能容許俄羅斯或其他任何國家在條約並未認可的日本領土上建造建築物。今後我若發現你們企圖在江戶或江戶以外的任何地方建造那樣的建築物，我也會基於職責知會日本政府。

——英國國立文書館 FO881-1135

賀布寫給利哈喬夫的書信內容，與寫給比里列夫的書信內容大致相同，只是更進一步強調將會針對這件事回報英國，請英國政府下達適當指示。

利哈喬夫讀了信之後，也並非默不作聲。他在八月十九日從箱館送出一封給賀布的回信，信中主要針對兩點進行反駁。第一，《波薩德尼克號》所進行的調查為水路調查，英國也在一八五五年及一八五九年，分別派遣過《薩拉森號》(*Saracen*) 及《阿克泰翁號》，進行了相同的調查。第二，針對賀布所提到的「愚蠢的謠言」，已沒有回應的必要。此處的「愚蠢的謠言」，指的應該是賀布在書信中質疑俄羅斯想要永久占領對馬。至於為什麼已沒有回應的必要，則是因為在利哈喬夫接到賀布的書信前，《波薩德尼克號》已經離開對馬，執行其他任務去了。

簡言之，利哈喬夫主張英國從前也做過相同的事，所以《波薩德尼克號》的行為沒有任何問題，再加上《波薩德尼克號》已經為了執行其他任務而離開對馬，所以賀布的質疑本身也失去意義。

隨著《波薩德尼克號》的離去，問題似乎已獲得解決。但賀布並沒有善罷甘休。賀布讀了利哈喬夫的回信，認為利哈喬夫是刻意模糊焦點，因此在九月十九日從中國的芝罘寄出一封回信，重申自己的想法。首先，賀布表示得知《波薩德尼克號》已接到其他任務而離開對馬，感到非常滿意。但接下來，賀布指出利哈喬夫的主張中的兩點錯誤。第一，英國的《阿克泰翁號》雖然也在該地進行過測量，但事先經過日本政府同意，測量船上還載著日本官員及口譯員。第二，《波薩德尼克號》令日本當局感到不安，並非因為其測量行為，而是因為其人員在對馬海岸上興建了永久性建築。接著賀布強調，此事令日本政府大為震驚，這點無庸置疑，因此日本政府除了向你提出抗議之外，還透過戈什克維奇向比里列夫提出抗議。

利哈喬夫的決定與比里列夫的離開

利哈喬夫雖然在書信中反駁了賀布，但心裡已認為對馬的行動已無法再繼續下去。根據保田孝一及布爾古列采夫（Bolgurtsev）的研究，賀布的這封書信正是利哈喬夫決定讓《波薩德尼克號》撤出對馬的關鍵因素。以下將以這些文獻做為參考，分析利哈喬夫決定撤出對馬的理由。主要有兩篇與利哈喬夫有關的史料。第一篇是利哈喬夫在讀了賀布書信之後的日記內容（八月十四日），第二篇則是利哈喬夫整理的對馬活動總結文書（十一月二十一日）。

以下先介紹利哈喬夫在八月十四日的日記。他記下了「賀布的書信內容是抗議俄羅斯占據對馬海岸」，接著便作出以下描述：

我一直擔心的事終於成真了。英國人絕對不會坐視我們後來居上，在他們先看上的地方鞏固勢力。聖彼得堡應該會響起英國人的巨大吶喊聲與抗議聲。俄羅斯的外交部想必會急著想要化解這樁麻煩事。

——俄羅斯國立海軍文書館 ф.16, оп.1, д.22

利哈喬夫的推測後來成了事實。宰相兼外交大臣戈爾恰科夫，與英國大使弗朗西斯・納皮爾（Francis Napier）在聖彼得堡就對馬問題吵得不可開交。這個部分會在後面的〈聖彼得堡的對馬問題〉一節中詳述。

接著介紹利哈喬夫在十一月二十一日所寫的文書。利哈喬夫在裡頭提到了賀布的書信，指稱「原本只是一場私下交易」，後來竟演變成「朝廷所不樂見的外交問題」。賀布的書信，讓對馬的活動脫離了原本「有條件的私下交易」的範疇。這意味著利哈喬夫原本期望在不成為外交問題的前提下，以俄羅斯海軍與對馬藩之間的私下關係實現對馬的土地租借，而如今卻演變成正式的外交議題。在這篇文書裡，利哈喬夫表明對馬的活動必須終止，因為他認為「不論對馬一事進展得多麼順利，如果得不到朝廷的許可，基於自己的義務還是必須停止」。整體而言，正是因為賀布的一封信，讓利哈喬夫決定停止《波薩德尼克號》在對馬的活動。

比里列夫在八月十五日離開對馬，前往箱館。為什麼他要離開對馬？接著來探討這個問題。七月二十六日，俄羅斯軍艦《奧普里奇尼克號》（*Oprichnik*）抵達對馬。當時利哈喬夫還沒有讀賀布的信。《奧普里奇尼克號》此行的任務，是向比里列夫傳達利哈喬夫的指令。根據紀錄，利哈喬夫除了不使任何歐洲人靠近對馬島之外，還指示在不使用強迫手段的前提下，與對馬藩及對馬藩主進行「私下交易」。另外，利哈喬夫還表示希望與比里列夫直接對談，因此希望他在八月二十三日前抵達箱館。換句話說，比里列夫離開對馬，是為了前往箱館與利哈喬夫見面。

與阿禮國的第二次會談

八月十五日，老中安藤信正再度針對《波薩德尼克號》的問題，與阿禮國及賀布進行了會談。以下根據阿禮國在兩天後（八月十七日）寫給外交大臣羅素（John Russell）的報告內容，重現老中安藤與阿禮國、賀布的這場會談。阿禮國在報告中表示，只要羅素看了他附加的文件，一定也會認同他所提出的「俄羅斯人想在對馬設置永久居留地」的推測。接下來，阿禮國將自己與老中安藤的對談內容一五一十地告知了羅素。

阿禮國告訴安藤，比里列夫聲稱「幕府派出外國奉行小栗忠順，是為了傳達幕府同意比里列夫在對馬定居的命令」。安藤一聽，立即加以否認，直呼「他竟然撒這種謊」。接著阿禮國又表示，比里列夫還聲稱日本人都很希望俄羅斯人能夠留在對馬，以免對馬遭其他外國人奪走。但阿禮國在報告中指出，這是俄羅斯在發動攻擊或吞併時的慣用藉口，任何人都騙不過。接著阿禮國又把自己與老中安藤等人的對話內容寫了出來。

阿禮國告訴老中等人，自己知道安政六年（一八五九年）俄羅斯東西伯利亞總督穆拉維約夫（Muravyov）來到江戶時，曾提到英國有侵占對馬的計畫。老中等人聽了都訝異阿禮國消息如此靈通，他們旋即承認確有此事。接著阿禮國又談到數個月前發生的某起事件（具體內容並沒有在報告中詳述），指出在這起事件中的美國人也曾提到英國有侵占對馬的計畫。但阿禮國接著向老中等人強調，俄國人跟美國人所提供的訊息都是錯的，「英國政府完全沒有任何吞併日本分寸之地以擴張英國領土的計畫」。不過，阿禮國雖然明白表示英國並無侵占日本領土的野心，卻也在話中暗示不排除與日本開戰。他表示，當英國遇上「挑釁」與「不當行徑」，導致英國人憤怒地拿起武器時，假如戰爭是唯一解決問題的方法，英國即使再不願意，也會挺身與日本一戰。事實上阿禮國之所以像這樣語帶威脅，是為了表達自身對日本「攘夷運動」＊的不滿。

此外，關於賀布前往對馬一事，阿禮國則提出了以下的看法。阿禮國認為，對於想要讓對馬成為居留地的俄羅斯人來說，賀布藉由行動所表達的「不承認」及「不贊成」幾乎沒有發揮任何效果。理由就在於賀布的行動受限，他沒有辦法在排除軍事行動的前提下，採取能發揮效果的行動。

不過，阿禮國也不否認賀布前往對馬的行動還是有一些正面的意義。他認為正面的意義有兩點，其一是親眼確認俄羅斯人在對馬興建的建築物性質。比里列夫聲稱那些都是暫時性建築，但賀布在親眼看過之後，認定俄羅斯人所興建的絕對不是暫時性建築。最大的根據，就在於俄羅斯人在對馬興建的建築物，與他們在奧莉加等永久占領地所興建的建築物相同，完全看不到未來將會撤離的跡象。具體的證據，是俄羅斯人不僅在這些地區準備了小型帆船，還興建了俄式澡堂。正面意義的另外一點，是賀布在前往對馬之後，對該問題的認知變得與阿禮國極為相近。說得更明白一點，是賀布看出了對馬的港灣及停泊地對俄羅斯人而言確實具有極大價值，俄羅斯人極度渴望獲得該地。畢竟俄羅斯藉由《北京條約》所獲得的濱海邊疆區港灣，每年都有四個月的時間處於結冰狀態。

日本的抗議文

文久元年八月二十三日，老中安藤信正與久世廣周撰寫了好幾份關於波薩德尼克號事件的抗議文，給俄羅斯的外交大臣。他們除了把抗議文交給戈什克維奇之外，也交給了英國公使阿禮國，以及美國公使哈里斯（Townsend Harris）。美國是否轉交了這份抗議文，我們不得而知，但至少英國公使阿禮國答應在九月七日將這份抗議文送回英國，交給駐英的俄羅斯公使。

＊ 指排除外國人的群眾運動。

這些關於波薩德尼克號事件的抗議文，就這麼在世界上被傳遞著。以下先介紹抗議文的內容，接著分析日本幕府為什麼會送出這些抗議文。內容如下：

> 打從今年二月起，比里列夫所指揮的《波薩德尼克號》就一直停泊在對馬。剛開始，比里列夫聲稱是為了修船才暫時停泊。由於地處偏鄉，難以取得必要的木材，因此對馬藩主盡可能提供協助。為了避免語言不通引發糾紛，幕府還派遣了外國奉行小栗忠順前往當地。沒想到那些俄羅斯的士官不但在該地興建小屋、開闢農田，還開鑿山道，顯然有「長久居住」的意圖。小栗提醒比里列夫一等船隻修好就要立即離開，比里列夫卻說英國及法國都在覬覦對馬，他受了利哈喬夫的命令必須駐守當地。小栗離開對馬之後，比里列夫還堅持非見藩主不可，甚至提出租地的要求，完全沒有離開的意思。試問為什麼俄羅斯會採取這樣的行動？
>
> 不管是箱館等港口的開港，還是「北蝦夷地」（樺太與庫頁島）的問題，日本皆已派遣使節協商。這次對馬的事件，究竟是利哈喬夫在未經俄羅斯朝廷許可的情況下作出的決定，抑或只是比里列夫的個人行徑，卻謊稱接到了利哈喬夫的指令？不論是前者還是後者，此事都已對締結條約的其他國家造成影響，實為不妥。未來日本將派出外國奉行野野山兼寬等人前往處理，倘若比里列夫繼續滯留在對馬不肯離去，將損及俄羅斯與日本的「情誼」。

另外，箱館奉行亦曾與俄羅斯箱館領事戈什克維奇談判，要求撤離《波薩德尼克號》，但沒有結果，而且戈什克維奇的言詞「虛實難辨」。像這樣的重大事件，俄羅斯與日本應該共同討論解決。

——俄羅斯國立外交部文書館 ф.300, оп.572(2), д.3

老中安藤及久世除了將上述抗議文送交給俄羅斯的外交大臣之外，亦在九月一日將送出此抗議文一事告知駐日的美國、荷蘭、英國、法國公使及領事。

日本對波薩德尼克號事件的抗議，以及對毫無作為的俄羅斯朝廷的不滿，就這樣傳遍了歐洲各國。不過有個值得探討的問題，那就是這個抗議的手法是誰想出來的？事實上，這是阿禮國、賀布與老中安藤等人在會談時得出的結論。以下再次援引阿禮國在八月十七日寫給外交大臣羅素的報告內容。

老中安藤等人詢問阿禮國，當歐洲各國遇上類似波薩德尼克號事件的情況時，會怎麼處理？阿禮國告訴老中等人，依照歐洲慣例，此時日本有兩件事可以做。第一，俄羅斯在江戶沒有外交官，因此日本可以向俄羅斯朝廷正式提出抗議。具體的內容，可以抗議俄羅斯海軍在對馬的活動，並以違反條約為由，要求俄羅斯立即命令軍艦撤出對馬。第二，日本可以將事情的來龍去脈及自身的主張告知各國公使，請各國公使將此事回報母國。阿禮國認為各國應該會共同協助日本，防止條約國之一的俄羅斯做出「侵略行徑」，理由在於俄羅斯的行徑會引發日本人的攘夷情緒，這對各國都不是一件好事。

阿禮國除了建議老中安藤等人這麼做之外，還對幕府抗議文的遞交方式提出了建議。那就是如果希望抗議文確實送達，最好的做法是經由英國的外交部及駐倫敦的俄羅斯大使，將抗議文轉送往聖彼得堡。於是這份以老中安藤及久世的名義撰寫的抗議文，除了交給俄羅斯領事戈什克維奇之外，還透過與俄羅斯對立的英國，送往了俄羅斯。對英國來說，這樣的作法可以有效強調俄羅斯在對馬的活動已經演變成外交問題。

阿禮國其實一直在等著日本人向他詢問國際慣例及法規的相關建議。在這一天的會談裡，老中安藤等人向阿禮國針對波薩德尼克號事件向阿禮國徵詢意見，阿禮國提出上述建議，不僅讓這起事件變成國際問題，還徹底演變為英國與俄羅斯的外交對立事件。

聖彼得堡的對馬問題

對英國而言，《波薩德尼克號》撤出對馬，並不等於解決問題。以下關於此點的論述，皆參考禰津正志的研究成果。首先第一個值得探討的問題，是英國政府在什麼時候得知《波薩德尼克號》已經離開對馬？阿禮國在九月十六日向外交大臣羅素報告《波薩德尼克號》撤離的消息。報告內容如下。這一天，我與老中等人進行會談，他們開心地告訴我俄羅斯人已經離開對馬了。他們認為賀布採取的行動發揮了極大的效果。阿禮國在報告裡以這樣的方式告知了《波薩德尼克號》撤離的消息，外交大臣羅素也在十二月三日收到了阿禮國的報告。

十一月二十六日，駐聖彼得堡的英國大使弗朗西斯．納皮爾將當天自己與俄羅斯宰相兼外交大臣亞歷山大．戈爾恰科夫，以及俄羅斯外交部亞洲局局長尼古拉．伊格那提耶夫的對談內容呈報給英國外交大臣羅素。報告內容如下。

戈爾恰科夫將話題拉回了這天上午曾談過的朝鮮海峽的對馬問題上。他已經收到賀布與俄羅斯士官針對這個問題進行交涉的報告。他告訴納皮爾，俄羅斯軍艦早就放棄對馬，建築物也已經讓渡給日本當局，俄羅斯只拿到了一點點的補償。納皮爾向戈爾恰科夫提了幾個問題，包含俄羅斯建設的醫院是否也已作廢、建築物是否已確實交接給了對馬藩，以及俄羅斯人是否有打算回歸該地的意圖。戈爾恰科夫並沒有正面回答這些問題。過了一會，戈爾恰科夫拿出賀布在七月二十三日寫給比里列夫的書信，讀了起來（此信的內容已在〈賀布前往對馬〉一節中介紹過）。

戈爾恰科夫批評賀布在信中的用字遣詞太強硬，認為「若不是俄羅斯司令官寬宏大量，這樣的詞句一定會讓英國士官與俄羅斯司令官之間發生嚴重的衝突」，還表示「一個代表仁慈溫厚政府發言的士官，語氣應該要更加沉著且友善」。接著俄羅斯外交部亞洲局局長伊格那提耶夫向納皮爾強調，俄羅斯在初期所取得的對馬相關資訊，都來自於英國的調查報告。英國的軍艦早在數年前就已經去過對馬，卻無法與對馬的居民建立友好關係。

納皮爾嘗試在友好的氣氛下結束對談，因此只表示對馬在兩國的眼裡都有著危險的魅力，希望未來兩國都不要被這股魅力迷昏了頭。

但戈爾恰科夫並不打算就此結束對談。他要求納皮爾明確保證「英國絕對不會占領對馬」。納皮爾聽了戈爾恰科夫的要求，也並非默不作聲。納皮爾先表示「根據我的推測，英國絕對不會做這種事」，接著又提醒戈爾恰科夫，英國曾建議各國簽訂一項條約，讓包含俄羅斯在內，任何與日本有所關聯的國家，都不得從這片海域上取走任何一塊領土。但戈爾恰科夫反駁「那是在你擔心俄羅斯會占據對馬之後才提出的主張」。言下之意，即英國並非打從一開始就打算保護對馬完好無缺。這場對談就到此結束。

根據保谷徹的研究，大約從這一天算起的一個月前，英國確實曾提議各國簽訂一項「不得從日本周邊一帶取得領土」的共同決議，但戈爾恰科夫並不同意。

雖然《波薩德尼克號》已經從對馬撤離，俄羅斯宰相兼外交大臣戈爾恰科夫，與駐俄羅斯的英國大使納皮爾之間的口角爭執並沒有因此而結束。

波薩德尼克號事件的本質

波薩德尼克號事件為日本帶來了什麼樣的衝擊？這起事件發生在世界史上的什麼樣的轉換期？以下先探討轉換期的問題。在發生波薩德尼克號事件的當下，亞洲正處於清朝的濱海邊疆區因《璦琿條約》及《北京條約》割讓給俄羅斯的轉換期。對於俄羅斯的東方進出行動而言，這起事件既是終點也是起點。所謂的終點，指的是英國藉由一八四〇年的鴉片戰爭侵略東亞（清朝），俄羅斯為了與其抗衡而採取的策略，最終讓俄羅斯藉由兩個條約獲得了廣大的濱海邊疆區。至於起點，指的則是俄羅斯在獲得了緊鄰日本海的領土之後，為了經營濱海邊疆區而建設海參崴，讓志願軍艦隊負責濱海邊疆區的物流，並為了經營遠東地區而鋪築西伯利亞鐵路。波薩德尼克號事件就發生在此起點與終點之間的轉換期上。

另一個值得探討的問題，是波薩德尼克號事件為日本帶來了什麼樣的衝擊。因為這起事件，英國與俄羅斯在世界史層級上的對立擴張至日本海，日本被迫直接面對此問題。當然在克里米亞戰爭時期，日本已見識到了英、俄兩國的對立衝突，但那畢竟只限定在長崎、箱館、下田等特定地區。英國及法國艦隊曾為了攻擊俄羅斯艦隊而進入日本近海，停靠在長崎、箱館等港口，還請求日本允許兩國在軍事用途的前提下使用這些港口。此外，俄羅斯的普佳京在與日方進行條約交涉的時候，也曾遭受英、法兩國的攻擊，這些都眾所皆知。

發生波薩德尼克號事件之後，日本被迫直接面對俄、英兩國，設法尋求解決之道。然而以當時日本的實力，根本沒有辦法靠自己的力量解決問題，只能仰賴英國東印度及中國艦隊司令官賀布的軍事力量，並依循阿禮國的指示向俄羅斯提出抗議。面對英、俄之間的世界規模對立衝突，日本感受到的衝擊，就是自己無法獨力解決《波薩德尼克號》所引發的外交問題。

最後，筆者想要介紹俄羅斯箱館領事戈什克維奇總結這起事件的一篇報告，做為本文的結語。戈什克維奇在文久二年（一八六二年）六月二日寫給母國的一篇報告中，描述了波薩德尼克號事件的結果及日本人對這起事件的看法：

日本人在言談中暗示，他們不太相信《波薩德尼克號》的艦長（比里列夫）是為了修船才下令停靠對馬。他們認為這起事件並非由俄羅斯朝廷所主導，而是由艦隊長官（利哈喬夫）提出基本構想，並由號稱對馬英雄、與赫沃斯托夫（Khvostov）及達維多夫（Davydov）齊名的軍艦艦長（比里列夫）執行細節，尤其是軍事行動的部分。我（戈什克維奇）所提出的不僅是日本幕府的意見，同時也是民眾的意見。

——俄羅斯國立文書館 ф.722, оп.1, д.501

過去曾有尼古拉．列扎諾夫（Nikolai Petrovich Rezanov）在文化一年（一八〇四年）來到長崎要求與幕府簽訂通商條約未果，其後便發生了赫沃斯托夫、達維多夫擅自攻擊樺太（庫頁島）及擇捉島的事件。從戈什克維奇這段文章可看出，這次發生的波薩德尼克號事件也被視為與前述襲擊事件屬於同一現象。不僅如此，波薩德尼克號事件更成為近代日本的俄羅斯威脅論的根源之一。

*本章將儒略曆（Julian calendar，同俄曆）與格里曆（Gregorian calendar，同西元曆）皆換算成日本曆。

從圖畫看俄羅斯人在對馬的行動

身為現代人，或許很難想像《波薩德尼克號》在對馬採取的行動，因此以下介紹一幅記錄俄羅斯人在對馬行動的圖畫。這幅圖畫轉載自史料集《大日本維新史料稿本》（東京大學史料編纂所所藏），原圖為熊本藩第十六代藩主細川護立收藏的《熊本藩対州工魯夷乱妨薩長夷艦砲戦附生麦伏水一件》。

先從圖畫左側的「附箋」看起。這裡寫著「中代新太郎様　組頭感臨丸二乗組対州渡海」（中代新太郎組頭大人搭乘感臨丸〔疑為訛誤〕前往對馬）。此句中的「中代新太郎」指的是「長崎奉行支配組頭」中台信太郎，他曾在文久元年（一八六一年）七月二十六日搭乘「觀光丸」抵達對馬，在那裡待到了十月二日。圖畫的右側有一座「遠見番休息所」（瞭望守衛休息所）（圖中①），旁邊插著旗子。那裡有兩、三名手持鳥槍及「望遠鏡」的士兵正在執行守衛工作，旁邊還寫著「大砲ヲ備ユ」（備有大砲）。右側下方有烤麵包小屋（②），旁邊有「船将」（船艦指揮者）及其他士兵屋舍（③）。此外有「波戸」場（碼頭）（④），港灣的中央部分還飼養著「アヒル」（鴨子）之類的家禽（⑤）。右側下方有「洗濯場」（洗滌場）（⑥），旁邊的海岸上有著數十名受雇的「對馬人」所築起的新石牆（⑦）。

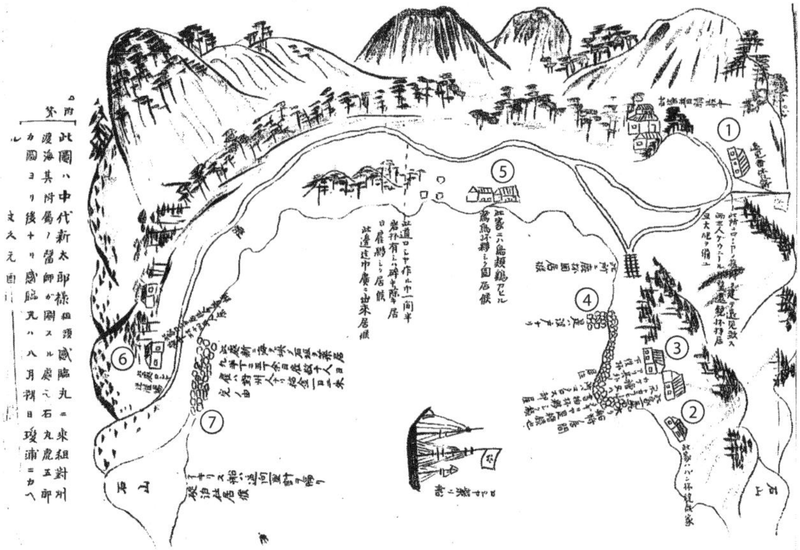

圖 4-1　1861 年當時，記錄對馬的俄羅斯人行動之繪圖
東京大学史料編纂所所藏『大日本維新史料稿本』所引「對州藩文書」

這種種的跡象，怎麼看都不像只是暫時停留。隨著中台信太郎一同來到對馬的口譯官何禮之助，在八月二十八日的日記中記載著俄羅斯人在這裡建築了「瞭望台」，插上了國旗，架設了大砲，一名士兵拿著「劍筒」，一名士兵拿著望遠鏡，還有一名士兵前往俄羅斯軍艦通報中台等人的到來。俄羅斯人在這裡剷平了山坡，興建房舍、鍛造廠，挖鑿水井，設置洗滌場及家畜小屋，日記中評為「何其深謀遠慮也」。

（《対州表魯西亜船碇泊ニ付当所御組頭御目附方阿蘭陀通詞唐通詞兼学出役同所滞在中日記》〈長崎唐通詞何禮之助關係史料—02—013〈東京大學史料編纂所所藏〉〉）。

第五章　義大利統一與移民

北村曉夫

1　義大利的統一

民族國家的形成與移民

義大利在一八六一年實現了國家統一。自從西羅馬帝國在西元五世紀瓦解後，大約相隔了一千四百年，義大利半島及西西里島才再次由單一國家統治。這同時也是義大利復興運動（Risorgimento）的一個重要里程碑。但是在統一之前，義大利的領土被不同國家瓜分，而這些國家大多是由歐洲其他王室君主統治。因此雖然義大利統一了，但義大利民眾大多不認為自己是「義大利人」。當時有一句宣傳標語是：「我們已經建造了義大利，現在我們必須建造義大利人。」（L'Italia è fatta. Restano da fare gli italiani.）這句成為後人經常引用的著名標語，深刻反映出當時義大利政治領袖及知識分子的感受。據說提出這句標語的人物，是薩丁尼亞王國的政治家馬西莫・達澤里歐（Massimo d'Azeglio）。他是義大利復興運動的主要推手，在他死後出版的《回憶錄》（*I miei ricordi*，一八六七年）中，提到了一句「義大利的當務之急，是培養出能夠肩負起自身義務的義大利人」，但這句話與前述標語在語意上有著頗大的歧異。達澤里歐這句話的主旨在於強調身為義大

法國
德國
奧地利
列支敦斯登
特倫提諾·上阿迪傑地區
匈牙利
佛里烏利·威尼斯
朱利亞地區
瑞士
瓦萊·達奧斯塔
地區
波爾察諾
特倫托
斯洛維尼亞
塞爾維亞
奧斯塔
倫巴第地區
威尼托地區
克羅埃西亞
米蘭
威尼斯
的里雅斯特
杜林
皮埃蒙特地區
艾米利亞·羅馬涅地區
波士尼亞與
赫塞哥維納
熱那亞
波隆那
聖馬利諾共和國
法國
利古里亞地區
佛羅倫斯
安科納
摩納哥
馬凱地區
托斯卡尼地區
亞得里亞海
佩魯賈
翁布里亞地區
阿布魯佐地區
法屬科西嘉島
拉吉歐地區
拉奎拉
莫利塞地區
蒙特內哥羅
梵蒂岡
羅馬
坎波巴索
巴里
坎帕尼亞地區
普利亞地區
拿坡里
薩丁尼亞地區
波坦察
巴西利卡塔地區
第勒尼安海
卡拉布里亞地區
卡利亞里
卡坦扎羅
地中海
巴勒摩
西西里地區
愛奧尼亞海
阿爾及利亞
突尼西亞
N
0
200km

現在的義大利

利人所肩負的職責，但前述標語則少了其中社會倫理觀的部分，只流露出義大利政治領袖追求實現民族國家的焦躁感。*

這句標語到底是因為誰的關係而定形，一直沒有定論。目前已知史料中最早開始使用這句話的，是利昂・卡爾皮（Leone Carpi）在一八七八年的著作。卡爾皮在這本著作裡，聲稱這句話是出自達澤里歐之口。耐人尋味的是，卡爾皮出生於猶太家庭，極度崇拜馬志尼（Giuseppe Mazzini），而且還是一八四八年革命後誕生的羅馬共和國的重要支持者，沒想到在義大利統一後，竟是由他做了最初的移民人口統計。在內政部及駐外公館的協助下，他以私人名義在一八七四年出版了《國外義大利人移民與居留地》一書。這是一套四冊的巨作，堪稱是一八七六年之後義大利官方移民統計的濫觴。若想知道官方移民統計開始之前的移民狀況，這套書是非常珍貴的重要史料。

義大利統一之後，許多義大利人都移民國外。不過雖說是移民，其實有超過一半只是到國外工作，也就是將來會回國。再加上移民的所得流回國內，填補了貿易赤字，平衡了國際收支，因此原本對大量移民現象感到不安的政治領袖，立場也漸漸從反對轉為中立。不過隨著民眾出國工作的狀況長期持續，移民規模越來越大，國內有些地區也開始出現人口過於稀少的問題。而且，還有很多

* 達澤里歐的《回憶錄》原句如下。請特別注意下半句，與上述標語有些微不同：「義大利的當務之急，是培養出能夠肩負起自身義務的義大利人。然而，每天都有太多事情朝著相反的方向進行：義大利已經被建造出來了，但義大利人並沒有被建造出來。」（Il primo bisogno d'Italia è che si formino Italiani dotati d'alti e forti caratteri. E pur troppo si va ogni giorno più verso il polo opposto: pur troppo s'è fatta l'Italia, ma non si fanno gl'Italiani.

原本應該接受兵役檢查的年輕人，也因為人在國外而沒有接受檢查。因此如何處理移民現象，成了義大利政治領袖及知識分子在建立民族國家過程中的一大難題。本章的主要焦點，就放在一八六一年之後的義大利所追求的民族國家與移民現象之間的緊密關聯。但在進入正題之前，筆者想先概述義大利在這一年統一之前的過程。

義大利復興運動的出發點

「義大利復興運動」（Risorgimento），是從動詞 risorgere（再度上升之意）所衍生出來的名詞，通常翻譯為「復興」或「中興」。這個名詞誕生於十八世紀中葉之後，其背後的涵義是恢復古羅馬的光榮，帶有一定程度的政治意涵。有些人將它翻譯為「義大利統一運動」，但這樣的譯法並不正確，因為其詞意中並不帶有「讓分裂的義大利統一」的成分。但在復興的過程中，義大利統一也是不爭的事實，因此研究義大利歷史的學者大多將十九世紀初至一八六一年為止的時期稱為「復興時代」。

不過究竟從何時開始算是進入「復興時代」，各家說法未定。有些人認為是從十八世紀中葉開始，有些人認為是從法國大革命及拿破崙統治時期開始，有些人則認為是從進入維也納體系（Vienna system）開始。現代研究義大利復興運動的著名學者邦蒂（Alberto Mario Banti）認為，以法國大革命及拿破崙統治時期為起點最具說服力。以下便依據其主張，從法國大革命時期開始，介紹義大利的復興歷史。

一七八九年法國大革命爆發，消息立刻傳遍了整個歐洲。由於法國革命政府對奧地利開戰，導致義大利諸國的領導者多對法國抱持敵意，不過卻有不少民眾認同革命理念，這些人以「愛國者(Patriota)」自居，企圖瓦解專制政府。這些人所關心的並非僅侷限於自己的所屬國家，而是涵蓋了義大利的其他地區。這逐漸形成了一股想藉由實際行動、讓全義大利的人從他國的統治中獲得解放的思想風潮。

誕生於一七九五年的法國督政府（Directoire exécutif），在隔年任命拿破崙為義大利軍團總司令。拿破崙率領的遠征軍數度擊敗薩丁尼亞王國及奧地利的軍隊，掌控了北義大利一帶。在這段期間，威尼斯共和國（Republic of Venice）及熱內亞共和國（Republic of Genoa）相繼亡國，結束了自中世紀以來的歷史。此外，教宗國及拿坡里王國（Kingdom of Naples）也因為羅馬及拿坡里爆發民眾叛亂，產生了親法的臨時政府。到了這個階段，整個義大利實質上已落入法國的掌控。但緊接著由於法軍遭反法同盟擊敗，再加上過於沉重的稅賦及掠奪藝術品等暴行頻傳，導致各地都反抗法國，因此法國的統治體制只維持到一八九九年的夏天就瓦解了。

不過拿破崙在霧月政變（Coup of 18 Brumaire）後成為第一執政（Premier Consul），一八〇〇年再次與奧地利開戰，進攻義大利。其後一直到一八六〇年為止，整個義大利半島完全被拿破崙掌控。拿破崙將皮埃蒙特、利古里亞、托斯卡尼等地區納入法國直轄地，義大利北部及中部地區則成立義大利王國，以自己為國王。除此之外，拿破崙還任命自己的親屬為拿坡里王國的國王。此時的義大利有些地區屬於法國直轄地，有些屬於義大利王國，有些屬於拿坡里王國，雖然統治形態都不相同，施行的政策卻是大同小異。尤其是地方行政制度，諸如縣、郡、市鎮（comune）的行政劃分、廢除封建式的地方特權、出售教會及修道院領地等施策，即使是在拿破崙政權垮台之後依然維持著。這些制度不僅促成了義大利諸國的現代化，也成為跨越了國家藩籬的共通制度。

一八四八年革命

維也納體系時期的義大利，威尼斯共和國及熱內亞共和國相繼滅亡，國家的數量不像以前那麼多。每個國家的統治結構都稱不上穩定，早在一八二〇年七月就有祕密組織燒炭黨（Carbonari）在半島南部掀起革命，隔年三月又有自由主義貴族在薩丁尼亞王國發動叛亂。到了一八三〇年，法國爆發七月革命，受這起革命事件影響，隔年二月義大利中部的波隆那及摩德納（Modena）、帕爾馬（Parma）等地都有自由主義者發動革命。雖然這些紛紛擾擾都在短時間內受到鎮壓，政權恢復運作，但可以明顯感受到自由主義者對於體制的不滿。

隨著一連串革命行動的挫敗，革命分子逐漸意識到革命運動必須跳脫國家的框架，將勢力整合在一起。這樣的想法醞釀出讓義大利諸國攜手合作、甚至統一的理念。朱塞佩·馬志尼的行動正是其濫觴。剛開始的時候，馬志尼加入了半島南部的燒炭黨。這是一個追求獨立自主及制定憲法的祕密組織，但馬志尼認為其政治目標太過模糊不清，不久後便因失望而退出。一八三一年，馬志尼逃亡至馬賽（Marseille），在那裡創立了「青年義大利黨」（La Giovine Italia）。馬志尼認為只要義大利諸國繼續以聯合政體的形式存在，就不可能排除地域利害關係與對立紛爭，因此他主張統一義大利，建立共和政府。在馬志尼的思想裡，要統一義大利只能仰賴青年教育及人民革命。雖然他的義大利統一理念吸引了相當多的年輕人加入，但他實際發動的各種行動（如一八三三年的皮埃蒙特革命）全都以失敗收場。此外還有一點值得注意，那就是馬志尼所追求的義大利統一國家相當廣大，範圍涵蓋義大利半島、西西里島、薩丁尼亞島、科西嘉島、伊斯特里亞半島（Istria）、達爾馬提亞（Dalmatia）及馬爾他島（Malta），甚至到了馬志尼的晚年，他還把北非的突尼西亞也納了進來。

相較於追求統一義大利、建立共和政府的馬志尼，杜林出身的神職人員溫琴佐·焦貝爾蒂（Vincenzo Gioberti）則主張以教宗為領袖，在現存義大利諸國的基礎下建立起結構寬鬆的聯合國家。焦貝爾蒂本身是自由主義思想家，他認為要實現其構想，就有必要革新向來保守的羅馬教廷。在他出版著作不久後，教宗庇護九世（Pius IX）即位（一八四六年），新教宗的釋放政治犯、放寬出版審查制度等政策，贏得了改革派的高度評價，也讓焦貝爾蒂的理想看起來有可能實現。

此外，薩丁尼亞王國貴族切薩雷·巴爾博（Cesare Balbo）也抱持著以該王國為核心的義大利統一理想。他認為應該將奧地利統治的地區併入薩丁尼亞王國，達成政治上的統一，而這也符合統治薩丁尼亞王國的薩伏依家族（Casa Savoia）的傳統領土擴張政策。不過雖說是統一義大利，但範圍僅侷限在義大利的北部及中部。

自一八四八年起席捲整個歐洲的革命風潮，剛好給了這些「義大利統一思想」一個測試能否實現的好機會。就在這年一月，巴勒摩爆發民眾叛亂，到了二月，兩西西里王國（Kingdom of the Two Sicilies）頒布了憲法。這股制憲的風氣，也對托斯卡尼大公國、薩丁尼亞王國及教宗國造成影響。被奧地利直接統治的倫巴第威尼托王國（Kingdom of Lombardy-Venetia），也在維也納爆發三月革命後不久發生民眾叛亂，米蘭及威尼斯更有自由主義者建立臨時政府，反抗奧地利統治。薩丁尼亞王國國王卡洛．阿爾貝托（Carlo Alberto）決意對奧地利開戰，托斯卡尼大公國及兩西西里王國也決定出兵，支援北義大利脫離奧地利的統治。不過原本預定要加入戰局的教宗國，卻因為教宗庇護九世重視天主教普遍主義（universalism）的立場，最後決定不參與攻打奧地利，令許多原本對教宗抱持期待的民眾大失所望。剛開戰的時候，戰況對薩丁尼亞王國較為有利，但薩丁尼亞軍在七月的庫斯托扎（Custoza）戰役及隔年三月的諾瓦拉（Novara）戰役先後慘敗，最後是以奧地利的勝利收場。薩丁尼亞國王卡洛．阿爾貝托退位流亡國外，新國王維托里奧．埃馬努埃萊二世（Vittorio Emanuele II）即位。

正當薩丁尼亞王國與奧地利打得如火如荼的時候，羅馬的教宗國出現了新的變化。一八四八年十一月，教宗國首相佩雷里諾．羅西（Pellegrino Rossi）遭暗殺，教宗逃離羅馬，隔年二月一群追求共和政治的民主派人士宣布成立羅馬共和國。到了三月，馬志尼也參與執政，推動了土地改革等各種激進政策。但此時法軍介入，要求恢復羅馬教宗的權力。朱塞佩．加里波底率領志願軍與法軍交戰，但政府還是在七月瓦解，勉強撐起臨時政府的威尼斯自由主義者也在八月投降奧軍，義大利各地民眾自行建立政府的嘗試先後受挫。

自一八四八年至一八四九年的革命騷動，就此告一段落。革命雖然挫敗，但對於義大利諸國來說，這些事件還是有舉足輕重的意義。最重要的一點，是讓「義大利諸國不應該受其他國家控制」的觀念自城市向外傳播至各地。此外，各國以相同配色的三色旗做為象徵旗幟，也在無形中醞釀出「義大利」的一體感。不過，由於教宗在薩丁尼亞王國向奧地利開戰時不肯出兵協助，回到羅馬後又站在反革命立場，因此以教宗為首腦建立義大利聯邦國家的理念可說是成了泡影。另一方面，薩丁尼亞王國雖然在戰爭中挫敗，但已證明了「建立北義大利王國」在某種程度上是有機會實現的。隨著革命浪潮的興起，認同民主派理念的民眾也增加了，接下來的義大利統一大業，這些民主派人士將會與穩健自由主義者爭奪主導權。

邁向義大利統一

穩健派人士皆對薩丁尼亞王國寄予厚望。在對抗奧地利之戰敗北後，達澤里歐成為薩丁尼亞王國首相，他為了抗衡強大的教會權力，致力推動世俗主義政策，廢除了教會法庭。一八五〇年，達澤里歐拔擢卡米洛．加富爾（Camillo Benso, Conte di Cavour）為農商大臣。加富爾為了促進農產品輸出，除了推行自由貿易政策之外，還擴充鐵路網，並建設熱那亞港。加富爾是皮埃蒙特的貴族，從小生長在說法語及皮埃蒙特方言的環境，曾經前往巴黎及倫敦遊學，親眼目睹了自由主義政治與經濟的面貌。他曾在自己的領地派人挖掘灌溉用的運河及製作會計帳簿，讓農產品的生產量有了驚人的成長。此外他也積極對外發言，例如他在一八四七年創辦了推崇自由主義的報紙《復興》（Il Risorgimento），由自己擔任總編輯。一八五二年，加富爾繼達澤里歐之後成為首相，他雖然站在中立右派的立場，但與中立左派的人物也能攜手合作。在議會多數派支持下，他在內政方面主要追求農業方面的經濟成長，外交方面透過參與克里米亞戰爭與英、法建立良好關係，成功在國際社會上展現了薩丁尼亞王國在義大利地區的重要性。

但另一方面，對於義大利在解放後的政治形態（聯邦制還是中央集權）以及實現解放的方法，民主派領袖之間卻一直無法取得共識。一八五〇年之後，義大利各地都有民主派人士發動叛亂，其中特別值得一提的是馬志尼派在一八五三年發動的米蘭叛亂，以及卡洛・皮薩卡內（Carlo Pisacane）在一八五七年發動的兩西西里王國遠征。雖然這兩起叛亂事件都是由民主派的強勢領袖所發動，但最後都以失敗收場，許多參與者都遭到處死。靠武力解放義大利的戰略一直看不見成效，因此有越來越多民主派人士認為，以薩丁尼亞王國為主體推動解放義大利才是比較可行的做法，這些人組成了名為「義大利國民協會」的組織。

加富爾明白將來勢必會與奧地利一戰，因此積極拉攏法國的拿破崙三世，在一八五八年與法國簽訂了《普隆比埃密約》（*Plombières Agreement*）。內容約定當薩丁尼亞王國與奧地利開戰時，法國應

圖 5-1　羅馬加富爾廣場的加富爾像

圖 5-2　羅馬威尼斯廣場的維托里奧 · 埃馬努埃萊二世紀念堂

支援薩丁尼亞王國，薩丁尼亞王國將割讓薩瓦（Savoia）與尼斯（Nice）做為回報，此外戰爭結束後，法國應協助薩丁尼亞王國、倫巴第威尼托（Lombardy-Venetia）及一部分的教宗國領地合併，組成北義大利王國。雖然條款中也約定將促成義大利各國組成邦聯，但薩丁尼亞王國的主要目的還是建立北義大利的統一國家。一八五九年四月，薩丁尼亞王國與法國一同向奧地利宣戰，薩丁尼亞王國成功與倫巴第（Lombardia）合併。當時參加義大利國民協會的加里波底，也率領志願軍與奧地利交戰。索爾費里諾戰役（Battle of Solferino）打得極為慘烈，紅十字會創辦人亨利．杜南（Jean Henri Dunant）正是因為這場戰爭而決定成立紅十字會。法軍傷亡相當慘重，法國社會的輿論皆認為這是一場毫無意義的戰爭，拿破崙三世不敵瞬間高漲的批評聲浪，突然決定與奧地利休戰，薩丁尼亞王國與威尼托的合併計畫也跟著受挫。但另一方面，托斯卡尼大公國等義大利中部諸國皆希望與薩丁尼亞王國合併。這些地區在一八六〇年三月透過居民投票實現了合併的心願。

薩丁尼亞王國雖然沒有成功與威尼托合併，但也合併了義大利中北部的大部分地區。沒想到就在這時，發生了一件令該國領導階層大為驚訝的事情，那就是加里波底竟然決定遠征西西里島。在弗朗切斯科．克里斯畢（Francesco Crispi）等西西里民主派人士的請願下，加里波底在一八六〇年五月率領了一支志願軍（即後人所稱的「千人隊」）自熱那亞近郊出海，在西西里島的馬爾薩拉（Marsala）登陸。加里波底所率領的志願軍人數遠少於敵軍，但兩西西里王國的軍隊因為不信任西班牙波旁家族，士氣極為低落。加里波底軍勢如破竹，僅僅兩個多月的時間就占領了整座西西里島。加里波底軍繼續朝半島南部進軍，更在九月和平接收首都拿坡里。接下來的目標就只剩下羅馬。對加里波底來說，羅馬是統一義大利的關鍵之地。

但是，當時羅馬及其周邊皆有法軍駐紮，防守著教宗國。加里波底軍如果朝羅馬進攻，勢必會與法軍發生衝突。對於當初仰賴法軍才能獲得北義大利領土的加富爾來說，無論如何都必須避免。而且，如何讓被民主派占領的義大利南部重回穩健派的掌控，也是加富爾眼前的重大難題。因此加富爾趁著加里波底還沒有對羅馬進軍之前，先取得法國的同意，派出薩丁尼亞王國軍攻打教宗國，占領了馬凱及翁布里亞。此外，他也向西西里島及半島南部施壓，要求這些地區舉辦「是否應該與薩丁尼亞王國合併」的居民投票，藉此從民主派人士手中奪走主導權。十月二十六日，維托里奧．埃馬努埃萊二世從杜林趕到拿坡里近郊的泰亞諾（Teano），與加里波底見了一面。加里波底雖然有些不甘願，但為了統一大業，還是決定將自己所攻下的土

圖 5-3　比薩加里波底廣場的朱塞佩．加里波底像

地獻給薩丁尼亞王國。於是薩丁尼亞王國統一了義大利的絕大部分土地，只剩下威尼托和羅馬周邊地區（拉吉歐）尚未合併。

一八六一年三月十四日，薩丁尼亞王國議會決議擁戴維托里奧・埃馬努埃萊二世為義大利國王，同月十七日公布義大利王國建國宣言。但國王堅持不肯改變「二世」這個延續自薩丁尼亞王國時代的稱號，而且義大利王國所召開的第一次議會，也是延續薩丁尼亞王國立憲之後的議會流水號，稱之為「第八期議會」。這種種的現象，都說明了義大利王國是透過薩丁尼亞王國擴張領土的方式而誕生。

2 民族國家的形成與移民

移民大國義大利

雖然過程一波三折，最終義大利還是形成了統一的國家。政治領袖所面臨的下一個難題，是如何讓義大利成為一個名副其實的民族國家，正如同「我們已經創造了義大利，現在我們必須創造義大利人」所說的，關鍵在於如何讓民族意識在民眾的心中扎根。然而在這個時期，原本應該組成「民族」的義大利民眾卻開始大量外流。

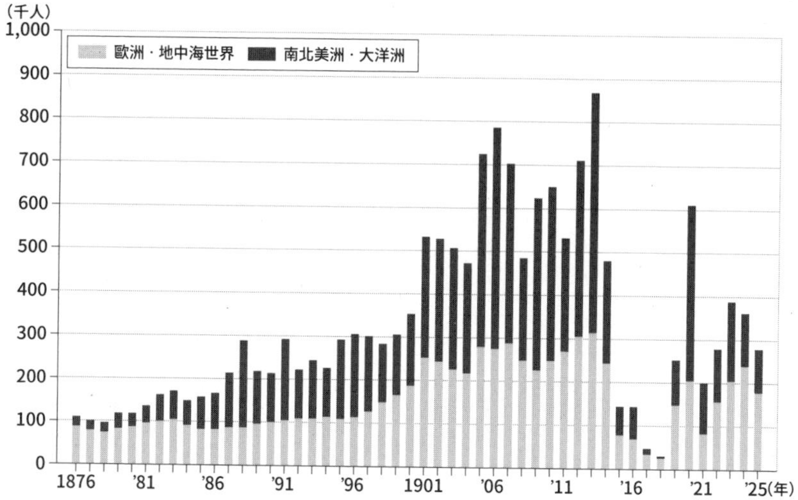

義大利移民人數變化（1876 ～ 1925 年）

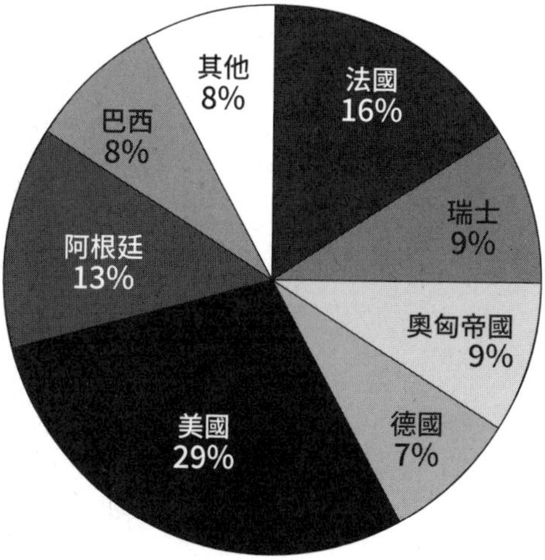

義大利移民的目的地（1876 ～ 1925 年）

出處：兩者皆為筆者依據 Commissariato Generale dell'Emigrazione, *Annuario Statistico dell'Emigrazione* 的資料繪製。

早在尚未統一的十九世紀前期，義大利諸國就有不少民眾移居國外。這些人來自中北部的利古里亞、托斯卡尼等地區，大多是工匠或農民。這些移民只有少部分是移居至法、英等歐洲國家，大部分是前往美國及南美洲諸國，繼續從事工匠或農耕工作。值得一提的是，有少數人是基於政治因素才逃離義大利，這一點反映出了當時的政治局勢。這些人雖然數量不多，但大部分是高知識分子，在逐漸形成的義大利移民社群裡往往能成為領導者。因政治活動而在一八三四年遭薩丁尼亞王國判處死刑的加里波底之所以選擇逃往南美洲，也是因為他在南美的義大利流亡者社群裡有人脈關係。移民雖然大多來自義大利中北部，但也有少數來自南部，例如西西里島出身者在突尼西亞等北非地區及美國南部（如路易斯安那〔Louisiana〕）都建立了小規模移民社群。

不過進入一八七〇年之後，義大利人口外移的規模跟過去截然不同。根據義大利政府自一八七六年開始的移民統計，從一八七六年到一九二五年的五十年之間，有多達一千六百六十三萬名義大利人移居國外。移民現是在一八九五年之後尤其顯著增加，光一九一三年這一年的外移人口數就高達八十四萬人。進入一九一四年之後，外移人口有增無減，若不是後來爆發了第一次世界大戰，一九一四年的外移人口數很可能會超越一九一三年。而義大利的總人口在一九〇一年只有三千三百萬左右，由此可看出義大利的移民規模有多麼龐大。

移民約八成為男性，十五歲以上的成年人占了七成。初期大多來自義大利北部，但自一八九〇年代之後，來自義大利南部的移民者大量增加，進入二十世紀後比例已達到將近一半。移民前往的國家，比例最高的是美國（整體的二九%），其次是法國（一六%）、阿根廷（一三%）、瑞士

（九％）、奧匈帝國（九％）、巴西（八％）、德國（七％）。移居地包含了歐洲及南北美洲等地區，可說是義大利移民的特色之一。來自義大利北部的移民大多留在歐洲，義大利南部的移民則大多前往南北美洲。

移民的理由

為什麼義大利才剛統一不久，就有大量的民眾想要移民至國外？一八七〇年代的大量移民，多半來自於義大利中北部的阿爾卑斯、亞平寧山脈（Appennini）周邊的山區及丘陵地帶。這裡的農地在整個十九世紀因為均分繼承的關係，被瓜分得相當零碎。不管是自耕農還是佃農，都只能在小範圍的零碎土地上耕種，光靠農產品無法維持生計，因此農民為了貼補家用而從事各種副業的狀況逐漸成為常態。典型的副業包含紡織、林業及採石等，此外也有不少人到鄰近地區工作。例如趁著收穫時節的前後空檔，到平原地區幫忙收割農作物，或是參與道路、橋梁的施工。但到了十九世紀後期，紡織及林業等副業都因為紡織業的機械化及木材、木炭的需求量降低而衰退。隨著可選擇的副業種類減少，需移動至其他地區的副業變得相形重要。一但民眾為了找工作而移動的距離越來越長，最後的結果就是前往外國尋找工作機會，移民潮便在這樣的局勢下相應而生。

像這樣為了從事副業而移民，最有名的例子就是托斯卡尼地區的盧卡縣（Lucca），當地居民經常遊走於各國，兜售小型的木雕聖像。盧卡縣是內陸縣，縣內丘陵眾多，因此很多人會以雕刻基督教聖人的木像為副業。這些人會在各地行商，順便販賣自己雕刻的聖像，早在十九世紀前期，他們的行商範圍便已遠及法國。當然，這種「小聖像商人」在移民至法國的義大利人當中只占一小部分，但由於販賣的商品極為特殊，因此成為法國人眼中最具象徵性的義大利移民。

以下再舉另一個例子。位於阿爾卑斯山脈溪谷的皮埃蒙特地區比耶拉（Biella），有一群工人相當有名。這個地區打從十六世紀起，就有一群磚瓦工人及採石工人，參與米蘭大教堂的興建工程。十九世紀初期拿破崙統治時代，這裡也有許多工人參與了塞尼山（Mont Cenis）與辛普倫山（Simplon）的道路及隧道工程。剛開始時，這些工人的工作地點主要為鄰近的阿爾卑斯地區。但在專業分工下，這些工人各自成為水泥工、灰泥工、窗框工等擁有專業技術的工人，工作地點也慢慢擴張至瑞士、法國等國家。到了十九世紀末期，他們的工作地點已不再侷限於歐洲境內。美國、阿根廷、南非、阿拉伯半島及東南亞等地都有他們的就業市場。

自從義大利中北部山區及丘陵地帶出現大規模的移民潮之後，義大利南部的山區及丘陵地帶也跟著出現了移民潮。這裡的農民也跟中北部山區的農民一樣，只能在零碎的土地上經營農業，必須經營各種副業維生。除了前往平原地區協助收割農作物之外，還有參與河川護堤工程、挖掘灌溉水道、修築籬笆等等，這些副業都伴隨著地點的移動。但到了一八六〇年代，有幾種副業逐漸沒落，基本的原因跟中北部大同小異。不過也有南部獨有的問題，那就是盜賊集團在地方上作亂，反抗統一政府，造成農村荒廢。為了取代陷入危機的副業，農民們大多選擇移民至南北美洲。為什麼他們不選擇歐洲境內而選擇南北美洲，理由並不明確，僅知道有一些曾移民南北美洲的人回來分享了經驗，誘使更多人移民至南北美洲，移民的規模因而逐漸擴大。

圖 5-4　〈正在尋找行李的義大利一家人〉
（Italian Family Looking for Lost Baggage, Ellis Island, New York）
路易斯 · 海因（Lewis Hine）所拍攝的義大利移民家庭

肇始於山區及丘陵地帶的移民浪潮，逐漸往平原地區擴散。歐洲普遍的經濟長期不景氣，在義大利也相當嚴重。隨著穀物價格下滑，在平原地區大農場工作的農務員變得越來越窮困。不管是義大利北部還是南部，都出現了類似現象。他們為了擺脫眼前的困境，只好到國外工作。他們會向鄰近的山區及丘陵地帶居民打聽資訊，這造就了北義大利的人大多移民至歐洲，而南義大利的人移民至南北美洲。尤其在一八九〇年代前期，興起了一股追求生活改善的群眾運動（即所謂的「西西里同盟運動」〔Fasci Siciliani〕），這股浪潮變得越來越激進，卻被當時的克里斯畢政府嚴厲打壓，造成了西西里島居民在世紀之交大規模移民的現象。這些西西里島移民大多前往了美國。

這個時期的義大利移民潮，源自於山區及丘陵地帶居民想要尋找新工作取代副業的需求，因此與其說是移民，其實更像是出遠門工作，移民們是以未來某天將會返回故鄉為前提。證據之一，是根據統計資料，移民以成年男性占了絕大多數。這些需要工作的男人將家人留在家鄉，單獨遠赴外國工作，等賺夠了錢就會返鄉。女人、孩童及老人就在故鄉等待男人歸來。這就是義大利移民最典型的現實背景。剛開始時，男人只是因為副業工作減少，為了貼補家用才前往外國工作。但只要能在外國獲得不錯的收入，將錢帶回故鄉，家人的生活水準就會提升。根據當時的農村調查，當移民返鄉後，往往會重新翻修房屋，生活也會有顯著改善。

雖說當時的移民是以出國工作為主流，但並不是所有的移民最後都會返回國內。還是有一些人打從一開始就抱著長久定居的打算移民國外。根據研究，跟山區及丘陵地帶的移民比起來，平原地區的移民裡頭有較高的比例是舉家遷往國外，而且出發前會變賣所有家產。最明顯的證據之一，是在平原地區移民大量增加的世紀之交，攜家帶眷的移民比例大幅上升了。此外，也有不少人剛開始抱著將來會返鄉的想法，但是在移居地大大發達，導致生活重心漸漸移往該地，最後決定長久定居。當然也不乏相反的例子，在移居地賺到的錢完全不如預期，最後只好黯然返鄉。因為有這些人的存在，移民的接納國內部都存在著一定規模的義大利移民社群。

移居地的生活

義大利移民在移居後，都從事什麼樣的工作呢？在義大利移民潮的十九世紀末至二十世紀初，正好是歐洲及南北美洲諸國快速城市化及工業化的時代。隨著城市的擴大，對於道路、橋梁、鐵路、港灣等城市基礎建設及住宅建設都有著迫切的需求。此外，工廠勞動力的需求也大增。義大利移民人口大多流入城市地區，在建築工地或工廠工作。比耶拉等阿爾卑斯地區的義大利人特別擅長水泥工及灰泥工，而義大利南部山區及丘陵地帶的義大利人則精通灌溉、排水等農業土木工程，因此建築工地的工作剛好能夠讓他們發揮專長及經驗。也因為這個緣故，許多義大利移民都從事建築工作，贏得了「世界建築工人」的美名。另外，如果是原本就在國內從事紡織業相關工作的人，移民後往往也會成為紡織廠員工。例如美國紐澤西州（State of New Jersey）的派特森市（Paterson）在十九世紀末是絲綢的重要生產地，有「絲綢城市」之稱，當時就有許多義大利移民來至此地。其中有些人在移民前是激進的社會運動者，有些人則是在移民後熱衷於社會運動。在一九〇〇年暗殺了義大利國王翁貝托一世（Umberto I）的無政府主義者（Anarchist）蓋塔諾·布雷西（Gaetano Bresci），也曾在一八九〇年代後期的派特森市擔任織布工人，還加入了當地的無政府主義組織。此外，派特森市在一九一三年爆發了大規模勞動抗爭，許多參加者都是義大利移民工人。

另一方面，也有一些移民從事農業和商業活動。歐洲各國由於城市化的影響，務農人口大幅減少，農忙時期常常人力不足，來自義大利的移民剛好補足了這個缺口。此外，阿根廷及巴西（尤其是南部三州）在十九世紀後期快速開墾國內的未耕地，義大利移民往往擔任開拓土地的工作，雖然開拓了廣大的土地，卻也與當地原住民發生不少摩擦。在商業方面，移民社群內部有不少人從事民族食材（義大利食材）的買賣事業，雖然絕大部分規模都很小，但也不乏店鋪越開越大的例子。

隨著義大利移民潮的擴大，各國開始出現歧視及排擠義大利移民的聲浪。特別是在一八八〇年代至九〇年代之間，排擠的現象最為嚴重。例如一八九一年美國路易斯安那州紐奧良（New Orleans）發生了西西里移民遭凌虐的事件，一八九三年法國南部的艾格莫爾特（Aigues-Mortes）也發生了義大利移民被攻擊的事件，這兩起事件的規模都不小，約造成十人死亡。當然，被歧視排擠的移民並非只有義大利而已，但義大利移民範圍廣及歐洲及南北美洲，因此較容易成為各國排擠的對象。不過除了美國的排擠現象在第一次世界大戰後演變成移民限制政策之外，其他如法國、阿根廷、巴西等國對義大利移民的排擠現象，在進入二十世紀後都出現減弱的趨勢。

不過，所謂義大利人出國只是為了工作，這樣的本質在一次大戰爆發後也出現了變化。由於整個歐洲都陷入戰爭狀態，移居至歐洲各國的大多數義大利人都被迫返回義大利。同樣的狀況也發生在南北美洲。雖然南北美洲並沒有直接參戰，但住在南北美洲的義大利人卻沒辦法抱著隔岸觀火的心態看待這場戰爭。尤其是正值服役年齡的年輕人，如果無視母國的徵召而繼續逗留國外，未來將永遠無法返回義大利。雖然義大利對已屆服役年齡者的移民有一定的法律限制（詳見後述），但實際上還是有很多年輕人在超過兵役檢查的年齡後依然沒有回國。在尚未發生戰爭前，這些年輕人只要向母國提出移民申告，就算超過法定年齡後數年依然能接受兵役檢查，避免揹上逃兵的罪名。但爆發戰爭後如果還是堅持不回國，情況就截然不同了。因此在發生戰爭的當下不回國，就意味著將在該地永久定居。此外，就算是已過服役年齡的移民，在大戰爆發時不回國，也意味著有很高的機率在該地永久定居。在歐洲各國生活的義大利移民若在戰爭時間不回國，情況也是相同。換句話說，在一次大戰爆發後，所有移民都必須選擇「回國」或者「留下」，一旦選擇留下，就有很大的機率永久定居。

3　政治領袖及知識分子的移民觀

容許論與限制論

由於移民人數快速增加，自一八七〇年代之後，政治領袖及知識分子多了不少談論移民議題的機會。談論的重點大多放在移民現象對義大利社會帶來了正面、還是負面的影響。隨著觀點的不同，可分為容許論（鼓勵論）以及限制論（反對論）。其中限制論較占優勢。

主張應該限制移民的人，主要的理由是移民現象會對義大利的經濟帶來負面影響。但具體上到底會帶來什麼樣的負面影響，則眾說紛紜沒有定論。例如，在威尼托地區經營大規模毛織業且具有下議院議員身分的亞歷山德羅·羅西主張移民會導致農村人口減少，造成農村的工業勞動力下降，不利於義大利的工業發展。另外，義大利南方坎帕尼亞地區出身的喬凡尼·弗洛倫查諾（Giovanni Florenzano）則在著作中針對移民問題作出以下結論：

> ①移民並不能完全解決人口增加的問題，而且人口增加有益於人類社會的創造與進步，不見得一定是壞事。②義大利人口過多的說法並不正確，若對比土地面積，人口數甚至可以說是不足的。③從英國的例子來看，移民在某些情況下似乎能有效解決民眾的貧困問題，但義大利移民的背景與英國截然不同，難以達到相同目的。④義大利是農業國家，跟高度工業發展的歐洲北

部諸國相比，需要更多的農業人力。⑤義大利移民人口大多是農民及年輕人，城市地區沒有生產能力的人都過著悲慘的拮据生活。⑥移民會造成勞動力外流，對於被拋棄的農村、有繳稅義務的地主及薪資水平都會造成不良影響。⑦移民也會造成資本外流，這些資本遠多於移民寄回祖國的金錢。⑧移民沒辦法提升國力或獲取外國的認同。想要提升國力，靠的是理念，而不是無知飢餓的民眾。⑨義大利移民都屬於短期移民的說法並不正確，甚至可說是截然相反。⑩義大利移民不論長短期，都會對祖國的家族秩序帶來不幸的結果，違反自然定律。

——弗洛倫查諾，《關於美國的義大利移民》(*Della emigrazione Italiana in America*)

弗洛倫查諾的論點主要是認為移民會造成農村人口減少，導致農村荒廢，為農業立國的義大利帶來致命的結果。或許因為弗洛倫查諾是大地主，才會有這種厭惡農村秩序被破壞的想法吧。

接著介紹移民容許論的西德尼．桑尼諾（Sidney Sonnino）的主張。他在二十世紀初曾兩次擔任義大利首相，而且在一八七〇年代，他曾與萊奧波爾多．弗朗切蒂（Leopoldo Franchetti）一同前往義大利南部進行農村調查，主張要重建南部日趨惡化的社會秩序，就應該解散大莊園(Latifondo)，導入分益佃農（Mezzadria）制度：

不管是義大利北部還是南部，如果真的想要改善農民的生活，就必須徹底改變整體經濟狀態。尤其是從前屬於拿坡里王國的地區，必須要進行精神上的革命，如果沒有辦法做到這一點，所有的法令都將形同虛設，要不然就是會出現更多的腐敗現象。那麼，我們到底該怎麼做呢？義大利的農民想要對抗地主，沒辦法像英國那樣建立工會組織。

唯一最激進、最具效果、且農民會主動採行的解決對策，就是移民。

桑尼諾並介紹了幾乎在同一時期出版的艾米里奧．茄爾蒂的論述做為佐證。以下為茄爾蒂的論述：

移民的增加，能夠為義大利帶來相當大的好處。藉由移民，我們能有效解決人口過多的問題。過多的人口，正是奪走民眾生活能力的元凶。連吃飯都成問題的農業勞動者，其收入將因移民而獲得改善。義大利的商船活動，也能因移民而變得熱絡。移民所存下來的財富，能夠增加國家的財政收入。不僅如此，犯罪率也將顯著下降。現在有很多罪犯只是因為找不到像樣的工作，才會誤入歧途。

——桑尼諾，《著作與議會外演說集》（*Scritti e discorsi extraparlamentari*）

站在移民容許論立場的人，認為移民是解決人口過多問題及改善農民生活環境的有效手段。

兩套移民法

直到一八八八年正式制定移民法之前，限制論及容許論一直處於對峙狀態。在法案審議過程中，兩種不同的聲音都有。例如站在限制論的拿坡里議員恩里克．溫加羅就批評：「我們的同胞在美國一直被當成笑柄。那些美國的老大們勾結義大利的投機分子，讓義大利移民都變成了白人奴隸。」(AP XVI-2 1888/12/5) 另一方面，威尼托地區羅維戈（Rovigo）的議員尼古拉．巴達洛尼則回應：「從一八七〇年之後的農業危機的角度來看，移民確實是一樁好事。不管就經濟面還是精神面來看都是一樁好事。」(AP XVI-2 1888/12/5)

在兩種立場互相對峙的過程中，政府所提出的法案，經由設置於議會的委員會加以修正後表決通過。此法案規定「在法律所規定的義務之外，人民可以自由移民」。不過也對仲介行為，以及兵役檢查及預備役對象設定了一些限制。簡單來說，此法案明確賦予人民移民的自由，雖然多少有一些限制，但依然可以視為移民容許論的全面勝利。如同前文所述，大多數義大利移民都只是為了外出工作，因此並沒有發生當初大家所擔憂的人口減少現象，反而因為解決了人口過多的問題，農村的失業狀況得以紓解，農業勞動者的收入也增加了。而且移民將存下來的錢帶回故鄉，便有了購買土地的資本，農民的生活品質也有所提升。更重要的是，對於長期受貿易赤字所苦的義大利政府而言，移民寄回來的錢是改善對外收支狀況的重要資源。因此在沒有對徵兵制度造成影響的前提下，政府不敢隨便阻擋民眾移民至外國。

一八八八年的法案通過之後，移民的規模可說是與日俱增。主張應該限制移民的聲音漸漸消失了，反而是有越來越多的批評聲浪認為一八八八年制定的法律無法充分保護移民，尤其是仲介業者的惡劣行為，在當時成為眾矢之的。仲介業者先借給移民一筆錢再藉此壓榨，以及為了降低船運成本讓移民搭乘外國籍船隻等等，種種做法都引來了民眾的不滿。事實上這些批評聲音之所以如此高漲，還涉及了國家對經濟行為主動干涉的干涉主義，與排除各種干涉的自由經濟主義之間的爭執。這在當時義大利的政治界、金融界及學術界，正是最重要的爭辯議題之一。義大利原本一直採取自由貿易政策，但自一八八八年開始轉換方向，改採保護關稅政策。主要的原因，跟長期經濟不景氣（農業不景氣）導致穀物價格滑落有關。除此之外，希望藉由保護政策來加速發展工業的工廠主，以及主要仰賴穀物生產收入的大地主，也紛紛向政府施壓。保護政策實施後，穀物價格確實開始上升，也為重工業建立起發展基礎，但另一方面，義大利南部生產的橄欖、葡萄及柑橘等等過去以輸出為主的農作物產業卻大受打擊。因此採取保護政策是不是正確的做法，成為熱烈議論的話題。

在這樣的局勢下，義大利政府在一九〇〇年十一月提出了新的移民法。提案者之一的路易吉·盧扎蒂（Luigi Luzzatti）是最具代表性的干涉主義政治家，新法案強烈反映出他的個人思想，除了再次確認移民的自由之外，還規定為了在實務上保護移民，應在外交部底下設置移民委員會及移民評議會，並在熱那亞、拿坡里、巴勒摩等移民搭船前往南北美洲的主要出發港口設置常駐的移民監督官。另一方面，新法案也規定橫越大西洋的移民載運業務必須導入執照制度，唯有取得執照的業者及代理人才能執行仲介業務，將船運公司的利益也納入考量。

這套新法案引來了自由經濟主義支持者的強烈反對。激進黨成員之一的馬費奧・潘塔萊奧尼(Maffeo Pantaleoni) 反對讓船運公司獨占移民的輸送業務，他提出了以下這些看法：

> 移民們都很聰明，只要外國的船運公司的服務比義大利的好，他們就會選擇外國的船運公司。這就是競爭機制。對移民仲介業者的束縛越少，競爭機制就會越穩固。
>
> ——AP XXI-1 1900/11/23

> 你們的作法，只會建立起一套官僚制度，我實在不懂你們為什麼要這麼做。你們大概只是想要建立起義大利綜合海運的獨占體制，讓外國的船運公司沒有辦法在我國的港口從事移民輸送的業務吧。你們只是在排擠外國的船運公司，把事業留給我國的船運公司而已。
>
> ——AP XXI-1 1900/11/23

支持這套新法案的人則強調，此法案的最大重點是保護移民。羅維戈縣議員歐亨尼奧・華利(Eugenio Valli) 提出以下見解：

移民是不可避免的事情，我們的義務在於使用各種手段來保護移民，使移民變成對我國有益。舊移民法的問題，就在於沒有認清移民的本質特徵，只從治安的觀點施行法律。

——AP XXI-1 1900/11/27

干涉主義者與自由主義者針對這套法案進行了激烈爭辯，但雙方都承認移民對義大利來說是不可避免的事情，而且也都認同經濟在義大利的國家發展過程扮演了極為重要的角色。一八九六年，義大利企圖在衣索比亞建立殖民地，卻在阿杜瓦戰役（Battle of Adwa）遭衣索比亞軍擊潰。克里斯畢政府內部的擴張主義因這次的慘敗而銷聲匿跡，輿論也從追求政治及軍事擴張，轉變為追求經濟上的擴張與成長。「經濟復興」一詞在這個時期受到熱烈討論，說明了輿論正在變化。

自由經濟主義者的移民理論

不管是干涉主義還是自由經濟主義，都隱含著經濟民族主義的觀念，其最具代表性的詞彙就是「經濟復興」。義大利做為一個資本主義國家，起步的時間較晚，為了迎頭趕上先進諸國，干涉主義被視為有效的手段。在當時的國際局勢裡，其他歐洲諸國或多或少也採行了保護政策，這在當時被認為是「較實際」的作法。相對於此，自由經濟主義者則批評國家干涉經濟會導致無意義的財政支出（也就是所謂的「撒幣」），也會與既得利益者之間出現寄生關係，因此必須加以排除，在新的秩序下重建義大利的經濟體系。這樣的理念，讓自由經濟主義者的立場在某種程度上較偏向理想主義。

在審理新法案的一九〇〇年，自由經濟主義提倡者路易吉．伊諾第（Luigi Einaudi）出版的《商人君主論》（*Un principe mercante*）一書吸引了世人的目光。伊諾第是第二次世界大戰後誕生的義大利共和國，實質上的第一任總統。年輕時的伊諾第是一名經濟學家，本書正是他年輕時的著作。本書內容主要講述在阿根廷創業成功的恩里柯．德拉夸（Enrico dell'Acqua）的事蹟。德拉夸原本在義大利的倫巴第地區瓦雷澤縣（Varese）經營絲綢事業，後來因為看上了阿根廷做為產品輸出市場的潛力，便在阿根廷的布宜諾斯艾利斯（Buenos Aires）開設了一家貿易公司。其後德拉夸又在該地開設絲綢工廠，在二十世紀初成長為擁有超過一千名員工的大工廠。其間雖然遇上資金周轉及匯率不穩等問題，但德拉夸都靠著自己的創意與巧思克服了問題。伊諾第認為，德拉夸的例子正是移民經濟活動的最佳典範，甚至可以說是肩負了義大利經濟的未來。他在書中有以下論述：

> 只要讀了本書，就能明白想要在商業活動上獲得勝利，單靠偉大的毅力與智慧是不夠的，還需要名為直覺的天分。德拉夸正是一個擁有優秀直覺的人。（中略）有些聰明人能夠看出遠方國家人民的嗜好及習慣，絲毫不放過任何需求的微妙變化，而德拉夸能夠將很多這樣的人配置在

自己身邊。倘若義大利能夠有幾百個像他這樣的商人、企業家，那麼我國不管是工業還是商業，未來就算沒有來自政府的干涉刺激，也絲毫不用擔心。

——伊諾第，《商人君主論》

但義大利的歷史並沒有朝伊諾第所期待的方向前進。新的移民法在一九〇一年頒布實施，基本骨架幾乎沒有改變。義大利的船運公司獨占了從義大利至南北美洲的移民運輸事業。從新法頒布的那年開始，財政官員出身的政治家喬凡尼．喬利蒂（Giovanni Giolitti）掌握了政治主導權，義大利政壇進入喬利蒂時代。這個時期的義大利實現了高度的經濟發展，重工業的成長尤為顯著。喬利蒂強化了國家對經濟的干涉，同時積極擴充官方機構。例如他實現了鐵路國營化，並大力推動海運事業及壽險事業的國營化（雖然最後沒有成功）。此外喬利蒂也推動保護女工及童工政策，強化初等教育及社會保險，實施男性普選，提升民眾的生活水準及政治參與度，在一定程度上實現了民主政治。另一方面，他為了在議會獲得多數席次，不斷刻意在義大利南部各地以「振興經濟」為名施行「撒幣」政策，甚至是干涉選舉。因為這樣的作法，自由經濟主義者對喬利蒂政府的批評聲浪從來沒有消失過。

新的移民限制理論

但是在這個時代，除了自由經濟主義者之外，還有另一群人基於對移民問題的高度關心，而站在批判喬利蒂政府的立場。恩里柯・科拉迪尼（Enrico Corradini）正是代表人物之一。科拉迪尼是一位作家，在十九世紀末主要從事劇本創作及文藝評論，但到了一九〇四年，他在佛羅倫斯創辦《王國》（*Il Regno*）雜誌，開始撰寫一些社會評論文章。在這個時期的佛羅倫斯，各式各樣的雜誌如雨後春筍般出現，內容涵蓋文藝及政治評論，《王國》也是其中之一。在這本雜誌裡，他建立了一套以民族主義為基礎的新理論。首先，科拉迪尼將社會主義運動與勞動階級崛起視為完全不同的兩件事，一方面批判前者，另一方面卻讚揚後者，認為後者是義大利國民的一股新能量。此外，科拉迪尼嚴厲批判當前的義大利由資產階級所主導的現狀，主張為了讓資產階級「重獲新生」，應該積極採行對外擴張政策，也就是透過戰爭取得殖民地。他認為要在民眾的心中建立「國民意識」，有必要藉由獲得殖民地的方式，讓義大利在全世界擴張。

後來科拉迪尼離開了《王國》雜誌，擔任米蘭的報紙《晚郵報》（*Corriere Della Sera*）的特派員，在一九〇八年造訪了巴西及阿根廷。他在這些國家親眼目睹了義大利移民的生活，受到相當大的衝擊，回國後便到處演講。隔年他在拿坡里及米蘭的但丁協會（Societa' Dante Alighieri）演講時，說出了以下這段話。但丁協會是一個向全世界推廣義大利語的組織，創設於一八八九年。

移民對現在的義大利有一些好處，因此被視為不可或缺。我反對的不是移民本身，而是義大利人對移民所抱持的天真、庸俗的想法。

——科拉迪尼《政治演講集》(*Discorsi politici*)

科拉迪尼認為，生活在南美諸國的義大利移民不僅過著悲慘的生活，還會逐漸喪失身為義大利人的自我認同。而喪失自我認同的主要原因，就在於這些義大利人缺乏「國民意識」。因此他認為要在短時間之內解決這個問題，必須在義大利人的移居地開辦義大利人的學校，藉此提升移民的國民意識。事實上他會選擇在但丁協會演講，也是因為在這一點上他的想法與協會的理念一致。不過到了最後，科拉迪尼的想法逐漸轉變為應該讓移民現象徹底消失。而要實現這個理想，就必須加速推動工業化及發揚帝國主義精神。

演講的隔年，科拉迪尼在佛羅倫斯邀集了一些自詡為「民族主義者」的人士，舉行了一場全國規模的會議。這場會議的參加者可說是五花八門，有領土回復主義者（irredentist，指追求讓特倫托、的里雅斯特等受奧地利統治的地區「回歸」義大利的人士）、自由經濟主義者、革命工團主義者（Revolutionary Syndicalist）、共和主義者、貴族及移民的代表團等等，不論思想傾向或社會階級都大相逕庭。在具體的政治議題上，這些人所抱持的理念各自不同，但其中有許多參加者都支持科拉迪尼所提出的「無產階級國民論」：

既然有無產階級，就有無產階級的國民。所謂無產階級的國民，指的就是生活狀態就像無產階級一樣。相對於其他國民，無產階級的國民處於隸屬的立場。既然如此，民族主義勢必得強調一個現實，那就是義大利不管是在物質上還是在精神上都屬於無產階級。

——義大利民族主義佛羅倫斯大會，會議紀錄

對科拉迪尼來說，大量移民的存在，正印證了義大利人在國際秩序上屬於無產階級。想要解決移民問題，義大利該做的事情就是獲得殖民地。簡單來說，就是必須「獲得殖民地供移民之用」。

自由經濟主義者的移民觀，與科拉迪尼可說是南轅北轍。說得更明白一點，雙方的思想及理念是截然不同的。唯一的共同點，是他們都不認同喬利蒂時代所建立起的穩健、民主卻充滿腐敗的社會。在那短暫的時間裡，他們曾為此一同奮戰。為了爭奪北非的黎波里塔尼亞（Tripolitania）、基里奈卡（Gyrenaica）的統治權，義大利與鄂圖曼帝國在一九一一至一九一二年爆發了戰爭（即後人所稱的利比亞戰爭或義土戰爭）。義大利各地在開戰前便喊出了「獲得移民用的殖民地」的口號。歷經了這場戰爭的勝利，義大利開始朝著第一次世界大戰的方向快速邁進。

4 移民的聲音

尼蒂的社會調查

義大利統一後，許多政治家與知識分子都曾討論過移民的議題，但實際上移民對於自己的行為有什麼樣的感想？他們對義大利這個國家抱持著什麼樣的意識？事實上要從史料中挖掘出民眾的意識並不是件容易的事，尤其是十九世紀後期的義大利，民眾的識字率在西歐國家裡相對較低，一般人不會把生活上的點點滴滴寫在信裡或日記裡，因此難度更高。但是從農村調查及零星書信，還是或多或少能看出移民的心聲。以下將實際以兩種史料做為剖析的主要對象，其一是弗朗切斯科·薩韋里奧·尼蒂（Francesco Saverio Nitti）的著作，是作者在二十世紀初期針對義大利南部巴西利卡塔、卡拉布里亞地區進行農村調查的紀錄。其二則是一部書信史料集，內容為一對移民至阿根廷的兄弟與留在故鄉（義大利北部的比耶拉）的父親之間的長年往來書信。

尼蒂出生於巴西利卡塔地區的一個中產階級家庭，就讀大學期間曾在媒體上發表社會評論，以義大利南部社會的改革為主題，吸引了世人關注。剛開始的時候，尼蒂的想法與桑尼諾相似，認為解散大莊園是追求義大利南部現代化的必經過程，但歷經十九世紀末到喬利蒂時代，他的想法有了改變，開始主張拿坡里等城市地區的工業化更為重要。不過從以下將要介紹的農村調查紀錄，可看出尼蒂對農民的生活狀況依然相當關心。此調查紀錄的主要觀點是移民能夠改善農業契約與糧食問

圖 5-5　卡拉布里亞地區的莫拉諾卡拉布羅鎮（Morano Calabro）。這裡有相當多居民移民至國外。

題，尼蒂便是依據此觀點，對當地的村里長、地主及有過移民經驗的農民進行訪談調查。事實上，在一八七〇年代由下議院委員會針對全義大利進行的農業調查（就是後人所稱的「雅伊尼〔Jacini〕調查」）之中，也包含了訪談調查，但當時的調查對象僅限於村里長、地主等地方重要人物。相較之下，尼蒂對農民也進行了訪談調查，這是該份調查的最大特色。不過由於尼蒂對移民所能帶來的社會改革抱持極高的期待，因此訪談時的用字遣詞及記錄方式可能或多或少有些偏頗，這點必須特別注意。

尼蒂的訪談主要包含以下三個問題。①為什麼要移民？是自願還是被強迫？②移民帶來了什麼樣的結果？③移民行為是否應被禁止？以下分別摘錄農民的回答。

移民是自願的行為

首先，移民現象是移民自發性的行為，還是仲介業者或其他人刻意鼓吹下的結果？卡拉布里亞地區科森扎縣（Cosenza）貝爾韋德雷馬里蒂莫鎮（Belvedere Marittimo）某農民作出了以下回應：

> 我不知道我今年幾歲。大概是五十五或五十六歲吧。我不識字。我曾經移民到布宜諾斯艾利斯。如果健康狀況允許的話，我還想再去一次。因為在這裡活不下去。我在美洲待了五年，帶回來四千里拉。我在這裡買了地，現在我也是地主了。此外我還租了一塊地，收穫的三分之二是我的，三分之一是地主的。
>
> ——尼蒂，《巴西利卡塔、卡拉布里亞地區農民狀況相關調查》（*Scritti sulla questione meridionale. Inchiesta sulle condizioni dei contadini in Basilicata e in Calabria*），以下同。

*請注意，農民口中所稱的「美洲」包含了南北美洲，可能是美國也可能是中南美洲諸國，以下同。

以下則是科森扎縣某小佃農（兒子移民美洲）的回應：

農民在美洲才能過比較好的生活。腦袋聰明、記憶力好的人能賺到錢。在這裡日子過不下去，只好到美洲去。我如果再年輕一點，也會去美洲。現在我家裡還有兩個女兒，她們也說想去美洲，但我把她們留在身邊。如果政府不希望我們去美洲，我們就只能等著餓死。天底下的父親都希望孩子留在身邊，但我還是讓孩子移民，因為非這麼做不可。

以下是科森扎縣聖喬瓦尼因菲奧雷鎮（San Giovanni in Fiore）某農民的回應。

我擁有一個半托摩羅的葡萄田、一個托摩羅的櫟樹林，以及一棟有內庭但只有一間房間的屋子。我和我的妻子及四個孩子都住在這棟屋子裡。內庭裡養了一頭驢子及一頭豬。我沒辦法養活全部人，所以我把十五歲的兒子跟二十一歲的女兒送到美洲的叔父家。他們已經去九個月了。他們寄回來的信裡，寫著「美洲不愧是美洲，這裡能賺得到錢」。但我不會到美洲去賺錢。我看了信才知道，女兒到美洲不久就結婚了，但我連女婿的名字都搞不清楚。好像是叫多明尼克・羅威塔里什麼的吧。聽說我女兒還沒到美洲之前，叔父已經幫她找好丈夫了。

*「托摩羅」（tómolo）是義大利南部地區常使用的農地面積單位，其代表的面積大小因地區而有極大的差異，在科森扎約相當於〇・四公頃。

由以上的幾段紀錄，可以看出當地的農村生活很苦，農民是為了脫離貧困才自願移民。此外從文中也可得知年輕人特別希望前往南北美洲，在移居地有親戚或朋友可以提供援助，字裡行間還可看出女性也希望移民，但女性移民有時需要有配偶才行。尼蒂便是根據這些農民所說的話，認定移民們都是基於自由意志作出移民的決定，仲介業者幾乎沒有造成任何影響。

移民帶來了什麼？

下一個問題，是移民為義大利南部社會帶來的影響。巴西利卡塔地區波坦察縣（Potenza）佩斯科帕加諾鎮（Pescopagano）的某農民作出了以下回應：

> 我去過美洲的布宜諾斯艾利斯，二十年前回鄉。我在那邊待了兩年，經營一家小店鋪，帶回四千里拉。回來之後，我繼續務農，存款卻越來越少。對於經常往來美洲及義大利的工作移民來說，這一直是稀鬆平常的事情，現在也不例外。

波坦察縣巴里萊鎮（Barile）某農民則作出了以下回應：

我八天前才剛從紐約回來。我在那邊工作了大約三年的時間。剛開始的時候，我在絲綢工廠工作，後來我改做拿鏟子的工作，一天賺一塊半美金。我回到義大利，是因為我以為義大利比那邊好一點，但回來之後才發現這裡真的很糟糕。我幾乎沒有帶回來任何存款。如果能夠籌到船費，我還想再移民一次。上一次我能前往美洲，是因為我表哥寄了船費給我。

巴西利卡塔地區馬泰拉縣（Matera）蒙泰斯卡廖索村（Montescaglioso）某農民的回應更加具體：

我在紐約附近住了三年多，幹的是拿鏟子的工作。當初我過去時，有個朋友寄了船票給我，我還借了一百五十里拉。我的一個兒子在我還待在美洲的時候死了，我的一個女兒在我前往安齊（Anzi，波坦察縣內的鎮）工作的時候死了。那三年我寄錢回家，還掉了欠債，另外還帶了兩千里拉回去。待在美洲那段期間，我每天都在餓肚子。為了把錢存下來，我吃得很少。回來之後，我花六百里拉買了屋子，花四百里拉買了五托摩羅的田地。因為工作不穩定，我只能靠剩下的錢過活。我想要再去一次美洲。當初去美洲之前，我罹患了瘧疾，在美洲那段期間一直很健康，回來之後卻發病了。

卡坦扎羅縣（Catanzaro）尼卡斯特羅鎮（Nicastro）某農民的回應如下：

> 我去過兩次美洲的匹茲堡（Pittsburgh）。第一次去了三年，第二次去了二十七個月。船票是哥哥幫我買的。第一次我帶回一千里拉，第二次我帶回一千五百里拉。我花一千里拉買了房子，剩下的錢拿來修繕。自從回來這裡之後，我繼續幹起田裡的工作。我租了一塊四分之三托摩羅的田地。此外我也經常當臨時工。農夫在這裡是沒辦法活下去的，只好到美洲去。我也想要再去美洲一次。美洲的生活非常幸福，跟這裡相比簡直是天堂。下次我再去的時候，我會把妻小一起帶去。有人說農夫去了美洲必須賣命工作，其實沒那回事。在美洲就算做得比較少，也能拿到比較多的錢。我在這裡一天只能賺兩里拉，在那裡能賺十里拉。在美洲，我每天都能吃肉。老實說，我很後悔回到這裡來。就算在這裡擁有一百塊田地，我還是寧願到美洲去。

從以上的幾段敘述，可以看出當時的移民都是在移居地努力存錢，將錢帶回故鄉購買屋子及田地，如此一來在故鄉的生活品質就能大幅提升。但在故鄉生活一陣子之後，花光了積蓄，生活品質就會再度下滑。面對這樣的情況，他們就會想要盡可能再移民一次。從這些人的描述，可以看出移民雖然讓他們在故鄉的生活稍微變好了，卻沒辦法獲得徹底改善。從幾個人的言詞中，還可以感覺到他們不但想要再度移民，而且這次不會再回來了。

不過對於「美洲有如天堂」的說法，卻也不能囫圇吞棗地採信。在這些農民的說詞中，出現了好幾次「拿鏟子的工作」這種說法，這表示他們在美洲做的也是建築工作或農田收割作業，單就工作內容而言與故鄉並沒有太大差異。他們會認為南北美洲有如天堂，並不是因為工作比較輕鬆，而是因為能夠獲得的收入差異甚大，而這也正是尼蒂最在意的一點。

最後則是移民行為是否該被禁止的問題。波坦察縣拉戈內格羅鎮（Lagonegro）某農民作了以下描述：

我們已經快要餓死了。這世界是自由的，誰都不應該阻止我們離開這個地方。與其待在這裡，我寧願到其他地方行乞。

科森扎市的某農民也提出了以下看法：

如果國家禁止我們去美洲，大家一定會很生氣吧。我兒子結婚要花一百里拉，我卻拿不出來，我兒子也沒有辦法自己賺錢。既然如此，為什麼不讓我們去美洲？

雷焦卡拉布里亞縣（Reggio Calabria）傑拉切馬里納鎮（Gerace Marina）的某農夫更是簡單明快：

沒有人能禁止我們去美洲。有誰能夠奪走一個人的意志？

在尼蒂的訪談調查裡，村里長及地主等地方重要人物皆希望國家對移民作出某些限制。尼蒂記錄下農民的言詞，其實是要與前者形成對比。從這樣的作法，便可看出尼蒂非常期待能夠藉由移民帶動義大利南部社會的改革。但農民們的想法，與尼蒂的期待卻是兩碼子事。在他們的言詞中，流露出的是一股堅定的意志。他們移民只是為了活下去，為了追求更好的生活。

移民的書信

接著我們來看看移民們親筆所寫的書信。這些信的主人，是如今住在皮埃蒙特地區比耶拉縣瓦爾登戈村（Valdengo）的索拉家的奧雷斯特、阿貝雷兄弟。他們在二十世紀初曾移民到阿根廷，在布宜諾斯艾利斯生活了一段日子。在這段期間，他們與父親路易吉會定期互相寫信給對方。從哥哥奧雷斯特移民到布宜諾斯艾利斯的一九〇一年起，到父親路易吉去世的一九二二年為止，雙方的往來書信多達三百五十封，如今有大約兩百封完整保存了下來。如此大量而完整的書信可說是相當罕見，成為極度珍貴的歷史紀錄。奧雷斯特、阿貝雷兄弟其實一直希望能夠返回故鄉，卻因為種種因素而必須留在阿根廷。其主要的原因，包含了一次大戰的爆發，以及父母親的相繼辭世。到頭來，他們兄弟只在父親去世後短暫返鄉，其他日子終其一生都在阿根廷度過。

他們與父親之間往來的書信內容，雖然大多是關於家人的健康及近況，但字裡行間還是可以找到與移民有關的種種訊息。兄弟從阿根廷寄回義大利的信裡，有時還會談及當地的經濟及政治局勢。因為這都會影響兄弟的工作及收入，在哥哥奧雷斯特創設公司後，甚至會對公司的經營造成直

圖 5-6　比耶拉縣（皮埃蒙特地區）

接衝擊。藉由這些零碎、不完整的訊息，我們可以一窺這對兄弟眼中的阿根廷及義大利社會。以下先從奧雷斯特寄給父母的書信看起。

一九〇一年八月，年僅十八歲的奧雷斯特移民到布宜諾斯艾利斯，他寫了一封信回家報平安：

> 我們先去了教父佐克叔叔那裡，他介紹了幾個從瓦爾登戈來的朋友給我們認識，他們都已經來到美洲好幾年了。（中略）不管去了哪裡，不管是在宿舍還是在工作地點，就算是其他國家的人，也都說皮埃蒙特語或義大利語。這裡的阿根廷人也說義大利語。
>
> ——貝里（Baily）、拉梅拉（Ramella），《一個家庭、兩個世界》（*One Family, Two Worlds. An Italian Family's Correspondence across the Atlantic*），以下同

從信中內容可以看出，奧雷斯特到了布宜諾斯艾利斯之後，投靠了他的教父。多半是他的教父或教父介紹的同鄉朋友，為他安排了住處及工作。此外信中還提到當地有非常多的義大利人，完全感受不到語言隔閡，當然這或許有些誇大其辭。後來奧雷斯特為了找尋更好的工作，前往了安地斯山脈附近的門多薩（Mendoza），在那裡住了一陣子，之後又回到布宜諾斯艾利斯，在公共工程工地擔任製圖工人。這個工作較為穩定，收入也較好。他在一九〇六年六月又寫了一封信：

隨信附上三百里拉。這金額沒什麼。兩、三個星期之內，我還會寄更多回去。

奧雷斯特的雙親原本都在比耶拉的紡織工廠工作，但在一九〇七年退休了。提供雙親生活資金原本就是他渡海移民的目的之一，他非常盡責地實現這個承諾。一九〇八年，奧雷斯特與一名在比耶拉附近村落出生、後來舉家移民到布宜諾斯艾利斯的女性結了婚。移民者與同鄉的異性結婚，在義大利移民社會裡是很常見的狀況。有些人會因為結了婚而返回故鄉，但奧雷斯特因為工作忙碌的關係，婚後依然沒有返回義大利。到了一九一〇年，奧雷斯特開了一家建設公司，這家公司剛開始經營得很順利，員工人數上升到超過一百人，但是從一九一三年開始，阿根廷的經濟陷入危機，再加上氣候異常，更是讓經濟大受打擊。奧雷斯特在一四年八月的信中提到了以下這段話：

這裡的經濟危機一直沒有好轉，惡劣的天氣更是讓狀況雪上加霜。由於天氣太糟糕，農產物受創嚴重，就連明年播種用的種子也成了問題。這個國家的主要產業是農業，一旦農業受到重創，工業跟商業也會跟著麻痺。

在前一封信裡，奧雷斯特也感慨社會對建築的需求降低，工作機會少了一半。而且令他煩惱的事情還不止這些。最近才剛爆發的「歐洲戰爭」（即第一次世界大戰），也成了他心中的隱憂。他在同一封信裡也寫了這麼一段話：

自從「歐洲戰爭」開戰後，這裡的人每天都在談論這件事，報紙上也有專題報導。（中略）因為戰爭的關係，這裡的物價也上升了。煤、鐵、出口用的小麥及玉米也不例外。而且因為幾乎沒有船班可以前往歐洲，出口也變得很困難。我只希望義大利能盡量保持中立。否則的話，一旦真的沒有船可以回去，一切就完了。

一次大戰對阿根廷的民眾生活也造成了影響，令奧雷斯特感到痛心。而且一旦義大利也加入戰局，奧雷斯特還得面臨另一個問題，那就是徵兵。奧雷斯特在尚未到達兵役檢查的年齡時就已移民阿根廷，從此十多年沒有回國。他從來沒有接受過兵役檢查，而且以他三十出頭的年紀，一旦義大利加入戰局，還是有可能成為徵兵的對象。事實上在義大利參戰之後，奧雷斯特所寄回來的信裡，確實提到有些移民到阿根廷的同鄉人為了服兵役而返回義大利。不過每次他在信裡提到兵役問題時，都只是「含糊帶過」，並沒有說清楚。這是因為自從開戰後，從移居地寄回義大利的信都會被拆開檢查，奧雷斯特很清楚這一點，所以不敢把話說得太明白。不過由於他是長男的關係，義大利一直到最後都沒有徵召他服兵役。

奧雷斯特在信裡幾乎不談義大利的政治局勢。他唯一一次在信裡談起義大利，是在義大利已經篤定獲得勝利的一九一八年十月：

> 我們這裡也迎接了光榮的一個月。義大利戰勝後，這裡就舉辦了慶祝遊行活動，現在終於要結束了。氣氛非常熱絡。至少有幾萬名女性參加，好幾千面聯合國及阿根廷的國旗在遊行隊伍裡翻舞。有些地方甚至放了一個星期的有薪假。政府已下令以今天為紀念日。終於贏了。義大利萬歲！

在所有奧雷斯特寄給父母的信裡，這是他第一次談到義大利的狀況，同時也是他第一次寫下「義大利萬歲」這句話。這或許意味著奧雷斯特在歷經了一次大戰這個歷史巨變後，終於深刻感受到自己是一個義大利人。不過他雖然寫下「義大利萬歲」，但他只在父親過世後回去義大利一趟，並沒有搬回義大利居住。或許在他的心中，真正重要的並不是在「義大利與阿根廷」之間作抉擇，而是如何才能讓家人過好生活。只要能達到這個目的，住在哪裡其實並不重要。或許這並非僅是奧雷斯特的心聲，而是所有義大利移民的心聲。

圖2-5	*The Illustrated London News*, 27 January 1877.
圖2-6	Weber, S., *Damascus*, vol.1, Aarhus: Aarhus University Press, 2009.
圖2-7	Zandi-Sayek, S., *Ottoman Izmir: The Rise of a Cosmopolitan Port, 1840-1880*, Minneapolis: University of Minnesota Press, 2012.
圖2-8	'Alî Haydar Midhat (ed.) *Midhat Paşa: Mir'ât-ı Hayret*, İstanbul: Hilâl Matba'ası, 1325[1909].
圖2-9	Midhat, A. H., *Hâtıralarım 1872-1946*, İstanbul, 1946.
圖3-1~3-8	Милютин Д. А., Воспоминания, 1860-1862, Москва, 1999~2005.
圖4-1	東京大學史料編纂所
圖5-1~5-3	北村曉夫提供
圖5-4	公眾領域
圖5-5	北村曉夫提供
圖5-6	公眾領域

圖片來源

圖總-1	公眾領域
圖總-2	公眾領域
圖1-1	Lin-Le, *Ti-ping tien-kwoh: The History of the Ti-ping Revolution, Including a Narrative of the Author's Personal Adventures*, 2 vols., London, 1866.
圖1-2	公眾領域
圖1-3	中國第一檔案歷史館。朱誠如主編《清史圖典〔10〕咸豐同治朝》紫禁城出版社，2002
圖1-4	公眾領域
圖1-5	《宮中檔奏摺》，國立故宮博物院
圖1-6	Archive of FUKUOKA ASIAN ART MUSEUM
圖1-7	公眾領域
圖1-8	《李秀成親供手跡》第2版第2刷，岳麓書社，2014
圖2-1	公眾領域
圖2-2	*Şehbâl*, no.78, 1 Temmuz 1329[14 July 1913].
圖2-3	Cody, J. W. and Terpak, F. (eds.), *Brush and Shutter: Early Photography in China*, Los Angeles, 2011.
圖2-4	*The Illustrated London News*, 6 January 1877.

Bevilacqua, P., De Clementi, A. and Franzina, E. (a cura di), *Storia dell'emigrazione italiana. Partenze*, Roma/Donzelli, 2001.

Carpi, L., *Dell'emigrazione italiana all'estero*. Firenze, 1871.

Ciuffoletti, Z., Degl'Innocenti, M. (a cura di), *L' emigrazione nella storia d'Italia, 1868-1975*. 2voll. Firenze, 1978.

Commissariato Generale dell'Emigrazione, *Annuario Statistico dell'Emigrazione*, Roma, 1926.

Corradini, E., *Discorsi politici (1902-1923)*, New York, 1973.

Devoto, F. J., *Storia degli italiani in Argentina*, Roma, 2006.

Einaudi, L., *Un principe mercante*, Torino, 1910.

Florenzano, G., *Della emigrazione italiana in America*, Napoli, 1874.

Gabaccia, D. R., *Italy's Many Diasporas*, London, 2000.

Il nazionalismo italiano. Atti del congresso di Firenze, Firenze, 1911.

Nitti, F. S., *Scritti sulla questione meridionale. Inchiesta sulle condizioni dei contadini in Basilicata e in Calabria*, Bari, 1968.

Sonnino, S., *Scritti e discorsi extraparlamentari*, Bari, 1972.

保谷徹「オールコックは対馬占領を言わなかったか」『歴史学研究』796号　2004年
保谷徹「開国と幕末の藩制改革」岩波講座『日本歴史　14　近世5』岩波書店　2015年
玄明喆「文久元年対馬藩の移封運動」『日本歴史』536号　1993年
日野清三郎『幕末における対馬と英露』東京大学出版会　1968年
保田孝一『文久元年の対露交渉とシーボルト』岡山大学吉備洋学資料研究会　1995年
ビクターシュマギン「『リハチョフ航海日誌』から読み解く対馬事件」『東京大学史料編纂所研究紀要』25号　2016年
Болгурцев В. Н., Русский флот на Дальнем Востоке (1860–1861 гг.): Пекинский договор и Цусимский инцидент, Владивостк, 1996.

第五章　義大利統一與移民

北原敦編『イタリア史』山川出版社　2008年
北村暁夫『ナポリのマラドーナ——イタリアにおける「南」とは何か』山川出版社　2005年
北村暁夫・小谷真男編『イタリア国民国家の形成　自由主義期の国家と社会』日本経済評論社　2010年
北村暁夫・伊藤武編『近代イタリアの歴史』ミネルヴァ書房　2012年
藤澤房俊『「クオーレ」の時代』筑摩書房　1993年
藤澤房俊『「イタリア」誕生の物語』講談社　2012年
Atti Parlamentari, Camera dei Deputati. Legislatura XVI 2a Sessione 1887-1888. Discussioni.（內文中僅標記「AP XVI-2 1888/日期」）
Atti Parlamentari, Camera dei Deputati. Legislatura XXI La Sessione 1900-1901. Discussioni.（內文中僅標記「AP XX-1 1900/日期」）
Baily, S. L., *Immigrants in the Lands of Promise. Italians in Buenos Aires and New York City, 1870 to 1914*, Ithaca/London, Cornell University Press, 1999.
Baily, S. L., Ramella, F. (eds.), *One Family, Two Worlds. An Italian Family's Correspondence across the Atlantic, 1901-1922*, New Brunswick/London, Rutgers University Press, 1988.
Banti, A. M., *Il Risorgimento italiano*, Roma-Bari, 2004

Захарова Л.Г., Александр II и отмена крепостного права в России, Москва, 2011.
Милютин Д. А., Воспоминания, 1860-1862, Москва, 1999.
Христофоров И. А., «Аристократическая» оппозиция Великим реформам (конец 1850 - середина 1870-х гг.), Москва, 2002.
Христофоров И. А., Судьба реформы: русское крестьянство в правительственной политике до и после отмены крепостного права (1830-1890-е гг.), Москва, 2011.
Eklof, B., Bushnell J., and Zakharova., L. G., (eds.), *Russia's Great Reforms, 1855-1881*, Indiana University Press, 1994.
Rowney, D. K, Pintner W. (eds.), *Russian Officialdom: The Bureaucratization of Russian Society from the Seventeenth to the Twentieth Century*, University of North Carolina Press, 1980.
Lincoln, W. B., *Nikolai Miliutin: An Enlightened Russian Bureaucrat*, Oriental Research Partners, 1977.
Lincoln, W. B., *In the Vanguard of Reform: Russia's Enlightened Bureaucrats*, Northern Illinois University Press, 1982.
Lincoln, W. B., The Great Reforms: Autocracy, Bureaucracy, and the Politics of Change in Imperial Russia, Northern Illinois University Press, 1990.

第四章　波薩徳尼克號事件的衝擊

伊藤一哉『ロシア人の見た幕末日本』吉川弘文館　2009年
塚越俊志「ポサドニック号事件に関する一考察——箱館に於ける日魯交渉」『湘南史学』16　2007年
木村直也「幕末期の幕府の朝鮮政策」田中健夫編『前近代の日本と東アジア』吉川弘文館　1995年
木村直也「幕末における対馬の位置」浪川健治，デビット・ハウエル，河西英通編『周辺史から全体史へ——地域と文化』清文堂　2009年
左近幸村「草創期の義勇艦隊」『ロシア史研究』97号　2016年
禰津正志「文久元年露艦ポサドニックの対馬占領に就いて」『法と経済』2巻2〜4号　1934年
檜皮瑞樹「ポサドニック号事件に関する一考察——箱館奉行の交渉過程を中心に」『明治維新史学会会報』43号　2003年

Midhat, A. H., *The Life of Midhat Pasha*, London, 1903.
Midhat, A. H., *Midhat Pacha: sa vie, son oeuvre,* Paris: Stock, 1908.
Midhat, A. H., (ed.), *Midhat Paşa: Tabsıra-i İbret, İstanbul*, 1909.
Midhat, A. H., (ed.), *Midhat Paşa: Mir'ât-ı Hayret, İstanbul*, 1909.
Midhat, A. H., *Hâtıralarım 1872-1946*, İstanbul, 1946.
Şentürk, M. H., *Osmanlı Devleti'nde Bulgar Meselesi(1850-1875)*, Ankara, 1992.
Tezcan, B., *The Second Ottoman Empire: Political and Social Transformation in the Early Modern World*, Cambridge University Press, 2010.
Uluslararası Midhat Paşa Semineri, Ankara, 1986.
Weber, S., *Damascus: Ottoman Modernity and Urban Transformation (1808-1918)*, 2vols.,Aarhus University Press, 209.
Zandi-Sayek, S., *Ottoman Izmir: The Rise of a Cosmopolitan Port, 1840-1880*, University of Minnesota Press, 2012.

第三章　陸軍大臣米留廷的回憶

高橋一彥『帝政ロシア司法制度史研究――司法改革とその時代』名古屋大学出版会　2001年
竹中浩『近代ロシアへの転換――大改革時代の自由主義思想』東京大学出版会　1999年
山本健三『帝国・〈陰謀〉・ナショナリズム――「国民」統合過程のロシア社会とバルト・ドイツ人』法政大学出版局　2016年
和田春樹『テロルと改革――アレクサンドル二世暗殺前後』山川出版社　2005年
ザイオンチコーフスキー，П.А.（増田冨寿・鈴木健夫共訳）『ロシヤにおける農奴制の廃止』早稲田大学出版部　1983年
Зайончковский П.А., Милютин Д. А., Биографический очерк. // Дневник Д. А. Милютина, 1873-1875, Т.1, Москва, 1947.
Зайончковский П.А., Военные реформы 1860-1870 годов в России, Москва, 1952.
Захарова Л.Г., Дмитрий Алексеевич Милютин: его время и его мемуары // Милютин Д. А., Воспоминания, 1816-1843 Москва, 1997.

佐々木紳『オスマン憲政への道』東京大学出版会2014年
佐々木紳「オスマン憲政史の新しい射程——近世史と近代史の接合に向けて」『新しい歴史学のために』285　2014年
佐々木揚『清末中国における日本観と西洋観』東京大学出版会　2000年
佐々木洋子『ハプスブルク帝国の鉄道と汽船——19世紀の鉄道建設と河川・海運航行』刀水書房　2013年
佐原徹哉『近代バルカン都市社会史——多元主義空間における宗教とエスニシティ』刀水書房　2003年
林佳世子『オスマン帝国500年の平和』講談社学術文庫　2016年
Abu-Manneh, B., *Studies on Islam and the Ottoman Empire in the 19th Century(1826-1876)*, Istanbul, 2001.
Anscombe, F. F., *The Ottoman Gulf: The Creation of Kuwait, Saudi Arabia, and Qutar*, Columbia University Press, 1997.
Çakır, C., *Tanzimat Dönemi Osmanlı Maliyesi*, 2nd ed., İstanbul, 2012.
Çelik, M., *Balkanlar'da Tanzimat: Midhat Paşa'nın Tuna Vilâyeti Valiliği 1864-1868*, İstanbul, 2010.
Ceyhan, E., *The Ottoman Origins of Modern Iraq: Political Reform, Modernization and Development in the Nineteenth Century Middle East*, London/New York, 2011.
Davison, R. H., *Reform in the Ottoman Empire 1856-1876*, Princeton University Press, 1963.
Davison, R. H., Nineteenth Century Ottoman Diplomacy and Reforms, Istanbul, 1999.
Deringil, S., *The Well-Protected Domains: Ideology and the Legitimation of Power in the Ottoman Empire 1876-1909*, London/New York, 1998.
Devereux, R., *The First Ottoman Constitutional Period: A Study of the Midhat Constitution and Parliament*, Baltimore, 1963.
Hanioğlu, M. Ş., *A Brief History of the Late Ottoman Empire*, Princeton University Press, 2008.
Kurşun, Z., Necid ve Ahsa'da Osmanlı Hâkimiyeti: Vehhabî Hareketi ve Suud Devleti'nin Ortaya Çıkışı, Ankara, 1998.
Maksudyan, N., *Orphans and Destitute Children in the Late Ottoman Empire*, Syracuse University Press, 2014.
Masters, B., *The Arabs of the Ottoman Empire, 1516–1918: A Social and Cultural History*, Cambridge University Press, 2013.

吉澤誠一郎「ネメシス号の世界史」『パブリック・ヒストリー』10号 2013年
ケネディ，トーマス・L（細見和弘訳）『中国軍事工業の近代化——太平天国の乱から日清戦争まで』昭和堂　2013年
スペンス，ジョナサン（三石善吉訳）『中国を変えた西洋人顧問』講談社 1975年
スペンス，ジョナサン（佐藤公彦訳）『神の子　洪秀全——その太平天国の建設と滅亡』慶応義塾大学出版会　2011年
Andrade, T., The Gunpowder Age: China, Military Innovation, and the Rise of the West in World History, Princeton, 2016.
Lin-Le, Ti-ping tien-kwoh: The History of the Ti-ping Revolution, Including a Narrative of the Author's Personal Adventures, 2vols.,London, 1866.〔リンドレー（増井経夫・今村与志雄訳）『太平天国——李秀成の幕下にありて』平凡社　1964〜65年〕
Platt, S. R., Autumn in the Heavenly Kingdom: China, the West, and the Epic Story of the Taiping Cicil War, New York, 2012.
羅爾綱《湘軍兵志》中華書局 1984年
羅爾綱《晚清兵志 1 淮軍志》中華書局 1997年
茅海建《苦命天子——咸豐皇帝奕訢》三聯書店 2006年
朱家溍〈咸福宮的使用〉《故宮博物院院刊》1982年 第1期

第二章　站在十字路口上的坦志麥特改革

秋葉淳「タンズィマート初期改革の修正——郡行政をめぐる政策決定過程（1841〜42年）」『東洋文化』91　2011年
新井政美『トルコ近現代史——イスラム国家から国民国家へ』みすず書房 2001年
新井政美『オスマン帝国はなぜ崩壊したのか』青土社　2009年
粕谷元編『トルコにおける議会制の展開——オスマン帝国からトルコ共和国へ』東洋文庫2007年

第一章　危機中的清朝

▲史料

高杉晋作「遊清五録」田中彰校注『日本近代思想体系　1　開国』岩波書店 1991年

Great Britain, Parliamentary Papers, Further Papers Relating to the Rebelion in China, London, 1863, LXXIII[3104].

翁萬戈編・翁以鈞校訂《翁同龢日記》中西書局 2012～13年

張劍整理《翁心存日記》中華書局 2011年

《曾國藩全集》岳麓書社 1985～94年

顧廷龍・戴逸主編《李鴻章全集》安徽教育出版社 2008年

中國第一歷史檔案館編《咸豐同治兩朝上諭檔》廣西師範大學出版社 1998年

羅爾綱《李秀成自述原稿注》（增補本）中國社會科學出版社 1995年〔菊池秀明訳「李秀成の供述書（抄）」並木頼寿責任編集『新編　原典中国近代思想史 1　開国と社会変容——清朝体制・太平天国・反キリスト教』岩波書店　2010年〕

〈辛酉政變〉故宮博物院明清檔案部編《清代檔案史料叢編》第1輯 中華書局 1978年

▲参考文獻

岡本隆司『近代中国と海関』名古屋大学出版会　1999年

菊池秀明『広西移住民社会と太平天国』風響社　1998年

小島晋治『太平天国運動と現代中国』研文出版　1993年

近藤秀樹『曽国藩』人物往来社　1966年

外山軍治『太平天国と上海』高桐書院　1947年

宮崎市定『中国文明選11　政治論集』朝日新聞社　1971年

横井勝彦『アジアの海の大英帝国——19世紀海洋支配の構図』同文館出版 1988年

横井勝彦『大英帝国の「死の商人」』講談社　1997年

吉澤誠一郎「近代中国の租界」吉田伸之・伊藤毅編『伝統都市　2　権力とヘゲモニー』東京大学出版会　2010年

主要參考文獻

總論　改革與試煉中的一八六一年

新井政美『憲法誕生——明治日本とオスマン帝国　二つの近代』河出書房新社　2015年

岡部牧夫『海を渡った日本人』山川出版社　2002年

木畑洋一『20世紀の歴史』岩波新書　2014年

田辺太一（坂田精一訳・校注）『幕末外交談1』平凡社　1966年

吉田金一『近代露清関係史』近藤出版社　1974年

John L. Evans, *Mission of N.P. Ignat'ev to Khiva and Bukhara in 1858, Newtonville,* Ma.,1984.

John L. Evans, *The Russo-Chinese Crisis: N.P. Ignatiev's Mission to Peking, 1859-1860*, Newtonville, Ma.,1987.

Akdes N. Kurat, *Türkiye ve Rusya: XVIII. yüzyıl sonundan kurtuluş savaşına kadar Türk-Rus ilişikleri (1798-1919)*, Ankara, 1979.

Ч.Ч.Валиханов, Собрание сочинений в пяти томах, Алма-Ата, 1984.

Н.П.Игнатьев, Записки о русской политике на Востоке 1864-1887 гг., Издание подготовили О.В.Анисимов, К.А.Вах, Москва, 2015.

Е.Ю.Сергеев, Большая игра, 1856-1907: мифы и реалии российско-британских отношений в Центральной и Восточной Азии, Москва,2012

Россия-Средняя Азия, Том1, Полтика и ислам в конце XVIII-началеXXвв., Москва, 2011.

麓慎一

新潟大學人文社會・教育科學系（教育學部）教授。北海道大學文學研究科博士課程學分取得肄業，文學博士。

1964年出生。專長為國際關係史。

主要著作、論文：

《近代日本與阿伊努社會》（日本史Libretto57）（山川出版社，2002年）

《開國與條約締結》（吉川弘文館，2014年）

北村曉夫

日本女子大學文學部教授。東京大學大學院人文科學研究科碩士課程修畢。1959 年出生。專長為義大利近現代史。

主要著作：

《拿坡里的馬拉度納——義大利的「南」指的是什麼？》（Historia 20）（山川出版社，2005年）

《千種義大利——多樣與豐穰的近代》（NHK出版，2010年）

《義大利民族國家的形成——自由主義期的國家與社會》（編著）（日本經濟評論社，2010年）

《近代義大利的歷史——從十六世紀到現代》（編著）（Minerva書房，2012年）

作者

吉澤誠一郎

東京大學大學院人文社會系研究科教授。東京大學大學院人文科學研究科博士課程肄業，文學博士。1968 年出生。專長為中國近代史。

主要著作：

《天津的近代——清末都市的政治文化與社會統合》(名古屋大學出版會，2002年)

《愛國主義的創成——從民族主義看近代中國》(岩波書店，2003年)

《清朝與近代世界——十九世紀》(系列中國近現代史1)(岩波書店，2015年)

佐佐木紳

成蹊大學文學部副教授。東京大學大學院人文社會系研究科博士課程修畢，文學博士。

1976 年出生。專長為土耳其近現代史。

主要著作：

《鄂圖曼憲政之道》(東京大學出版會，2014年)

青島陽子

神戶大學大學院國際文化學研究科副教授。東京大學大學院人文社會系研究科博士課程肄業，文學博士。1973年出生。專長為俄羅斯近現代史。

主要著作、論文：

〈聖彼得堡——宮廷的絢爛與都市社會的喧囂〉吉田伸之、伊藤毅編著《權力與霸權》(傳統都市2)(東京大學出版會，2010年)

〈大改革與開放政策〉中嶋毅編著《以新史料讀俄羅斯史》(山川出版社，2013年)

〈以俄羅斯帝國的「宗派工學」看帝國統治的典範〉池田嘉郎．草野佳矢子編著《國制史的躍動——歐洲與俄羅斯的對話》(刀水書房，2015年)

〈將農民改鑄成帝國臣民——帝政期俄羅斯的農村教師養成的政治學〉《歷史學研究》第962號，2017年

作者簡介

叢書監修

木村靖二

東京大學名譽教授。專長為西洋近現代史，德國史。

岸本美緒

御茶之水女子大學教授。專長為明清社會經濟史。

小松久男

東京大學名譽教授。專長為中亞史。

編者

小松久男

東京大學名譽教授。東京大學大學院人文科學研究科博士課程肄業。1951 年出生。專長為中亞近現代史。

主要著作：

《革命的中亞——某扎吉德的肖像》（東京大學出版會，1996年）

《新版世界各國史 中央歐亞史》（編著）（山川出版社，2000年）

《易卜拉欣，日本之旅——俄羅斯．鄂圖曼帝國．日本》（刀水書房，2008年）

《激動中的伊斯蘭——中亞近現代史》（山川出版社，2014年）

《中央歐亞史研究入門》（共編著）（山川出版社，2018年）

《近代中亞群像——革命世代的軌跡》（世界史 Libretto人80）（山川出版社，2018年）

歷史的轉換期 09

改革與試煉的時代 1861年

改革と試練の時代

Turning Points In World History

編　　者　小松久男
譯　　者　李彥樺
發 行 人　王春申
選書顧問　林桶法、陳建守
總 編 輯　張曉蕊
責任編輯　洪偉傑
封面設計　萬勝安
內文排版　康學恩
營 業 部　王建棠、張家舜、謝宜華
出版發行　臺灣商務印書館股份有限公司
23141 新北市新店區民權路 108-3 號 5 樓
（同門市地址）
電　　話　(02) 8667-3712
傳　　真　(02) 8667-3709
服務專線　0800-056193
郵　　撥　0000165-1
信　　箱　ecptw@cptw.com.tw
網路書店　www.cptw.com.tw
臉　　書　facebook.com.tw/ecptw
印　　刷　鴻霖印刷傳媒股份有限公司
定　　價　新台幣 430 元
2022 年 9 月　初版 1 刷

局版北市業字第 993 號
法律顧問　何一芃律師事務所

國家圖書館出版品預行編目 (CIP) 資料

1861年：改革與試煉的時代／小松久男編；李彥樺譯
——初版——新北市：臺灣商務印書館股份有限公司，2022.09
面；　公分（歷史的轉換期 9）
譯自：1861 年：改革と試練の時代
ISBN　978-957-05-3433-7（平裝）
1. 文化史　2. 世界史

713　　111009533

臺灣商務印書館